구약성경개관

(개정증보2판)

박동현 지음

2016

장로회신학대학교출판부

어머니의 뒤를 이어

교역자 부인으로

교회와 하나님 나라의 일꾼으로 살아가는

사랑하는 동생 혜숙과 혜생에게

머리말

이 책은 1999년에 처음 펴내고 2001년과 2002년, 두 차례에 걸쳐 그대로 찍어낸 『구약성경과 구약학』의 첫 부분('첫째 마당. 구약 본문 개관')을 조금 다듬어 따로 낸 책이다. 『구약성경과 구약학』은 지난 여러 해 동안 장로회신학대학교의 대학부와 신학대학원 신학과 과목인 '구약학 개관'의 교재로 사용되었다. 그 가운데서 첫 부분은 다소 전문적이고 학술적인 나머지 부분('둘째 마당. 구약학 분야 개관'과 '셋째 마당. 구약 본문 풀이 연습')과는 달리 일반 지역교회의 청년부나 대학부에서도 성경 공부 교재로 활용되면서, 때때로 좋은 반응을 얻었다.

이리하여, 이 첫 부분과 나머지 두 부분을 나누어 따로 책을 만들기로 하여, 첫 부분은 『구약성경개관』, 나머지 부분은 『구약학 개관』이라는 제목으로 새로 펴내기로 했다. 그리하면서, 그동안 독자들이 전해 온 좋은 의견을 반영하고 새로 나온 참고문헌을 덧붙였다. 또 『구약성경과 구약학』의 첫 부분('첫째 마당. 구약 본문 개관')에 들어 있는 많은 도표도 조금 알아보기 좋게 다듬었다. 도표 안에 들어 있는 요소 사이의 관련성을 알려주는 많은 선들은 오히려 독자들의 시선을 어지럽힐 수 있다고 판단하여 『구약성경개관』에서는 뺐다.

『구약성경개관』은 독자들이 구약 전체나 각 책 또는 한 책의 어떤 부분에 대한 도표를 먼저 살펴보면서 그 도표에서 알 수 있는 바가 무엇인지 스스로 생각하고 함께 이야기 나누어 본 뒤에 각 도표에 대한 설명을 읽는 것이 좋다. 이를 위한 구체적인 안내는 『구약성경개관』의 다음 개정판에 덧붙일 계획인데, 그 때까지는 우선 시간이 허락하는 대로 필자가 필자의 홈페이지(http://www.dhpark.net)에 올릴 예정이다. 이 점을 독자들이 널리 양해해 주기 바란다.

이미 여러 번 찍어낸 책을 두 권으로 나누어 새롭게 펴내기로 허락해 주신 장로회신학대학교 출판부장 임성빈 교수님을 비롯한 여러 위원 교수님, 출판에 관련된 실무를 도와 준 출판부의 김용민 선생님, 복잡하고 힘든 편집 작업을 기꺼이 맡아 정성스레 해 준 오권택 전도사님에게 깊은 감사의 뜻을 전한다.

2002년 12월
광나루 언덕에서

지은이

개정증보2판을 내면서

이번 개정증보2판에서는 그동안 인용 본문을 개역한글판으로 했던 것을 개역개정판으로 바꾸고 필요한 경우에는 그에 맞추어 해설 문장을 고쳤습니다. 개역한글판 본문을 개역개정판 본문으로 바꾸는 과정에서 두 본문이 같을 때에는 그냥 '개역'이라고만 썼습니다.

교단 총회에서 강단용 성경으로 개역개정판을 쓰기로 결의하여 교회 현장에서 개역개정판을 쓴 지 이미 오래 되었는데, 곧바로 이를 따르지 못해 그동안 독자들에게 미안한 마음이 컸습니다. 너그러운 마음으로 이해하시고, 개역한글판과 개역개정판을 일일이 대조하면서 공부하는 번거로움을 마다않고 이 보잘것없는 책을 사용해 주신 분들에게 깊이 감사드립니다.

아울러 몇 군데 오자를 바로잡고 모호한 표현을 좀 더 정확하게 다듬었습니다.

이번 개정증보2판 원고도 오권택 목사님이 마련해 주셨습니다. 개척교회 담임 교역자로서 몹시 바쁜 가운데서도 기꺼이 이 어려운 작업을 맡아주셔서 참 고맙습니다.

아울러 은퇴교수가 된 지 여러해에 접어드는 지은이에게 개정증보2판을 낼 수 있게 허락해주신 장로회신학대학교출판부에도 감사의 뜻을 전합니다.

2016년 12월
아치울에서
지은이

개정증보판을 내면서

『구약성경과 구약학』에서 따로 떼내어 만든 『구약성경개관』초판을 더 이상 구할 수 없게 되어 개정증보판을 내게 되었습니다. 이번 개정증보판에서는, 초판을 수업 교재로 여러 학기 동안 써오는 과정에서 드러난 오자를 바로 잡고 부정확하거나 모자라는 부분을 손질하거나 덧붙였습니다. 대체로 보아 앞부분보다는 뒷부분을 많이 다듬었습니다. 특히 역대상하 부분은 상당히 많이 달라졌습니다. 표지 디자인도 새 것으로 바꾸었습니다.

보면 볼수록 다듬을 데가 자꾸 눈에 띄지만, 2005년 1학기 시작과 맞추어 개정증보판을 내놓으려고, 우선 그동안 준비해 둔 것을 중심으로 다시 한 번 부족한 모습대로 개정증보판을 내기로 합니다. 또한 독자들이 구약 전체나 각 책 또는 한 책의 어떤 부분에 대한 도표를 먼저 살펴보면서 스스로 공부하도록 구체적인 안내를 개정판에 덧붙이겠다고 초판 머리말에서 한 약속을 이번에도 지키지 못하게 되어 매우 죄송스럽게 생각합니다. 이 점에 대해 독자 여러분들의 양해를 구합니다.

이번 개정증보판 원고를 보기 좋게 인쇄할 수 있도록 컴퓨터로 작업하는 복잡한 일도 오권택 목사님이 맡아주었습니다. 바쁜 목회 생활 가운데서 틈틈이 시간을 내서 힘써 주어서 매우 고맙습니다.

아무튼 이 보잘것없는 교재를 통해서 구약성경을 훑어보는 데 조금이라도 도움이 된다면 더 이상 바랄 것이 없겠습니다.

2005년 1월 25일

광나루 언덕에서

지은이

『구약성경과 구약학』 머리말

이 책은 <구약학 개관>이라는 교과목 이름 아래, 1997학년도 2학기, 1998학년도 1학기, 1999학년도 1학기에 장로회신학대학교 대학부 신학과 2학년 또는 신학대학원 신학과 1학년 학생들에게 가르친 내용을 정리하고 보충하여 만든 것이다. 실제로는 필자가 그동안 구약성경과 구약학에 대해서 여러 선생님들에게서 배운 것을 토대로 스스로나 나라 안팎의 신학도들과 함께 공부한 것을 전체적으로 한 번 정리해 본 것이기도 하다.

『구약성경과 구약학』-구약성경을 읽기는 많이 읽는데 도무지 그 뜻을 바르게 알 수 있는 방법을 익히지 못한 사람들이 있는가 하면, 구약학을 꽤 배웠는데 정작 구약성경은 모르는 사람들도 있다. 이런 상황 가운데서, 구약학이 구약성경을 이해하는 데 어떻게 도움이 될 수 있을까, 구약학을 깊이 배우면 배울수록 구약성경을 더 잘 모르게 된다는 불평을 하는 학생들에게 그것이 그렇지 않다는 것을 설득력 있게 말하려면 어떻게 해야 할 것인가 하는, 실존적인 문제를 의식하면서 필자는 지난 세 해 동안 <구약학 개관> 수업을 진행했다.

구체적으로는 세 가지를 생각했다.

맨 먼저, 요즈음 신학도들은 구약성경 자체를 잘 모른다는 느낌을 강하게 받았기 때문에, 구약성경에 대해 가르치기에 앞서 구약성경에 적혀 있는 내용 자체를 잘 안내할 필요가 있다고 생각했다. 그리하여 구약 본문 개관을 구약학 연구의 전제로 삼았다.

다음으로, 구약학을 배우는 목적은 결국 구약 본문을 바르게 이해하고 풀이해서 잘 가르치고 실천하는 데 있다고 보기 때문에, 대학부의 경우에는 아직 저학년이고, 신학대학원의 경우에는 신학을 배우는 첫 학기이지만, 구약 본문 풀이를 우선 한글 성경을 중심으로 어떻게 할 수 있을런지를 직접 경험할 수 있게 하려고 했다. 그리하여 '구약 본문 풀이 연습'에서는 아직 히브리어나 아람어나 헬라어나 라틴어를 잘 알지 못하는 상황에서 여러 가지 한글 성경과 영어 독어 번역 성경을 서로 견주어 보면서, 어떻게 하면 그래도 객관성 있게 본문의 뜻을 이해하고 설교할 수 있을까 하는 데 초점을 맞추었다.

구약 본문 개관에서 구약 본문 풀이 연습으로 나아가는 길목에 놓인 것이 구약학의 여러 분야에 대한 기초적인 이해이다. 이 부분이 좁은 의미의 구약학 개관이 될 것이다.

이리하여 구약 본문 개관, 구약학의 분야 개관, 구약 본문 풀이 연습이 지난 세 해 동안 필자가 학생들과 더불어 한 구약학 개관 과목의 세 구성 요소가 되었고, 이 책도 그렇게 짜여 있다. 곧 첫째 마당에서는 '구약 본문 개관'을, 둘째 마당에서는 '구약학 분야 개관'을, 셋째 마당에서는 '구약 본문 풀이 연습'을 시도했다.

구약 본문 개관에서는 구약 본문을 히브리어 성경의 순서를 따라 구약 본문의 짜임새와 흐름과 중심 내용을 살펴본 것인데, 그 과정에서 [도표]를 많이 만들어 썼다. 다양한 본문 내용을 도식화하는 과정에서 각 부분의 독특성을 놓치게 될 위험이 있지만, 이는 일단 감수하기로 한다.

구약학 분야 개관에서는 구약학을 편의상 서론을 포함하여 11개 분야로 나누어, 각 분야의 기본 내용을 될 수 있는 대로 간결하게 소개했다. 사실은 마지막으로 '구약 윤리'를 다루기 직전에 '구약 본문 설교'를 다루는 단락이 있어야 하지만, 이에 대해서는 [참고 문헌 목록] 10.1에 실린 글들(특히 필자의 글)을 보는 것으로 대신하고, 그 실제 연습 내용을 셋째 마당에 따로 모아두기 때문에 둘째 마당에서는 뺐다. 각 분야에 대한 서술을 마친 다음에는 [참고 문헌 목록]을 상당히 길게 덧붙였다. 이 [참고 문헌 목록]은 각 단원에서 서술한 내용의 근거가 되는 문헌을 비롯하여 앞으로 그 분야를 체계적으로 더 깊이 공부하려고 할 때 볼 만한 문헌을 소개한다. 따라서 이는 앞에서 서술한 기본 내용을 보충하는 성격을 띤다. 다른 한편으로, 필요에 따라서는 [참고 문헌 목록]에 들어 있지 않은 문헌도 각주에서 더러 소개하기도 한다.

[참고 문헌 목록]에서는, 한글 문헌을 될 수 있는 대로 많이 넣고, 외국어 문헌은 중요하다고 판단한 것만 골라서 소개했다. 어떤 책이나 글을 우리가 편의상 열 가지로 나눈 구약학의 어느 한 분야에 넣기가 힘들 경우에는 그 중심 내용을 따라 분류했다. 다만 우리 나라 학자들의 소논몬 모음은 편의상 '9. 구약 신학'에 넣었다.

본디 이 교재는 일 주일에 세 시간씩 진행된 수업에 맞추어 만든 원고를 밑바탕으로 한 것이어서, 될 수 있는 대로 매 시간 원고의 분량을 '구약 본문 풀이 연습'의 경우에는 A4 용지 두, 네 쪽, 여섯 쪽에 꽉 차게 작성했다. '구약학 여러 분야 개관' 원고를 만들 때도 그리했다. 그러다 보니, 마땅히 자세히 다룰 내용도 줄이는 경우도 적지 않았고, 덧붙이면 좋은 내용을 빼야 하는 때도 있었다. 그렇지만, 이 교재에서는 수업 시간에 나눈 자료를 될 수 있으면 그대로 싣기로 했다.

이렇게 교재를 엮다 보니 적어도 두 가지 점에서 아쉬운 생각이 든다.
첫째, 구약성경과 구약학을 진지하게 공부하려는 신학도들에게 아주 중요한데도, 이 교재에서 다루지 못하게 된 것이 하나 있다. 다름 아니라, 구약성경의 각 부분별, 또 각 권 별 안내이다. 이를테면 오경 연구, 예언서 연구, 시문서 연구, 지혜서 연구, 창세기 연구, 출애굽기 연구 등이다. 특히 구약의 각 책별 중요 주석과 연구서들을 참고 문헌 목록에 포함시키지 못했다. 이는 다음 기회로 미룰 수밖에 없는데, 우선 구약의 각 책에 대한 최근의 서양 문헌 목록은 에리히 쳉어(Erich Zenger)를 비롯한 여러 학자들이 힘을 모아 만든 『구약 개론서』(*Einleitung in das Alte Testament*) 제3판(1998년)([참고 문헌 목록] 5.46의 책)을 참고하면 좋다.

둘째, 구약 본문 개관을 히브리어 성경을 기준으로 하다 보니, 부분적으로는 구약의 각 책을 우리 개신교회에서 보통 쓰는 구약성경에서 구약 각 책을 배열한 것과 다른 순서로 공부하게 됨으로써, 경우에 따라서는 혼란이 생길 수도 있다. 우리에게 익숙한 배열 순서로 구약 본문 개관을 서술하는 것은 다음 기회로 미루기로 한다.

이 책은 <구약학 개관 교본>의 성격을 띠기 때문에, 개인적으로나, 몇 사람이 함께, 구약성경과 구약학 공부 자습서로 쓸 수도 있다. 실제로 1998학년도 1학기 신학대학원 신학과 1학년 학생들과 함께 구약학 개관을 할 때는, 매 시간 먼저 학생들이 개인 연구에 근거한 조별 공부의 결과를 보고하고, 그에 대해서 짧은 시간이나마 질의 응답 토론을 거친 다음에 함께 그 내용을 정리하는 식으로 수업을 진행했다. 그러한 과정에서 구약성경과 구약학에 대해서 필자가 지금까지 그 어떤 참고 문헌에서도 읽지 못한 창조적인 내용을 서로 나누는 기쁨을 느낄 때가 적지 않았다. 안타깝게도 지금은 그런 점들을 이 교재에 거의 반영하지 못하지만, 언젠가는 학생들과 함께 공부한 구약학의 내용을 책으로 낼 수 있기를 바란다.

구약 본문 개관의 경우에 여럿이 함께 구약성경에 대해 자습하려면, 먼저 도표를 본 다음에 그 도표에서 눈에 띄는 바에 대해 서로 이야기를 나눈 뒤에 '구약 본문 개관'에서 해당 부분을 읽어 보아도 괜찮을 것이다. 그렇지만, 이 책에 들어 있는 도표에 매이지 말고, 각자 나름대로 구약성경 각 권의 짜임새와 중요 내용과 흐름을 간추려 보고, 그것을 밑바탕으로 해서 대여섯 사람이 한데 모여 서로의 의견을 나누어 보는 것이 중요하다. 그리한 다음에 이 책에 들어 있는 도표와 서술 내용을 비판적으로 검토해 보면 가장 좋을 것이다.

구약학 분야 개관의 경우에는 자습하기가 쉽지 않지만, 우선 각 분야에 대해서 개인적으로 지니고 있는 상식이나 생각에서 출발하여 몇 사람이 함께 이야기를 나누어 보고, 스스로 기본 문헌을 찾아 읽고 다시 생각을 모아본 다음에, 이 책에서 서술하는 내용과 비교해 보면 좋다.

구약 본문 풀이 연습의 경우에는 여럿이 해당 본문을 읽고 여러 가지 관점에서 본문의 뜻을 바르게 이해하고, 오늘의 상황에 적용하기 위해 진지하게 토의할 수 있는 여지가 많다.

신약성경에 견주어 볼 때 분량이 엄청나게 많은 구약성경의 내용을 간단히 간추리고, 마찬가지로 신약학에 비해서 그 범위가 아주 방대해진 구약학의 여러 분야를 간결하게 정리하여 소개하며, 신약 본문과는 달리 아주 다양한 내용이 담긴 구약의 본문을 선별하여 풀이하는 법을 익히도록 한다는 것은, 사실 필자의 능력을 넘어서는 어려운 작업이었다. 그런 만큼, 이 교재의 내용 가운데 앞으로 다듬고 고치고 보충할 것이 많으리라 생각하며, 관심 있는 독자들의 질책과 도움을 기대한다.

그동안 필자에게 성경을 사랑하며 공부하는 법을 가르쳐 준 나라 안팎의 여러 스승님들, 필자와 함께 성경을 연구해 온 선후배 동료 및 학생들이 아니었더라면, 이런 책마저도 엮어낼 수 없었을 것이다. 또한 바쁜 가운데서도 여러모로 복잡한 원고를 꼼꼼하게 교정해 준 장로회신학대학교 신학대학원 신학과 2학년 송영윤 학생과 엄청난 양의 성구 색인을 정성들여 마련해 준 대학부 신학과 3학년 박종철 학생에게 고마운 뜻을 전한다.

아무튼 이 보잘것없는 책이 구약성경을 깊이 있게 읽으면서 구약학을 체계적으로 공부하여, 말씀의 참된 일꾼이 되려는 사람들에게 조그마한 길잡이라도 될 수 있다면, 필자로서는 더 이상 바랄 것이 없겠다.

1999년 9월

아차산 자락에서

지은이

차 례

머리말 5
개정증보2판을 내면서 6
개정증보판을 내면서 7
『구약성경과 구약학』 머리말 8
차 례 13
표 차례 15
일러두기 18

구약성경 이해 19

1과. 구약성경의 범위와 짜임새와 각 책의 배열 순서 21
2과. 히브리어 성경과 개역 성경의 서로 다른 장절 표기 27
3과. 율법서, 예언서, 성문서의 첫 부분과 끝 부분의 상응 관계를 통해 본 히브리어 성경의 흐름 30

율법서 35

4과. 율법서 전체의 짜임새와 흐름과 중심 내용 37
5과. 창세기의 짜임새와 흐름과 중심 내용 44
6과. 출애굽기의 짜임새와 흐름과 중심 내용 49
7과. 레위기의 짜임새와 흐름과 중심 내용 54
8과. 민수기의 짜임새와 흐름과 중심 내용 57
9과. 신명기의 짜임새와 흐름과 중심 내용 61

전기 예언서 67

10과. 전기 예언서 전체의 짜임새와 흐름 69
11과. 여호수아의 짜임새와 흐름과 중심 내용 72
12과. 사사기의 짜임새와 흐름과 중심 내용 76
13과. 사무엘상하의 짜임새와 흐름과 중심 내용 81
14과. 열왕기상하의 짜임새와 흐름과 중심 내용 87

삼 대예언서 97

15과. 후기 예언서 전체의 짜임새와 구분 99
16과. 이사야의 짜임새와 흐름과 중심 내용 102
17과. 예레미야의 짜임새와 흐름과 중심 내용 116
18과. 에스겔의 짜임새와 흐름과 중심 내용 126

십이 소예언서 135

19과. 표제를 따라 살펴 본 십이 소예언서의 상호 관련성 137
20과. 호세아의 짜임새와 흐름과 중심 내용 141
21과. 요엘의 짜임새와 흐름과 중심 내용 145
22과. 아모스의 짜임새와 흐름과 중심 내용 148
23과. 오바댜의 짜임새와 흐름과 중심 내용 154
24과. 요나의 짜임새와 흐름과 중심 내용 156
25과. 미가의 짜임새와 흐름과 중심 내용 159
26과. 나훔의 짜임새와 흐름과 중심 내용 163
27과. 하박국의 짜임새와 흐름과 중심 내용 166
28과. 스바냐의 짜임새와 흐름과 중심 내용 169
29과. 학개의 짜임새와 흐름과 중심 내용 173
30과. 스가랴의 짜임새와 흐름과 중심 내용 176
31과. 말라기의 짜임새와 흐름과 중심 내용 182

성문서 185

32과. 성문서 전체의 짜임새와 흐름과 중심 내용 187
33과. 시편의 짜임새와 흐름과 중심 내용 190
34과. 욥기의 짜임새와 흐름과 중심 내용 196
35과. 잠언의 짜임새와 흐름과 중심 내용 200
36과. 룻기의 짜임새와 흐름과 중심 내용 205
37과. 아가의 짜임새와 흐름과 중심 내용 209
38과. 전도서의 짜임새와 흐름과 중심 내용 212
39과. 예레미야애가의 짜임새와 흐름과 중심 내용 215
40과. 에스더의 짜임새와 흐름과 중심 내용 218
41과. 다니엘의 짜임새와 흐름과 중심 내용 221
42과. 에스라 느헤미야의 짜임새와 흐름과 중심 내용 226
43과. 역대상하의 짜임새와 흐름과 중심 내용 231

표 차례

표 1. 개신교 번역 구약성경과 히브리어 성경의 책 배열 순서 비교 22
표 2. 구약성경의 범위, 짜임새, 각 책의 배열 순서 24
표 3. 히브리어 성경과 개역 성경 구약 장절 대조표 28
표 4. 율법서, 예언서, 성문서의 첫 부분과 끝 부분의 상응 관계 34
표 5. 아담부터 남북 왕국 멸망에 이르는 족보의 얼개 37
표 6. 율법서와 전기 예언서의 관계 38
표 7. 율법서의 이중 구조 39
표 8. 율법서의 내부 상응 구조 41
표 9. 율법서 안에 있는 세 법전의 얼개 42
표 10. 문학 형식을 따라 본 율법서의 짜임새 43
표 11. 창세기의 짜임새 45
표 12. 출애굽기의 짜임새 50
표 13. 성막의 구조와 크기 52
표 14. 레위기의 짜임새 56
표 15. 민수기의 짜임새 58
표 16. 신명기의 도입부들 61
표 17. 신명기의 짜임새 63
표 18. 왕국의 흥망성쇠를 중심으로 본 전기예언서 전체의 얼개 69
표 19. 각 책의 처음과 끝을 중심으로 본 전기 예언서 전체의 얼개 70
표 20. 지도자 중심으로 본 전기 예언서와 율법서의 얼개 71
표 21. 여호수아의 짜임새 75
표 22. 사사기의 짜임새 77
표 23. 사사들의 출신과 처부순 이방 나라 79
표 24. 사무엘상하의 짜임새 83
표 25. 열왕기상하의 짜임새 88
표 26. 남북왕국 왕들의 역사 기록 순서 90
표 27. 열왕기상하에서 찾아볼 수 있는 예언과 성취의 상응 관계 95
표 28. 에른스트 예니의 16 예언서 구분법 100
표 29. 이사야의 짜임새 102
표 30. 표제나 도입부의 고유명사를 중심으로 본 이사야의 짜임새 103
표 31. 이사야 1:1~11:6의 대칭구조 104
표 32. 이사야 1:1~11:6의 교대구조 105
표 33. 이사야 13~23장의 짜임새 106
표 34. 이사야 24~27장의 짜임새 107
표 35. 이사야 28~35장의 짜임새 108
표 36. 이사야 36~39장의 짜임새(왕하 18~20장; 대하 32장 참고) 109

표 37. 이사야 40~66장의 짜임새 110
표 38. 이사야 40~55장의 짜임새 111
표 39. 이사야 56~66장의 짜임새 113
표 40. 이사야 각 부분의 상응 관계에 대한 몇 가지 보기 115
표 41. 표제나 도입부를 중심으로 본 예레미야의 짜임새 117
표 42. 예레미야의 중요 연대 119
표 43. 예레미야의 짜임새 120
표 44. 예레미야 1:1~4:4의 짜임새 120
표 45. 예레미야 4:5~20:18의 짜임새 121
표 46. 예레미야 25:15~52:34의 짜임새 123
표 47. 에스겔에 들어 있는 연대표시 126
표 48. 에스겔의 큰 틀 짜임새 127
표 49. 에스겔 안의 내부 상응 요소 128
표 50. 에스겔 1~24장의 세부 짜임새 129
표 51. 에스겔 25~48장의 세부 짜임새 130
표 52. 표제의 연대 표시에 따른 십이 소예언서의 상호 관련성 137
표 53. 십이 소예언서 표제에 들어 있는 '여호와의 말씀', '묵시', '경고' 139
표 54. 호세아의 짜임새 141
표 55. 요엘의 짜임새 145
표 56. 아모스의 네 부분 148
표 57. 민족들에 대한 재난예언의 짜임새 148
표 58. 아모스의 짜임새 149
표 59. 아모스 3:1~6:14의 짜임새 150
표 60. 아모스 7:1~9:6의 짜임새 151
표 61. 오바댜의 짜임새 155
표 62. 요나의 짜임새 156
표 63. 미가의 짜임새 159
표 64. 나훔의 짜임새 163
표 65. 나훔 1:7~2:2에 나타난 유다의 구원과 대적의 심판 164
표 66. 나훔 2:3~3:19의 짜임새 165
표 67. 하박국의 짜임새 166
표 68. 스바냐의 짜임새 169
표 69. 스바냐 1:2~18의 짜임새 170
표 70. 스바냐 2:1~3:5의 짜임새 171
표 71. 학개의 짜임새 173
표 72. 표제에 따른 학개와 스가랴와 말라기의 관계 176
표 73. 스가랴 1~8장의 짜임새 177
표 74. 스가랴 9~11장의 짜임새 179
표 75. 스가랴 9~11장의 상응 요소들 179
표 76. 스가랴 12~14장의 짜임새 180
표 77. 말라기의 짜임새 182

표 78. 단락 시작 표시에 비추어 본 성문서 전체의 짜임새와 내부 상응 관계....... 189
표 79. 시편의 전체 얼개 190
표 80. 표제에 나타난 사람 이름을 중심으로 살펴본 시편의 짜임새 191
표 81. 욥기의 짜임새 196
표 82. 여러 가지 표제에 따른 잠언의 짜임새 200
표 83. 기본 주제에 따른 내부 상응 관계 201
표 84. 룻기의 대칭적인 짜임새 206
표 85. 말하는 이들을 기준으로 살펴 본 아가의 짜임새 210
표 86. '전도자' 라는 낱말을 중심으로 본 전도서의 형식적인 구분 212
표 87. 전도서의 짜임새 213
표 88. 표현 형식에 따른 예레미야애가의 짜임새 216
표 89. 에스더의 짜임새 219
표 90. 언어, 문학형식, 다니엘의 역할에 따른 다니엘의 짜임새 221
표 91. 다니엘의 짜임새 222
표 92. 다니엘 1~7장의 내부 상응 관계 222
표 93. 에스라 느헤미야의 언어 226
표 94. 에스라 느헤미야 전체 얼개 227
표 95. 활동시기에 따라 살펴 본 에스라 느헤미야 227
표 96. 에스라 느헤미야의 짜임새 228
표 97. 에스라 느헤미야의 표현양식 229
표 98. 역대상하의 짜임새 232

일러두기

1. 성경 본문은 개역개정판에서 인용하기로 한다. ‘개역한글판’과 ‘개역개정판’이 같을 때는 그냥 ‘개역’이라고만 표기한다.

2. 히브리어, 헬라어, 라틴어 등 외국어의 한글 음역은 < > 안에 써넣기로 한다.

3. 히브리어의 한글 음역은 될 수 있는 대로 좇고, “개역한글판의 히브리어 고유명사 한글 음역 방식과 히브리어 한글 음역 시안”, 『성경원문연구』 제8호(2001년 2월), 106~157을 따르기로 한다.

4. 이스라엘의 하나님 이름을 나타내는 네 히브리 자모(יהוה)는 일단 <야훼>로 표기하기로 하지만, 개역에서 본문을 인용할 때는 ‘여호와’를 그대로 쓴다.

5. 성경에 나오는 고유명사의 표기법은 일단 개역을 따르고, 그 밖의 경우에는 통상 관례에 따르기로 한다.

6. [참고 문헌 목록](졸저, 『구약학개관』[서울: 장로회신학대학교출판부, 2003], 부록)에 들어 있는 문헌을 각주에서 인용할 때는, 기본적으로 저자 이름과 줄인 제목만 적고, 그 뒤 ‘괄호’( ) 안에 [문헌]이란 표시와 함께 번호를 써 놓아서, 그에 대한 자세한 내용은 그밖에 따로 찾아보게 하기로 한다.

7. 그밖에 따로 각주에서 인용한 책 가운데 한글 책은 ‘『 』’로 표시하고, 잡지나 논문집에 실린 글의 쪽수를 표기할 때, ‘쪽’이나 ‘p(p).’나 ‘S.’는 적지 않고 쪽의 숫자만 바로 적기로 한다. 잡지의 경우에는 그 앞에 쉼표도 적지 않기로 한다.

8. 연대는 존 브라이트(John Bright)의 『이스라엘 역사』(*A History of Israel*) 제4판(Louisville/London: Westerminster John Knox Press, 2000) 부록 연대표에서 제시하는 바를 따르기로 한다.

I

구약성경 이해

1과
구약성경의 범위와 짜임새와 각 책의 배열 순서

1. 개신교의 구약성경과 유대교의 성경

(1) 이름의 차이

'구약성경'이라는 이름은 신약성경의 존재를 전제하는 기독교의 입장을 반영한다. '구약'이란 이름은 신약성경 고린도후서 3장 14절에 나온다. 이 '구약성경'을 유대인들은 <미크라>(מִקְרָא, '경(經)') 또는 <타낙>(תָּנָךְ)이라고 부르는데, <타낙>은 <토라 느비임 우크투빔>(תּוֹרָה נְבִיאִים וּכְתוּבִים, '율법서와 예언서[預言書][1]와 성문서[聖文書]')을 줄인 말이다.[2]

(2) 책 배열 순서의 차이[3]

역사적으로 본다면, 개신교의 '구약성경'은 본디 유대인들과 첫 그리스도인들의 성경이었다. 그런데 오늘 우리 개신교인들이 번역본으로 읽는 구약성경과 우리가 보통 구할 수 있는 인쇄본 히브리어 성경[4]을 견주어 보면, 구약성경의 짜임새와 구약성경을 이루고 있는 각 책의 배열 순서가 다른 것을 알 수 있다.

---

[1] 이 책에서는 '선지서(先知書)'와 '선지자(先知者)'라는 말 대신에 각각 '예언서(預言書)'와 '예언자(預言者)'라는 말을 쓰기로 한다.
[2] 아래 (3)을 참고하라.
[3] 아래 표 1을 참고하라.
[4] [문헌] 0.6.6을 보라.

표 1. 개신교 번역 구약성경과 히브리어 성경의 책 배열 순서 비교

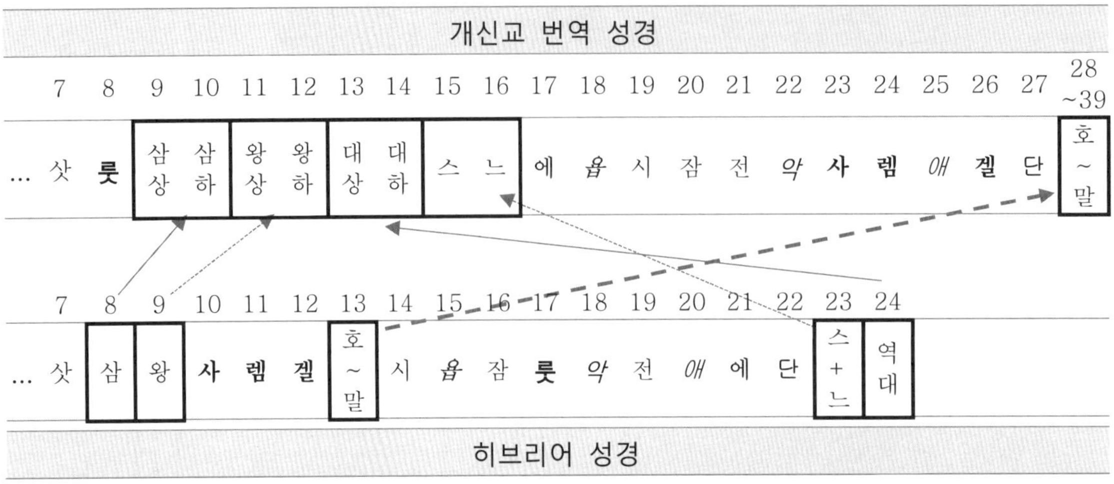

히브리어 성경에서는 ㄱ) 사사기 다음에 룻기가 오지 않고 사무엘상이 이어지고, ㄴ) 열왕기상하 다음에 바로 이사야가 나오며, ㄷ) 예레미야 다음에 예레미야애가가 오지 않고 에스겔이 뒤따르며, ㄹ) 에스겔 다음에 다니엘이 오지 않고 이른바 12 소(小)예언서가 이어지며, ㅁ) 그 뒤로는 나머지 책들이 우리 구약성경의 경우와는 다른 순서로 나온다.

(3) 히브리어 성경의 짜임새

아래 표 2에서 알 수 있듯이, 히브리어 성경은 전체를 율법서와 예언서와 나머지 책들의 세 부분으로 크게 나누어 배열하고 있다. 이 세 부분을 유대교 전통에서는 각각 <토라>(תּוֹרָה 직역하면 '율법'), <느비임>(נְבִיאִים, 직역하면 '예언자들'), <크투빔>(כְּתוּבִים, 직역하면 '적힌 것들' 곧 '문서들')이라고 부른다. 이 셋을 보통은 각각 '율법서', '예언서', '성문서'라고 옮긴다. 이러한 순서는 정경의 형성 연대를 따른 것으로 보인다.[5] 예언서는 또한 여호수아, 사사기, 사무엘서, 열왕기서로 이루어지는 전기(前期) 예언서와 3 대(大)예언서와 12 소예언서로 이루어지는 후기(後期) 예언서로 나누어진다.

---

[5] 졸저, 『구약학개관 개정증보판』 (서울: 장로회신학대학교출판부, 2010)의 5.5.2.4를 참고하라.

(4) 칠십인경의 짜임새와 책 배열 순서

우리 개신교 구약성경의 짜임새와 책 배열 순서가 달라진 것은 헬라어 구약성경을 따랐기 때문이다. 구약성경은 본디 대부분 히브리어로, 일부는 아람어로 씌어진 책인데, 이것이 주전 3세기 이후 수백 년에 걸쳐 헬라어로 번역된 적이 있다. 히브리어 오경을 72명의 전문가들이 헬라어로 옮겼다고 전해 내려오는 이야기를 따라, 그 72를 70으로 단순화시켜 이 헬라어 번역본을 흔히 칠십인역 또는 칠십인경이라 한다. 칠십인경[6]에서는 구약성경의 짜임새와 책 배열이 다음과 같이 달라졌다.

ㄱ) 구약성경 전체를 율법서, 역사서, 시가(및 지혜)서, 예언서의 넷으로 나누는데, 이는 과거, 현재, 미래라는 시간의 관점에서 구약성경의 짜임새를 새롭게 조정한 것으로 보인다.

ㄴ) 히브리어 성경의 성문서에 들어 있는 책들 가운데서 룻기, 역대기, 에스라 느헤미야, 에스더는 역사서로 여겨서 앞에서 말한 둘째 부분의 알맞은 자리에 넣었으며,

ㄷ) 예레미야애가와 다니엘은 예언서로 여겨 앞에서 말한 넷째 부분의 알맞은 자리, 곧 각각 예레미야 다음과 에스겔 다음에 넣었으며,

ㄹ) 나머지 책들은 시가(및 지혜)서로 약간 순서를 달리하여 예언서 앞에 두었다.

초기 기독교인들은 본디 헬라어로 씌어진 신약성경에서 구약을 인용할 때 이 칠십인경을 쓸 정도로 칠십인경은 기독교의 구약성경이 되었기 때문에, 우리 번역 구약성경도 이 전통을 따른 것으로 보인다.

그밖에, 히브리어 성경에서는 사무엘상하, 열왕기상하, 역대기상하, 에스라 느헤미야, 12 소예언서를 각각 한 권으로 헤아리기 때문에 우리가 39권으로 헤아리는 구약성경이 24권으로 되어 있다.

---

[6] [문헌] 0.6.7.1을 참고하라.

표 2. 구약성경의 범위, 짜임새, 각 책의 배열 순서[7]

히브리어 성경	개신교 번역 성경	헬라어 성경	천주교 번역 성경
율법서(<토라>)	율법서	오경	모세오경
1.창세기 2.출애굽기 3.레위기 4.민수기 5.신명기	1.창세기 2.출애굽기 3.레위기 4.민수기 5.신명기	1.창세기 2.출애굽기 3.레위기 4.민수기 5.신명기	1.창세기 2.탈출기 3.레위기 4.민수기 5.신명기
예언서(<느비임>) 전기 예언서	역사서	역사서	역사서
6.여호수아 7.사사기 8.사무엘 9.열왕기	6.여호수아 7.사사기 8.룻기 9.사무엘상 10.사무엘하 11.열왕기상 12.열왕기하 13.역대상 14.역대하 15.에스라 16.느헤미야 17.에스더	6.여호수아 7.사사기 8.룻기 9.제일 열왕기 10.제이 열왕기 11.제삼 열왕기 12.제사 열왕기 13.역대상 14.역대하 15.에스라 (=제일 에스드라) 16.느헤미야 (=제이 에스드라) 17.에스더* 18.***토비트** 19.***유딧** 20.***제일 마카베오** 21.***제이 마카베오** 22.***제삼 마카베오** 23.***제삼 마카베오**	6.여호수아기 7.판관기 8.룻기 9.사무엘기 상권 10.사무엘기 하권 11.열왕기 상권 12.열왕기 하권 13.역대기 상권 14.역대기 하권 15.에즈라기 16.느헤미야기 17.***토빗기** 18.***유딧기** 19.**에스테르기*** 20.***마카베오기 상권** 21.***마카베오기 하권**
	시가(및 지혜)서	시가(및 지혜서)	지혜문학서
	18.욥기 19.시편 20.잠언 21.전도서 22.아가	24.시편 25.***송시** 26.잠언 27.전도서 28.아가 29.욥기 30.***지혜서** 31.***집회서**[8] 32.***솔로몬의 시편**	22.욥기 23.시편 24.잠언 25.코헬렛 26.아가 27.***지혜서** 28.***집회서**

<다음쪽으로 이어짐>

[7] Augustin/Kegler, *Bibelkunde*([문헌]0.8.40의 책), 14~17을 참고하라. 이 도표에서 '헬라어 성경'은 아래의 1과 1.(4)에서 언급하는 칠십인경을 가리키고, 정경에 속하는 책들의 이름은 개신교 전통을 따라 적고, 아래 1과의 2에서 언급하는 외경에 속하는 책들의 이름은 『성서 공동번역(외경포함)』([문헌]0.6.1.5의 책)의 표기법을 따라 적었다. 다만, 아래 맨 오른쪽 칸에 적힌 천주교 번역 성경의 경우에는 『성경』([문헌]0.6.1.14)의 표기법과 배열순서를 따랐다. 또 책 이름 앞의 *는 그 책 전체가 히브리어 성경에는 없다는 것을, 책이름 뒤의 *는 그 책에 히브리어 성경에 없는 내용이 덧붙어 있다는 것을 뜻한다.

[8] 더러 '시락서'라 부르기도 한다. 졸저, 『구약학개관』 6.4.3.2.(4)를 보라.

<앞쪽에서 이어짐>

히브리어 성경	개신교 번역 성경	헬라어 성경	천주교 번역 성경
후기예언서	예언서	예언서	예언서
10.이사야	23.이사야		29.이사야서
11.예레미야	24.예레미야		30.예레미야서
	25.예레미야애가		31.애가
12.에스겔	26.에스겔		**32.*바룩서**
	27.다니엘		33.에제키엘서
13.(열두 예언서)			34.다니엘서*
호세아	28.호세아	33.호세아	35.호세아서
요엘	29.요엘	**34.아모스**	36.요엘서
아모스	30.아모스	**35.미가**	37.아모스서
오바댜	31.오바댜	**36.요엘**	38.오바드야서
요나	32.요나	**37.오바댜**	39.요나서
미가	33.미가	**38.요나**	40.미카서
나훔	34.나훔	39.나훔	41.나훔서
하박국	35.하박국	40.하박국	42.하바쿡서
스바냐	36.스바냐	41.스바냐	43.스바니야서
학개	37.학개	42.학개	44.하까이서
스가랴	38.스가랴	43.스가랴	45.즈카르야서
말라기	39.말라기	44.말라기	46.말라키서
		45.이사야	
		46.예레미야	
		47.*바룩	
		48.애가	
		49.*예레미야의편지	(=32.바룩6장)
		50.에스겔	
		51.*수산나	(=34.다니엘13장)
		52.다니엘*	
		53.*벨과 용	(=34.다니엘14장)
성문서(<크투빔>)[9]	외경(공동번역)		
14.시편	**40.*토비트**		
15.욥기	**41.*유딧**		
16.잠언	42.에스더*		
17.룻기	**43.*지혜서**		
18.아가	**44.*집회서**		
19.전도서	**45.*바룩**		
20.애가	46.다니엘*		
21.에스더	**(세 아이의 노래,**		
22.다니엘	**수산나,**		
23.에스라	**벨과 뱀)**		
+느헤미야	**47.*마카베오상**		
24.역대기	**48.*마카베오하**		

[9] 유대교 전통에 따른 영어 번역 성경인 *NJPST*([문헌] 0.6.3.13의 책)에서는 잠언, 욥기, 아가, 룻, 애가, 전도서의 순서로 되어 있어서, 위에 적힌 히브리어 성경의 전통과는 다른 전통을 반영하고 있다.

2. 개신교의 구약성경과 천주교의 구약성경

그런데 신약성경의 경우와는 달리 구약성경의 경우에는 천주교에서 쓰는 구약성경과 개신교에서 쓰는 구약성경이 똑같지 않다. 천주교 구약성경에는 개신교에서 흔히 '외경(外經)'이라고 부르는 범주의 책들이 더 들어 있기 때문이다. 1977년에 나온 공동 번역을 따라 말한다면, 토비트, 유딧, 지혜서, 집회서, 바룩, 마카베오상, 마카베오하, 또 에스더와 다니엘에 덧붙은 부분이 외경에 들어간다.[10]

앞서 말한 칠십인경, 곧 구약성경 헬라어 번역본에 히브리어 아람어 성경에는 없던 책들이 군데군데 들어 있었는데, 그것이 앞서 말한 책들과 그 밖에 또 다른 몇 가지 책이다. 그 뒤 보통 <불가타> (Vulgata)라고 불리는 라틴어 성경[11]에도 외경에 속한 책들이 들어 있었는데, 이 라틴어 성경이 천주교 전통에서는 표준적으로 쓰이게 되었다. 그러다가, 종교 개혁기에 이르러 루터를 비롯한 개혁자들이 히브리어 원전을 기준으로 이런 책들을 구약성경에서 따로 떼 내어 다루기 시작했고, 개신교에서는 오늘에 이르기까지 이 전통을 따르고 있다.

3. 히브리어 성경과 칠십인경 사이에 자리잡은 개신교 구약성경

이리하여 우리 개신교의 구약성경은 구약성경의 범위에 있어서는 히브리어 성경을, 구약 각 책의 배열 순서에 있어서는 대체로 칠십인경을 따르고 있음을 알 수 있다. 3 대예언서와 다니엘이 12 소예언서 다음에 오고, 12 소예언서의 둘째부터 여섯째 책의 배열이 아모스, 미가 요엘, 오바댜, 요나로 되어 있는 점에서 칠십인경은 개신교 구약성경과 다르다.

---

10 졸저, 『구약학개관』 첫째마당 6과를 참고하라.
11 [문헌] 0.6.8.1을 참고하라.

2과
히브리어 성경과 개역 성경의 서로 다른 장절 표기

여러 번역본 성경을 서로 견주어 보거나 주석서를 읽다 보면, 구약성경의 장절 표시가 서로 어긋나는 수가 더러 있다. 구약성경의 장절 표시는 히브리어 성경에 본디 있던 것이 아니고 나중에 16세기에 이르러서야 제대로 갖추어진 것인데, 그것이 통일되어 있지 않기 때문이다. 그 몇 가지 보기를 들어 보자.

(1) 대부분의 시편 첫머리에 붙어 있는 표제를 전통적인 히브리어 성경에서는 첫 절 또는 첫 몇 절로 헤아리지만, 우리말 한글 개역 성경(개역한글판과 개역개정판)은 다른 전통을 따라서 그렇게 하고 있지 않다.

(2) 우리가 보통 쓰는 비평판 인쇄본 히브리어 성경의 말라기 3장이 개역 성경에서는 3장과 4장으로 나누어져 있다.

(3) 요엘의 경우에는 거꾸로 되어 있다. 곧 히브리어 성경의 2장과 3장이 개역 성경에서는 2장으로 되어 있어서, 히브리어 성경에서는 4장으로 끝나는 요엘이 개역성경에서는 3장밖에 없다.

(4) 성탄절에 자주 읽는 메시야 본문인 이사야 9장 앞부분의 경우에도 히브리어 성경과 개역 성경의 절수 표시가 달라 혼동이 생길 수 있다.

히브리어 사전을 비롯하여 구약학 관련 전문 서적에서는 보통 히브리어 성경의 장절수를 따르고 있으므로, 개역 성경으로 구절을 찾아볼 때는 이런 차이를 염두에 두어야 한다.

히브리어 성경과 개역 성경의 장절 표기가 다른 경우는 아래 표 3에 다 모아 두었다.

표 3. 히브리어 성경과 개역 성경 구약 장절 대조표[12]

히브리어 성경	개역 성경
창 32:1	창31:55
창 32:2~33	창 32:1~32
출 7:26~29	출 8:1~4
출 8:1~28	출 8:5~32
출 21:37	출 22:1
출 22:1~30	출 22:2~31
레 5:20~26	레 6:1~7
레 6:1~23	레 6:8~30
민 17:1~15	민 16:36~50
민 17:16~28	민 17:1~13
민 25:19~26:1	민 26:1
민 30:1	민 29:40
민 30:2~17	민30:1~16
신 13:1	신 12:32
신 13:2~19	신 13:1~18
신 23:1	신 22:30
신 23:2~26	신 23:1~25
신 28:69	신 29:1
신 29:1~28	신 29:2~29
삼 상3:21	삼상 3:21+4:1전
삼상 4:1	삼상 4:1후
삼상 20:42~21:1	삼상 20:42
삼상 21:2~16	삼상 21:1~15
삼상 24:1	삼상 23:29
삼상 24:2~23	삼상 24:1~22
삼하 19:1	삼하 18:33
삼하 19:2~44	삼하 19:1~43
왕상 5:1~14	왕상 4:21~34
왕상 5:15~32	왕상 5:1~18
왕상 18:33~34전	왕상 18:33
왕상 18:34후	왕상 18:34
왕상 20:2~3전상	왕상 20:2
왕상 20:3전하~후	왕상 20:3
왕상 22:21	왕상 22:21~22전
왕상 22:22	왕상 22:22후
왕상 22:43~44	왕상 22:43
왕상 22:45~54	왕상 22:44~53
왕하 12:1	왕하 11:21
왕하 12:2~22	왕하 12:1~21
대상 5:27~41	대상 6:1~15
대상 6:1~66	대상 6:16~81
대상 12:4~5	대상 12:4
대상 12:6~41	대상 12:5~40
대상 27:30+30전	대상 27:30
대상 27:30후	대상 27:31
대하 1:18	대하 2:1
대하 2:1~17	대하 2:2~18
대하 13:23	대하 14:1
대하 14:1~14	대하 14:2~15
느 3:33~38	느 4:1~6
느 4:1~17	느 4:7~23
느 7:68,69~71	느 7:68~69,70~72
느 7:72전	느 7:73
느 7:72후+8:1	느 8:1
느 10:1	느 9:38
느10:2~40	느 10:1~39
욥 40:25~32	욥 41:1~8
욥41:1~26	욥 41:9~34
시3:1,2~9	시 3:표제,1~8
시4:1,2~9	시 4:표제,1~8
시 5:1,2~13	시 5:표제,1~12
시 6:1,2~11	시 6:표제,1~10
시 7:1,2~18	시 7:표제,1~17
시 8:1,2~10	시 8:표제,1~9
시 9:1,2~21	시 9:표제,1~20
시 11:1	시 11:표제~1
시 12:1,2~9	시 12:표제,1~8
시 13:1,2~6전,6후	시 13:표제,1~5,6
시 14:1	시 14:표제~1
시 15:1	시 15:표제~1
시 16:1전,후	시 16:표제,1
시 17:1	시 17:표제~1
시 18:1~2,3~51	시 18:표제~1,2~50
시 19:1,2~15	시 19:표제,1~14
시 20:1,2~10	시 20:표제,1~9
시 21:1,2~14	시 21:표제,1~13
시 22:1,2~32	시 22:표제,1~31
시 23:1전,후	시 23:표제,1
시 24:1	시 24:표제~1
시 25:1	시 25:표제~1
시 26:1	시 26:표제~1
시 27:1	시 27:표제~1
시 28:1	시 28:표제~1
시 29:1	시 29:표제~1
시 30:1,2~13	시 30:표제,1~12
시 31:1,2~25	시 31:표제,1~24
시 32:1	시 32:표제~1
시 34:1,2~23	시 34:표제,1~22
시 35:1	시 35:표제~1
시 36:1,2~13	시 36:표제,1~12
시 37:1	시 37:표제~1
시 38:1,2~23	시 38:표제,1~22
시 39:1,2~14	시 39:표제,1~13
시 40:1,2~18	시 40:표제,1~17
시 41:1,2~14	시 41:표제,1~13
시 42:1,2~12	시 42:표제,1~11
시 44:1,2~27	시 44:표제,1~26
시 45:1,2~18	시 45:표제,1~17
시 46:1,2~12	시 46:표제,1~11
시 47:1,2~10	시 47:표제,1~9
시 48:1,2~15	시 48:표제,1~14
시 50:1	시 50:표제~1
시 51:1~2,3~21	시 51:표제,1~19
시 52:1~2,3~11	시 52:표제,1~9

<다음쪽으로 이어짐>

12 민영진, 『국역성서연구』 ([문헌] 8.3.5의 책), 33과 견주어 보라.

<앞쪽에서 이어짐>

히브리어 성경	개역 성경
시 53:1,2~7	시 53:표제,1~6
시 54:1~2,3~9	시 54:표제,1~7
시 49:1,2~21	시 49:표제,1~20
시 55:1,2~24	시 55:표제,1~23
시 56:1,2~14	시 56:표제,1~13
시 57:1,2~12	시 57:표제,1~11
시 58:1,2~12	시 58:표제,1~11
시 59:1,2~18	시 59:표제,1~17
시 60:1~2,3~14	시 60:표제,1~12
시 61:1,2~9	시 61:표제,1~8
시 62:1,2~13	시 62:표제,1~12
시 63:1,2~12	시 63:표제,1~11
시 64:1,2~11	시 64:표제,1~10
시 65:1,2~14	시 65:표제,1~13
시 66:1	시 66:표제~1
시 67:1,2~8	시 67:표제,1~7
시 68:1,2~36	시 68:표제,1~35
시 69:1,2~37	시 69:표제,1~36
시 70:1,2~6	시 70:표제,1~5
시 72:1,19~20	시 72:표제~1,19
시 73:1	시 73:표제~1
시 74:1	시 74:표제~1
시 75:1,2~11	시 75:표제,1~10
시 76:1,2~13	시 76:표제,1~12
시 77:1,2~21	시 77:표제,1~20
시 78:1	시 78:표제~1
시 79:1	시 79:표제~1
시 80:1,2~20	시 80:표제,1~19
시 81:1,2~17	시 81:표제,1~16
시 82:1	시 82:표제~1
시 83:1,2~19	시 83:표제,1~18
시 84:1,2~13	시 84:표제,1~12
시 85:1,2~14	시 85:표제,1~13
시 86:1	시 86:표제~1
시 87:1전,후	시 87:표제,1
시 88:1,2~19	시 88:표제,1~18
시 89:1,2~53	시 89:표제,1~52
시 90:1	시 90:표제~1
시 92:1,2~16	시 92:표제,1~15
시 98:1	시 98:표제~1
시 100:1전,후	시 100:표제,1
시 101:1	시 101:표제~1
시 102:1,2~29	시 102:표제,1~28
시 103:1	시 103:표제~1
시 108:1,2~14	시 108:표제,1~13
시 109:1전,후	시 109:표제,1
시 110:1	시 110:표제~1
시 120:1	시 120:표제~1
시 121:1	시 121:표제~1
시 122:1	시 122:표제~1
시 123:1	시 123:표제~1
시 124:1	시 124:표제~1
시 125:1	시 125:표제~1
시 126:1	시 126:표제~1
시 127:1	시 127:표제~1

히브리어 성경	개역 성경
시 128:1	시 128:표제~1
시 129:1	시 129:표제~1
시 130:1전,후	시 130:표제,1
시 131:1	시 131:표제~1
시 132:1	시 132:표제~1
시 133:1	시 133:표제~1
시 134:1	시 134:표제~1
시 138:1	시 138:표제~1
시 139:1전,후	시 139:표제,1
시 140:1,2~14	시 140:표제,1~13
시 141:1	시 141:표제~1
시 142:1,2~8	시 142:표제,1~7
시 143:1	시 143:표제~1
시 144:1	시 144:표제~1
시 145:1	시 145:표제~1
전 4:17	전 5:1
전 5:1~19	전 5:2~20
아 7:1	아 6:13~14
아 7:2~14	아 7:1~13
사 8:22~23전상	사 8:22
사 8:23전하~후	사 9:1
사 9:1~20	사 9:2~21
사 63:19하	사 64:1
사64:1~11	사 64:2~12
렘 8:23	렘 9:1
렘 9:1~25	렘 9:2~26
겔 21:1~5	겔 20:45~49
겔21:6~37	겔 21:1~32
단3:31~33	단 4:1~3
단 4:1~34	단 4:4~37
단 6:1	단 5:31
단 6:2~29	단 6:1~28
호 2:1~2	호 1:10~11
호 2:3~25	호 2:1~23
호 12:1	호 11:12
호12:2~15	호 12:1~14
호 14:1	호 13:16
호14:2~10	호 14:1~9
욜 3:1~5	욜 2:28~32
욜 4:1~21	욜 3:1~21
욘 2:1	욘 1:17
욘 2:2~11	욘 2:1~10
미 4:14	미 5:1
미 5:1~14	미 5:2~15
나 2:1	나 1:15
나 2:2~14	나 2:1~13
슥 2:1~4	슥 1:18~21
슥 2:5~17	슥 2:1~13
말3:19~24	말 4:1~6

3과
율법서, 예언서, 성문서의
첫 부분과 끝 부분의 상응 관계를 통해 본 히브리어 성경의 흐름

1. 히브리어 성경의 처음과 끝

히브리어 성경 각 부분의 형성 과정이 다양하고 현재의 배열 순서가 반드시 그 형성의 역사적인 순서를 따른 것이 아니지만 일단 그 최종 형태로 보면, 히브리어 성경은 천지창조에서 시작하여 하나님 백성 이스라엘의 선택과 타락과 멸망이라는 우여곡절을 거쳐 다시 새로운 미래에 대한 희망의 말씀으로 끝난다. 곧 온 누리의 시작에서 출발하여 하나님 백성의 새로운 시작으로 끝맺는다. 사람의 계속적인 타락과 반역에 비추어 볼 때 이러한 역사는 하나님이 사람들에게 일방적으로 베푸시는 은혜의 역사이다. 이제 하나님의 백성은 다시 이 은혜에 응답하여 새로 시작할 수 있게 되었다. 히브리어 성경의 마지막 낱말 <워야알>(וְיָעַל)을 직역하면 "(그리고 그의 백성된 자는 다) 올라갈지어다"이기 때문이다.

2. 율법서의 끝 부분과 성문서의 끝 부분

율법서 끝 부분에서는 모세를 출애굽 사건과 관련시켜 언급함으로써 출애굽을 하나님과 이스라엘의 근본 관계를 이루는 사건으로 본다.

이렇게 볼 때, 성문서 끝 부분에서 포로살이하던 유대인들이 '올라갈' 것을 말하는 것은 제2의 출애굽을 생각하게 한다. 이에 어울리게 역대하 36장 23절에 나오는 "너희 하나님 여호와"(히브리어 본문에서 직역하면 '그[=백성]의 하나님 여호와')는 "이스라엘은 여호와 하나님의 백성, 여호와는 이스라엘의 하나님이시다"라는 하나님과 이스라엘의 언약을 표현하는 방식을 떠올리게 한다.

3. 함께 하시는 하나님

이 하나님은 지난날 모세와 함께 하시듯이 여호수아와도 함께 하셔서(수 1:5,9) 자기 백성을 이끄신 하나님이셔서, 마침내는 이방 임금 고레스의 입에서조차 하나님이 그 백성과 함께 하시리라는 기원의 말이 흘러나오게 된다(대하 36:23). 이는 예수님의 별명이 '임마누엘'(= "우리와 함께 하나님이 계시다", 마 1:23)이라는 사실과 마태복음 28장 20절에서 예수님이 "내가 세상 끝날까지 너희와 항상 함께 있으리라"하신 말씀을 생각나게 한다.

이 과정에서 또한 분명히 드러나는 것은, 이스라엘의 하나님은 강대국 애굽의 바로나 바사의 고레스 같은 이방 임금들도 부리시는 온 누리의 하나님이시라는 사실인데, 이는 창세기 1장 1절에서 말하려는 바와 잘 맞아 떨어진다.

4. 히브리어 성경의 중심 개념인 <토라>

이스라엘 역사의 뿌리가 출애굽에 있듯이, 히브리어 성경의 기초는 율법서(<토라>, תּוֹרָה)이다. 율법서 끝부분에서는 모세를 이스라엘 역사상 최대의 예언자(<나비>, נָבִיא)라 함으로써, 율법서(<토라>)를 뒤이어 나오는 예언서(<느비임>, נְבִיאִים)보다 높은 자리에 두고, 예언자들(<느비임>)을 모세의 후계자들로 보게 한다. 이는 예언서 처음 부분과 마지막 부분에서 각각 모세가 명령한 말과 모세에게 명령한 법(<토라>)을 기억하라 한 것(수 1:13; 말 4:4)과 잘 맞아 떨어진다.

또 성문서의 첫머리 시편 1편에서 율법(<토라>)을 즐거워하고 주야로 묵상하는 사람을 복 있는 사람, 의인이라 함으로써 성문서 또한 예언서와 마찬가지로 <토라>를 기준으로 삼고 있다는 인상을 준다. 이 점에서 성문서의 첫 부분은 마치 예언서 마지막 부분의 경고 말씀(말 4:6)에 대한 응답처럼 들린다.

이처럼 <토라>는 히브리어 성경의 세 부분을 이어주는 중심 개념이 된다. 다만, 히브리 낱말 <토라>가 율법서를 가리키기도 하지만 하나님의 가르침을 포괄적으로 뜻할 수 있고 문맥에 따라서 여러 가지로 쓰인다는 점을 알아둘 만하다.

5. <토라>와 '여호와의 말씀'

<토라> 개념을 중심으로 히브리어 성경의 세 부분이 이어져 있다는 것은 또한 하나님이 말씀하심으로써 온누리와 자기 백성 이스라엘의 역사가 시작되고 펼쳐지며, 하나님은 역사를 하나님의 말씀대로 이루어 가신다는 흐름에 비추어서도 이해할 수 있다. 역대하 36장 22절의 '여호와의 말씀'은 본디 예언(預言)을 가리키는 전문 용어이어서, 이 부분에서 성문서는 예레미야를 대표적인 인물로 내세우면서 그 앞에 있는 예언서의 내용이 이루어진 사실을 밝히고 있다. <토라>는 하나님 뜻의 계시라는 점에서 '여호와의 말씀'과도 통한다.

모세를 예언자라고 할 때 이는 하나님과 긴밀히 사귀면서 하나님의 뜻을 잘 이해하고 하나님의 백성을 위해서 하나님이 시키시던 대로 말씀을 전하며 행한 자라는 뜻을 띠고, 그 뒤 예언자들도 결국 이런 사람들이라고 할 수 있다.

6. 율법서의 끝 부분과 예언서의 첫 부분 및 끝 부분

율법서의 끝 부분에서 나오는 '예언자'라는 말과 예언서의 첫부분에 나오는 '율법'이라는 말이(신 34:10; 수 1:7) 율법서와 예언서의 관계를 잘 밝히면서 두 부분을 잘 이어주었다면, 예언서 끝 부분과 성문서 첫 부분은 '의인과 악인'이라는 주제를 <토라>와 연관시켜 다룸으로써(말 3:18~4:3; 시 1:1, 4~6) 예언서와 성문서를 잘 이어준다.

말라기 4장 5~6절에서 하나님은 예언자 엘리야를 마치 새 모세처럼 보내셔서 이스라엘 세대 간에 신앙의 전통이 잘 이어지도록 하시겠다는 약속의 말씀을 하신 다음 이스라엘이 돌이키지 않을 경우에 있을 재난을 예고하시는데, 글의 흐름으로 보면, 이스라엘이 돌이킨다는 것은 결국에는 <토라>를 잘 기억하는 것을 뜻한다고 할 수 있다. 그리하여 시편 1편에서 묘사하는 복 있는 사람, 곧 <토라>를 즐거워하고 주야로 묵상하는 복 있는 사람이 바로 예언서 마지막의 경고를 진지하게 받아들이는 사람의 본보기로 볼 수 있게 한다. 그러나 성문서 마지막 장 앞 부분을 보면 이스라엘은 이러한 모범을 따르지 못해서 결국 망했다는 사실을 느끼게 한다(대하 36:11~21). 그리하여 하나님 쪽에서 새로운 미래를 열어 주신다는 내용으로 나아간다(대하 36:22~23).

7. 칠십인경의 변화

구약 각 책의 배열 순서에 있어서 칠십인경을 따르고 있는 개신교 구약 번역 성경의 전통에서는 이러한 히브리어 성경의 흐름이 끊어지기도 하고 달라지기도 했다.

(1) 율법서가 끝난 다음에 이어지는 책들을 그저 역사서라고 함으로써 하나님 백성의 역사를 예언의 정신, 곧 하나님이 하시는 말씀에 대해 하나님 백성이 어떤 태도를 취하는가 하는 관점에서 이해하던 전통이 충분히 표현되지 못한다.

(2) 역사서가 에스더에서 끝남으로써 역대하 끝부분에서 제시한 새로운 시작이 에스라 느헤미야를 통한 포로 후기 이스라엘 공동체의 재조직과 아울러 이스라엘 땅 바깥에 흩어져 살던 유대인들(이른바 <디아스포라>, διασπορά)에게도 안전과 번영이 보장되는 식으로 전개되었다는 점을 느끼게 해 준다. 그렇지만 <토라>가 구약성경의 여호와 신앙에서 차지하는 자리는 희미해지게 되었다. 에스더에서 <토라>는 한번도 언급되지 않기 때문이다.

(3) 이러한 점은 역사서에서 시가(및 지혜)서로 넘어가는 과정에서도 알 수 있다. 시가(및 지혜)서의 맨 처음에 나오는 욥기에서도 <토라>는 단 한 번밖에 나오지 않는다(22:22, 개역에서는 '교훈'이라고 번역하였다).

(4) 시가(및 지혜)서의 마지막 책인 아가와 예언서의 첫 책인 이사야 사이에도 뚜렷한 연결점을 찾아보기 힘들다.

(5) 말라기 마지막 부분이 구약성경의 마지막 끝이 됨으로써 신약성경과 연결될 수 있는 가능성이 더 커졌다(말 4:5~6을 눅 1:17과, 말 4:5를 마 11:14; 막 9:11과 견주어 보라).

표 4. 율법서, 예언서, 성문서의 첫 부분과 끝 부분의 상응 관계

구분	본문	내용	상응
율법서	창 1장	"[1]태초에 하나님이 천지를 창조하시니라..." 3(6, 9, 11, 14, 20, 24, 26, 29) "하나님이 이르시되..."	**시작** 하나님이 말씀하시다
	신 34장	모세의 죽음과 여호수아 안수(1~9절) " [10]그 후에는 이스라엘에 모세와 같은 선지자가 일어나지 못하였나니 모세는 여호와께서 대면하여 아시던 자요 [11]여호와께서 그를 애굽 땅에 보내사 바로와 그 모든 신하와 그 온 땅에 모든 이적과 기사와 [12]모든 큰 권능과 위엄을 행하게 하시매 온 이스라엘 목전에서 그것을 행한 자이더라"	모세는 최대의 **예언자** 모세는 출애굽 지도자 *이방 임금 바로*
예언서	수 1장	"[1]여호와의 종 모세가 죽은 후에 여호와께서 모세의 수종자 눈의 아들 여호수아에게 이르시되 [2]내 종 모세가 ...[5]... 내가 모세와 함께 있었던 것 같이 너와 함께 있을 것임이니라...[7]... 오직 ... 나의 종 모세가 네게 명령한 그 율법을 다 지켜 행하고 우로나 좌로나 치우치지 말라 그리하면 어디로 가든지 형통하리니 [8]이 율법책을 네 입에서 떠나지 말게 하며 주야로 그것을 묵상하여 그 안에 기록된 대로 다 지켜 행하라 그리하면 네 길이 평탄하게 될 것이며 네가 형통하리라 [9]...네 하나님 여호와가 너와 함께 하느니라... [12]여호수아가 또 르우벤 지파와 갓 지파와 므낫세 반 지파에게 말하여 이르되 [13]여호와의 종 모세가 너희에게 명령하여 이르기를... 그 말을 기억하라"	여호와의 종 모세 여호와께서 말씀하시다 내가 함께 하리라 나의 종 모세 율법을 행하라 네가 형통하리라 율법책을 주야로 묵상하라 네 길이 평탄하게 되리라 네가 형통하리라 하나님이 함께 하느니라 모세가 명한 말을 기억하라
	말 3~4장	말 3~4장(히브리어 성경으로는 3장) 하나님의 심판 날에 있을 의인의 구원과 악인의 멸망(3:18~4:3) " [4:4]너희는 내가 호렙에서 온 이스라엘을 위하여 내 종 모세에게 명령한 법 곧 율례와 법도를 기억하라 [5]보라 여호와의 크고 두려운 날이 이르기 전에 내가 선지자 엘리야를 너희에게 보내리니 [6]그가 아버지의 마음을 자녀에게로 돌이키게 하고 자녀들의 마음을 그들의 아버지에게로 돌이키게 하리라 돌이키지 아니하면 두렵건대 내가 와서 저주로 그 땅을 칠까 하노라 하시니라"	***의인과 악인*** 모세 율법을 기억하라 **예언자** 엘리야(새 모세?) 돌이키지 아니하면 치리라
성문서	시 1편	" [1]복 있는 사람은 악인들의 꾀를 따르지 아니하며... [2]오직 여호와의 율법을 즐거워하여 그의 율법을 주야로 묵상하는도다 [3]그는 ... 그가 하는 모든 일이 다 형통하리로다 [4]악인들은 그렇지 아니함이여... [5]그러므로 악인은 ... [6]무릇 의인들의 길은 여호와께서 인정하시나 악인들의 길은 망하리로다"	***의인과 악인*** 율법을 주야로 묵상하다 의인은 형통하리로다 의인의 길
	대하 36장	유다와 예루살렘 멸망(1~21절) "[22]바사의 고레스 왕 원년에 여호와께서 예레미야의 입으로 하신 말씀을 이루시려고 여호와께서 바사의 고레스 왕의 마음을 감동시키시매 그가 온 나라에 공포도 하고 조서도 내려 이르되 [23]바사 왕 고레스가 이같이 말하노니 하늘의 신 여호와께서 세상 만국을 내게 주셨고 나에게 명령하여 유다 예루살렘에 성전을 건축하라 하셨나니 너희 중에 그의 백성된 자는 다 올라갈지어다 너희 하나님 여호와께서 함께 하시기를 원하노라 하였더라"	멸 망 *이방 임금 고레스* 여호와의 말씀이 응하다 **성전을 건축하라(새로운 시작)** 백성 ... 너희 하나님 여호와 하나님이 함께 하시기를! 올라가라 (제 2 출애굽)

II

율법서

4과
율법서 전체의 짜임새와 흐름과 중심 내용

1. 율법서와 전기 예언서의 관계

(1) 아담부터 유다 왕국의 멸망까지

창조 본문으로 시작하여 출애굽기부터 본격적으로 이스라엘 역사를 다루는 율법서의 마지막 책인 신명기에 이르러서도 이스라엘은 아직 약속의 땅에 이르지 못하고, 이야기는 여호수아로 시작하는 전기 예언서로 이어진다. 창조에서 유다 왕국의 멸망까지 이어지는 역사를 중심 인물의 족보를 따라 간추려 보면 표 5와 같다.

표 5. 아담부터 남북 왕국 멸망에 이르는 족보의 얼개

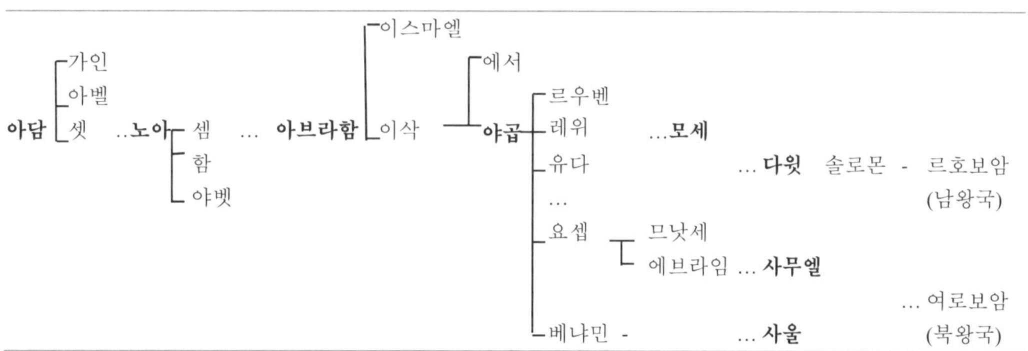

(2) 사경(四經),오경(五經),육경(六經),칠경(七經),팔경(八經),구경(九經)

유대교 및 기독교 전통에서 창세기에서 신명기까지를 오경이라 부르는 것과는 달리, 신명기를 그 뒤에 나오는 전기 예언서(흔히 신명기 역사서라고도 함)와 관련시켜 오경에서 떼어내고, 창세기부터 민수기까지를 독립된 단위로 보아 이를 사경이라 부르는 경우도 있다. 그런가 하면 땅의 문제는 여호수아에 이르러서야 일단 결말이 나므로 오경을 넘어서서 여호수아까지 포함하여 이를 육경이라 하는 학자도 있고, 더 나아가, 사사기, 사무엘, 열왕기까지 하나씩 덧붙여서, 칠경, 팔경, 구경이라고 하기도 한다. 이런 여러 가지 주장은 결국 율법서와 전기 예언서가 어떤 식으로든 연속성을 띠고 있다는 사실에서 비롯된 것이다.

표 6. 율법서와 전기 예언서의 관계

<table>
<tr><td>창세기</td><td>1~11장
12~50장</td><td>원역사[13]
족장들</td><td rowspan="7">사경
(四經)</td><td rowspan="8">오경
(五經)</td><td rowspan="9">육경
(六經)</td><td rowspan="11">칠경
(七經)</td><td rowspan="13">팔경
(八經)</td><td rowspan="16">구경
(九經)</td><td rowspan="7"></td></tr>
<tr><td rowspan="2">출애굽기</td><td>1~15장
16~18장</td><td>출애굽
광야</td></tr>
<tr><td>19~40장</td><td rowspan="3">시내산</td></tr>
<tr><td>레위기</td><td>1~27장</td></tr>
<tr><td rowspan="3">민수기</td><td>1~10장</td></tr>
<tr><td>10~20장</td><td>광야</td></tr>
<tr><td>20~36장</td><td rowspan="2">요단 동쪽</td></tr>
<tr><td>신명기</td><td>1~34장</td><td rowspan="9"></td><td rowspan="9">신명기
역사서

전기예언서
(前期預言書)</td></tr>
<tr><td>여호수아</td><td>1~24장</td><td rowspan="2">요단 서쪽</td><td rowspan="8"></td></tr>
<tr><td rowspan="2">사사기</td><td>1장</td><td rowspan="7"></td></tr>
<tr><td>2~21장</td><td>사사들</td></tr>
<tr><td rowspan="2">사무엘</td><td>상1~7장
8~15장</td><td>사무엘
사울</td><td rowspan="5"></td></tr>
<tr><td>16~31장
하1~24장</td><td>다윗</td></tr>
<tr><td rowspan="3">열왕기</td><td>상1~11장</td><td>솔로몬</td><td rowspan="3"></td></tr>
<tr><td>12~22장
하1~17장</td><td>이스라엘
/유다왕국</td></tr>
<tr><td>18~25장</td><td>유다왕국</td></tr>
</table>

[13] 이 표현에 대해서는 아래 5과의 1을 보라.

2. 율법서의 이중 구조

(1) 모세의 역사, 이스라엘의 역사

율법서를 순전히 형식적인 면으로 보면 모세의 전기처럼 보이지만, 다른 한편으로는 이스라엘의 초기 역사를 알려주는 것처럼 보인다. 그 어느 경우이든 창세기는 창조와 선조들[14]의 역사를 알려 주면서 본 역사의 도입부 역할을 하는 것처럼 보이기도 한다. 가나안 진입을 앞두고 모세가 모압 땅에서 출애굽 제2세대에게 마지막 부탁의 말을 하는 식으로 되어 있는 신명기에서 '모세의 길'은 끝나지만 '이스라엘의 길'은 아직 남아 있다. 이런 식으로 신명기는 한편으로는 율법서를 마무리하면서 다른 한편으로는 약속의 땅에서 열릴 새 역사를 내다 보고 준비하는 성격을 띤다.

(2) 중심 주제 '땅'

율법서 전체를 꿰뚫고 흐르는 중요한 주제 가운데 하나는 '땅'이다. 하나님의 부르심을 좇아 나선 아브람에게 하나님이 주시기로 약속하신 가나안 땅(창 12:7)에 대한 언급이 그 이후로도 이어진다(창 13:15; 15:18; 17:8; 28:13; 35:12; 출 6:4, 8; 32:13; 신 34:4 등).

표 7. 율법서의 이중 구조

<table>
<tr><th colspan="2">창세기</th><th colspan="3">출애굽기</th><th>레위기</th><th colspan="3">민수기</th><th colspan="4">신명기</th></tr>
<tr><td rowspan="6">인류의
길

1~11</td><td rowspan="6">이스라엘
선조들의길

12~50
땅 약속</td><td colspan="11">모세의 길</td></tr>
<tr><td>출생,성장</td><td>소명</td><td colspan="5">활동</td><td>유언</td><td>노래</td><td>축복</td><td>죽음</td></tr>
<tr><td>1~2</td><td>3~6</td><td>7~40</td><td>1~27</td><td colspan="3">1~36</td><td>1~31</td><td>32</td><td>33</td><td>34</td></tr>
<tr><td colspan="11">이스라엘의 길</td></tr>
<tr><td>애굽</td><td>광야</td><td colspan="3">시내산</td><td>광야</td><td>모압땅</td><td colspan="4">약속의땅 진입 준비</td></tr>
<tr><td>1~11</td><td>12~18</td><td>19~40</td><td>1~27</td><td>1~10</td><td>10~20</td><td>20~32</td><td colspan="4">1~34</td></tr>
</table>

14 흔히 '족장들'이라 부른다.

3. 율법서의 내부 상응 구조

(1) 창세기와 신명기의 독자성

이리하여 율법서 다섯 권에서 창세기와 신명기는 그 나름대로 독자성을 띤다. 그런데 창세기와 신명기는 몇 가지 점에서 상응하면서 오경의 바깥 틀을 이룬다고 할 수 있다. 아래 9과의 9를 참고하라.

(2) 출애굽기와 민수기의 대칭성

출애굽기와 민수기는 레위기를 둘러싸듯이 어느 정도 대칭을 이룬다. 무엇보다도 시내산에 이르기 전후에 이스라엘이 광야길을 간 것이 그러하다. 비슷한 사건이 출애굽기와 민수기에 되풀이된다. 아래 6과의 4와 8과의 4를 참고하라.

(3) 레위기의 위치

종교 의식 문제를 주로 다루면서 율법서의 가운데에 자리잡은 레위기의 중심은 16장의 속죄일에 대한 율법 규정이라 할 수 있다. 이렇게 보면 구조상으로 율법서의 중심은 레위기 16장에 있다고 할 수 있다. 문제는 이 속죄 율법 규정이 소개된 다음에도 이스라엘은 광야를 갈 때 다시 불평하고 하나님을 거스려서 하나님의 노여움을 사고, 광야에서 다 망하게 되었다는 데 있다. 이 점을 신명기 1~3장이 집중적으로 다루고 있다. 그리하여 모세는 신명기에서 이제 출애굽 제2세대에게 희망을 걸고, 그들이 약속의 땅에 들어가서 하나님을 잘 섬겨야 한다는 점을 여러 모로 권고하고 있다.

표 8. 율법서의 내부 상응 구조

창세기
창조 지시할 땅으로 가라는 명령 땅 주신다는 약속 (12:)46 애굽에 온 선조들 49 열두 아들에 대한 야곱의 축복 *50 야곱의 죽음, 약속의 땅에 장사됨*

출애굽기	
애굽 - 광야 - 시내산	위협
12 유월절 16 만나와 메추라기 17 반석에서 솟은 물 18 모세를 도울 사람들 32 우상숭배(금송아지-바알)	바깥으로부터-애굽, 아말렉 *안으로부터-불평, 우상숭배*

레위기	
1~7	제사
8~10	제사장
11~15	부정함
16	속죄
17~20	부정함
21~22	제사장
23~26.27	제사+절기

민수기	
시내산 - 광야 - 모압	위협
9 유월절 11 만나와 메추라기 11 모세를 도울 사람들 20 반석에서 솟은 물 25 우상숭배(바알)	*안으로부터- 불평, 우상숭배* 바깥으로부터- 모압, 미디안

신명기
약속의 땅에서 할 생활에 대한 지시 "…땅에 들어가거든 …" 33 열두 지파에 대한 모세의 축복 *34 모세의 죽음*

4. 문학 형식을 따라 본 율법서의 짜임새

(1) 이야기 부분, 율법 부분, 시문 부분

글의 표현 형식을 두고 볼 때, 표 10에서 보듯이, 율법서는 크게 율법 부분과 이야기 부분, 곧 역사 부분의 둘로 크게 나눌 수 있다. 그 둘 사이에 드물게 시문이 들어 있기도 하다. 출애굽기 19장~민수기 10장은 시내산에서 받은 율법을 주로 소개하고 있지만, 그 가운데 이야기 부분이 전혀 없는 것은 아니다.

(2) 율법 부분: 세 가지 법전

율법 가운데서 십계명은 출애굽기 20장 1~17절과 신명기 5장 6~21절에 나오지만 그 밖에도 여러 가지 율법 규정들이 율법서 곳곳에 들어 있는데, 특히 출애굽기 20장 22절~23장 33절, 레위기 17~26장, 신명기 12~26장에 집중적으로 모아두었다. 학자들은 보통 이를 각각 '언약 법전'[15](출애굽기 24장 7절의 '언약서'에서 비롯된 표현), '성결 법전',[16] '신명기 법전'[17] 이라고 부른다. 이 세 곳에는 종교 관련 규정뿐만 아니라 사회 생활 관련 법규도 들어 있다. 쳉어(Zenger)[18]에 따르면 그 대강의 얼개는 표 9와 같다.

표 9. 율법서 안에 있는 세 법전의 얼개

구분	계약 법전	성결 법전	신명기 법전
첫머리 규정: 제물 드리는 것과 그 장소	출 20:22~26	레 17	신 12:1~14:21
사회 관련 및 종교 의식 관련 개별 규정	출 21:1~23:19	레 18~20	신14:22~16:17
공직 관련 규정(재판관, 제사장)		레 21~22	신16:18~18:22
종교 의식 관련 및 사회 관련 개별 규정		레 23~25	신 19~26:15
축복과 저주	출 23:20~33	레 26	[신 27~28]

15 흔히 '계약 법전'이라 한다. 아래 6과 7을 참고하라.
16 아래 7과의 2를 참고하라.
17 아래 9과의 3을 참고하라.
18 *Einleitung* ([문헌]5.46의 책), 93.

(3) 시문: 미리암의 찬양

율법서에 들어 있는 시문 가운데서는 특히 출애굽기 15장 21절에 나오는 미리암의 찬양이 시편의 찬양시의 기본 요소와 구조를 잘 드러내 준다.

표 10. 문학 형식을 따라 본 율법서의 짜임새

	이야기 부분	율법 부분	시문/기타
창세기	1~11 창조와 인류사		
			4:23 라멕의 노래
	12~50 이스라엘 선조의 역사		
	12~25 아브람(12~17)/아브라함(17~25)		
	26 이삭		
	25; 27~36(;46~50) 야곱/이스라엘		
	37; 39~50 요셉 (38 유다)		49 야곱의 축복
출애굽기	1~11 애굽의 이스라엘 (모세)		
	12~15 애굽에서나옴(12~13 유월절)		15모세,미리암의 찬송
	15~18 광야의 위기와 극복		
	19 시내산에서 하나님 나타나심		
		20:1~17 십계명	
		20:22~23:33 언약서	
	24 시내산에서 언약 맺음		
		25~31 성막 관련 지시	
	32~34 언약 파기, 갱신	(34:10~26 종교의식관련 규정)	
	35~40 성막 건립		
레위기		1~7 제사 관련 규정	
	8~10 제사의 시작		
		11~15 정결 규정	
		16 속죄일	
	(24 성호 훼방자 처벌)	17~26 성결법전	
		27 서약,헌물추가규정	
민수기	(1 인구조사...)	1~10 다른 규정들	
		3~4 레위인들	
		6 나실인들	
	10~20 광야의 위기와 극복	(15; 18; 19 율법)	6:24~26 제사장 축도
	20~32 요단 동쪽 땅 차지		10:35~36 법궤 앞 말
	22~24 발람 이야기	(27~30 율법)	21:17~18 샘물 노래
	33~36 다른 이야기들		
		(35 레위성읍, 도피성)	
신명기	1~4 들어가는 말(1)		
	5~11 들어가는 말(2)	(5:6~21 십계명)	6:4~5이스라엘아들으라
		12~26 신명기 법전	
	27~28 끝맺는 말(1) (축복,저주)		
	29~30 끝맺는 말(2)		
	31~34 오경의 끝맺음(여호수아)		32 모세의 노래
			33 모세의 축복

5과
창세기의 짜임새와 흐름과 중심 내용

1. 전체 얼개

창세기는 창조 및 인류 전체에 해당하는 내용이자 인간 본성을 잘 드러내주는 내용이 담긴 1~11장과 아브람 또는 아브라함, 이삭, 야곱 또는 이스라엘, 요셉에 관한 내용이 담긴 12~50장의 둘로 크게 나눌 수 있다. 학계에서는 흔히 이 두 부분을 각각 원역사와 족장사라고 부른다.

2. 창세기 1~11장과 12~50장의 관련성

그렇지만 이 두 부분은, 한편으로 11장 마지막에 나오는 셈의 후예 족보 끝 부분에서 12장 이하의 주인공인 아브람을 미리 소개함으로써 서로 이어지고, 다른 한편으로는 단락의 시작을 알려주는 히브리 낱말 <톨레돗>(תּוֹלְדוֹת)이 두 부분에 다 나옴으로써 서로 이어진다. 이 낱말을 개역개정판에서는 '내력'(2:4;) '계보'(5:1), '족보'(6:9; 10:1; 11:10, 27; 25:12, 19; 36:1, 9; 37:2)의 여러 가지로 옮기고 있다.[19]

---

[19] 개역한글판에서는 '대략'(2:4; 36:1, 9), '계보'(5:1), '사적'(6:9), '후예'(10:1; 11:10, 27; 25:12, 19), '약전'(37:2)의 여러 가지로 옮기고 있다.

표 11. 창세기의 짜임새

구분	단락	내용	족보
1~11장 원역사		1:1~2:3 창조 2:4~25 **창조의 내력** (사람) 3장 첫 불순종과 결과 4장 첫 살인과 결과 4:17~24 가인의 후손	
			5장 아담 자손의 계보-노아까지
		6~9장 노아의 족보와 언약 9:1~17 노아 언약 9:18~27 노아의 세 아들	
			10장 노아 세 아들의 족보 (노아-셈, 민족들)
		11:1~9 바벨탑 쌓기와 그 결과	
			11:10-32 셈의 족보, 데라의 족보-아브람까지
12~50장 이스라엘 선조들의 역사	12~25장 아브람/ 아브라함	12장 부르심, 응답, 애굽의 위기 13장 롯과 갈라섬, 약속 되풀이 14장 롯 구출, 멜기세덱 15장 하나님과 맺은 언약(1) 16장 하갈과 이스마엘(1) 17장 하나님과 맺은 언약(2) 이름 바꿈, **이삭 출생 예고** 18~19장 소돔 고모라, 롯 20장 그랄의 위기 극복 21장 **이삭 출생**, 하갈과 이스마엘(2) *아비멜렉과 맺은 언약* 22장 시험 통과 23장 사라 죽음, 묘지 매입 24장 리브가를 며느리로 맞이함 25장 아브라함의 죽음, 장례	(15장, 17장) → 출 2:24; 6:2~8
			25:12~18 이스마엘의 족보 25:19~34 이삭의 족보/에서와 야곱
	26장 이삭	26장 그랄의 위기 극복, 하나님의 약속 되풀이 *아비멜렉과 맺은 언약*	
	27~36장 야곱/ 이스라엘	27장 장자 명분 획득, 도망 28장 벧엘의 하나님(1) 29~31장 라반 집안 살이 29:31~30:24 자녀들 31:44 *라반과 맺은 언약* 32장 귀향길에오름, 얍복나루,이름 바꿈 33장 화해 34장 디나 사건과 세겜 살육 35장 벧엘의 하나님(2), 라헬의 죽음 **이삭의 죽음**	
			36장 에서의 족보
	37~50장 요셉	37장 야곱의 족보, 애굽으로 팔려간 요셉 38장 유다와 다말 39~41장 요셉의 고난과 영광 42~45장 요셉과 그의 형제들 46장 야곱 일가의 애굽 이주 (명단: 8~27절) 47~49장 야곱의 말년, 죽음 50장 야곱의 장례, 요셉의 죽음	

3. <톨레돗>의 기능

<톨레돗> 표현 형식을 통해서, 창조된 첫 사람(2:4~25) 아담이 노아를 거쳐 아브람/아브라함으로 이어지고(5장; 10장; 11:10~32), 아브라함은 한편으로 이스마엘의 족보로(25:12~18), 다른 한편으로는 이삭의 족보로 이어진다(25:19~34). 이삭의 족보는 다시 한편으로는 에서의 족보로(36장), 다른 한편으로는 야곱의 자녀들(29:31~30:24)과 그 후손들(46:8~27)에게로 이어진다. 이러한 흐름에서 드러나는 것은, 하나님이 사람을 창조하시고 그들에게 복 주시면서 "생육하고 번성하"라 하신 말씀(1:28)이 이루어져 가는 과정이요, 또한 하나님이 아브람에게 "내가 너로 큰 민족을 이루"게 하겠다고 하신 약속(12:2)이 이루어져 가는 과정이다.

4. 이삭의 자리

12~36장에서 이삭은 아브람(=아브라함)이나 야곱(=이스라엘)만큼 비중 있게 다루어지지 않는다. 이삭에 대한 내용이 이미 17장부터 암시되고 그의 죽음은 35장에 가서야 언급되지만, 26장을 빼고는 이삭은 그저 부차적인 역할을 할 따름이다. 그렇지만 이삭은 아브라함이 하나님께 받은 약속을 상속하여 야곱에게 잘 전해주는 중요한 역할을 한 것으로 보인다. 이 점은 아브라함에 관한 본문의 여러 내용이 26장에 집중적으로 이삭에게 되풀이되고 있는 데서도 똑똑히 알 수 있다.

5. 창세기 37~50장의 요셉과 야곱

37~50장의 실질적인 주인공은 요셉이지만 형식상으로 보면 이를 27~36장과는 구별되는 또 다른 야곱 이야기로 볼 수 있다. 37장 2절에서 야곱의 족보라고 시작하고 50장에서 야곱의 장례가 언급되고 있기 때문이다.

6. 창세기 12장 3절 약속의 성취

12~50장에서 아브람(=아브라함), 이삭, 야곱(=이스라엘), 요셉은 늘 그들 둘레 사람들에게 혜택을 끼치는 인물들로 나타난다. 곧 롯, 하갈과 이스마엘 모자가 아브람(=아브라함)의 덕을 보았듯이(이스마엘도 큰 민족의 조상이 되었다!), 아비멜렉과 라반과 요셉의 형제들 및 애굽 사람들은 각각 이삭과 야곱과 요셉의 덕을 본다. 이는 12장 3절의 약속이 어떻게 이루어져가고 있는지를 보여 준다.

7. 창세기 끝 부분과 출애굽기의 관련성

여호와의 부르심을 좇아 가나안 땅에 온 아브라함이 기근 때문에 애굽에 내려갔다가(12장) 다시 가나안으로 돌아왔지만, 요셉을 선두로 해서(39장) 야곱 일가가 애굽에 이주함으로써(46장) 창세기는 출애굽기로 넘어가게 된다. 또한 야곱이 가나안 땅, 아브라함이 매장지로 사 놓은 곳에 묻히고(50:12), 요셉도 나중에 후손들이 자기 유골을 가나안으로 옮겨가도록 유언하는 데(50:24~25)서도 창세기 끝 부분은 분명하게 출애굽 사건을 내다보게 한다.

8. 창세기에 들어 있는 언약

(1) 9장에서 하나님은 노아와 그의 후손과 그와 더불어 살아 남은 생물들과 언약을 맺으셨고, 15장과 17장에서는 아브람(=아브라함)과 더불어 언약을 세우셨다.

(2) 21장 27절에서는 아브라함이 아비멜렉과 언약을 세우고, 26장 28절에서는 아비멜렉이 이삭과 계약을 맺겠다고 한다.[20] 31장 44절에서는 몰래 가족과 짐승 떼를 데리고 달아난 야곱을 뒤쫓아온 라반이 야곱과 언약을 맺겠다고 한다.

---

20 히브리 낱말 <브릿>(בְּרִית)을 개역에서는 보통 '언약'으로 번역하지만, 26:28에서는 '계약'으로 번역했다.

9. 화해의 장면

장자권을 둘러싸고 사이가 나빠졌던 야곱과 에서가 이십 년 이상의 세월이 지난 뒤에 다시 만나 얼싸안고 화해하는 장면이 33장에 나오고, 철없이 꿈 이야기를 두 번씩이나 늘어 놓아 형들의 시기를 받아 애굽으로 팔려간 요셉이 총리가 된 뒤 양식을 구하러 온 형들과 만나 오랜 시간이 지난 뒤에 완전한 화해가 이루어지는 장면이 45장과 50장 15~21절에 나온다.

6과
출애굽기의 짜임새와 흐름과 중심 내용

1. 창세기와 출애굽기의 관련성

(1) 아담, 노아, 아브라함, 이삭, 야곱, 요셉 등의 개인들이 사건의 중심으로 등장했던 창세기와는 달리 출애굽기에서는 '이스라엘 자손'(1:7), 곧 이스라엘 백성의 역사를 다룬다. 이들이 애굽으로 이주해 온 야곱 일가에서 비롯되었다고 책 첫머리에 밝힌 데서, 창세기와 출애굽기의 관련성이 뚜렷이 드러난다.

(2) 이리하여, 창세기에서 아브라함과 이삭과 야곱과 요셉이 섬기던 하나님이 출애굽기에서는 이스라엘 백성이 섬기는 하나님이 되시고, 특히 출애굽기 앞 부분에서는 '히브리 사람의 하나님 여호와'라 불린다(3:18; 7:16; 9:1, 13; 10:3).[21]

2. 출애굽기의 전체 얼개

(1) 출애굽기는 애굽에서 종살이하던 이스라엘 백성이 홍해를 건넘으로써 애굽의 영향권에서 완전히 벗어나는 사건 이전에 대한 내용을 담은 1장 1절~15장 21절과 그 이후 시내 광야에 이르기까지 광야 길을 간 내용을 담은 15장 22절~18장 27절과 시내 산기슭에서 하나님과 언약을 맺 고 율법을 받는 내용이 시작되는 19장 1절~40장 38절의 세 부분으로 크게 나누어 볼 수 있다.

---

21 그 히브리어 표현을 히브리 어순을 살려 직역하면, '여호와, 히브리 사람들의 하나님'이 된다. 5:3에서는 그냥 '히브리 사람의 하나님'이라고만 나온다. '히브리'라는 낱말은 이밖에도 창 14:13에서 아브람에게, 39:14, 17; 40:15; 41:12에서는 요셉과 관련하여, 43:32에서는 요셉의 형제들에게, 출2:6,11, 13에서는 모세의 부모를 비롯하여 애굽에 살고 있는 이스라엘 사람들에게 쓰인다.

표 12. 출애굽기의 짜임새

1:1~15:21	**애굽의 이스라엘**
1장	애굽으로 온 야곱 자손들, 애굽 새 왕의 이스라엘 학대, → 창47;41장 비돔과 라암셋 건축 공사
2장	모세의 출생, 구출, 성장, 도주. 언약을 기억하신 하나님(24절) → 창17장
3:1~4:17	하나님이 모세를 불러 보내심
	4:2~4 첫 이적: 뱀이 된 지팡이 **"그들이 나를 믿지 아니하며"** (1절) 4:6~7 둘째 이적: 나병 들었다 나은 손 **"믿다"** (5, 8, 9절) 4:9 셋째 이적: 피가 된 물
4:18~26	애굽으로 돌아가는 길, 십보라의 조치
4:27~31	애굽으로 돌아온 모세 **"백성이 믿으며"** (31절)
5:1~7:7	사태 악화와 여호와의 설득, 언약을 기억하신 하나님(6:2~8)
7:8~13:16	열 재앙과 출애굽
	7:8~13 지팡이 뱀의 이적 7:14~25 첫 재앙: 피로 변한 물 8:1~15 둘째 재앙: 개구리 16~19 셋째 재앙: 이 20~32 넷째 재앙: 파리 9:1~7 다섯째재앙:가축돌림병 8~12 여섯째재앙:악성종기 13~35 일곱째재앙:우박 10:1~20 여덟째 재앙: 메뚜기 21~29 아홉째 재앙: 흑암 11:1~13:16 열째 재앙: 처음 난 것 죽음 11장(예고), 12:1~28,43~51 유월절 제정 12:29~42 재앙과 출애굽~라암셋에서 숙곳까지 [출발지: 라암셋] 13:1~16 초태생 구별, 무교절 규정
13:17~22	출애굽 첫 길: 숙곳에서 에담까지
14:1~15:21	홍해 건넘 **"이스라엘이 ...여호와와... 모세를 믿었더라** (14:31)" 15:1~18 모세와 이스라엘의 찬송 19~21 미리암의 찬송
15:22~18:27	**광야의 이스라엘** [애굽의 영향권에서 벗어남]
15:22~27	마라, 엘림 - 물 *백성의 '원망'*(15:24; 16:2, 7~9, 17:3. 14:11~12 참고)
16장	신 광야 - 메추라기와 만나 //민 11장 만나와 메추라기
17:1~7	르비딤(맛사 또는 므리바) - 물 //민 20:2~13 므리바
17:8~16	아말렉을 물리침, 여호와 닛시
18장	이드로의 충고대로 도울 자들을 세움
19:1~40:38	**시내 산의 이스라엘**
19장	시내 산기슭 도착, 하나님 나타나심(5절: 언약)
20:1~21	십계명
20:22~23:33	언약서 율법 규정
24:1~11	*언약 맺음*
24:12~18	**율법 돌판 받으러 올라가는 모세,** 불 같은 여호와의 영광
25:1~ 31:17	**성막, 성직 관련 지시** 25:1~9 예물 25:10~22 언약궤,속죄소 25:23~30 진설병 상 25:31~39 등대 26장 성막 27:1~8 번제단 27:9~19 뜰 27:20~21 등불 기름 28장 제사장 옷 29장 제사장 위임식, 제단 성별 *→레위기 8장으로* 29:38~46 매일 드리는 제사 *→민수기28:3(상번제) 참고* 30:1~10 분향단 30:11~16 속전 30:17~21 물두멍 30:22~38 관유,향 31:1~11 만들 일꾼 지정 31:12~17 안식일 규정 **35~39장 지시 실행** 35:1~3 안식일 규정 35:4~39 예물 드림 35:30~36:7 일꾼 임명 36:8~38 성막 만듦 37:1~9 언약궤 37:10~16 진설병 상 37:17~24 등대 37:25~28 분향단 37:29 관유,향 38:1~7 번제단 38:8 물두멍 38:9~20 뜰 39:1~31 제사장 옷 39:32~43 모세가 검사함
31:18	**돌판 받은 모세**
32~34장	금송아지 사건과 *새로 맺는 언약*
	32장 백성의 금송아지 제조, 모세의 반응(**돌판 깨뜨림**, 기도)과 조치 33장 하나님의 요구(단장품 제거), 모세의 기도와 응답 33:1 →창 12:7 등 34장 **새 돌판,** *새롭게 된 언약*, 종교의식 관련 율법 규정, 모세의 빛나는 얼굴
35~39장	성막, 성직 관련 지시 실행
40:1~33	성막 성별 지시와 실행
40:34~38	성막에 충만한 여호와의 영광, 구름 기둥과 불 기둥 //민 9:15~23

(2) 그렇지만 시내 산에서 율법을 받는 내용은 출애굽기를 넘어서서 레위기 전체와 민수기 9장까지 이어진다.

3. 첫 부분(1:1~15:21) – 애굽의 이스라엘

(1) 첫 부분은 먼저 창세기와는 달리 학대받는 상황이 애굽에 사는 이스라엘 사람들에게 벌어졌다는 사실을 말하면서, 모세의 출생, 구출, 성장과 아울러 이 히브리 사람들의 선조들에게 하나님이 하신 언약을 기억하여(2:24; 6:2~8) 모세를 보내셔서 애굽 임금과 여러 차례 교섭을 벌인 끝에 마침내 이들을 그 종살이에서 이끌어내시는 과정을 자세히 묘사한다.

(2) 애굽에서 괴로움을 겪고 있는 이스라엘 백성을 이끌어내도록 하나님이 모세를 보내신다고 하셨을 때, 이스라엘 백성이 모세를 믿을 것인가 하는 문제가 모세와 하나님의 대화에서 중요한 자리를 차지했다(4:1, 5, 8, 9). 그런데, 이렇게 하나님이 보내신 모세를 만난 이스라엘 백성은 "믿으며 여호와께서 이스라엘 자손을 찾으시고 그들의 고난을 살피셨다 함을 듣고 머리 숙여 경배"(4:31)했다. 그렇지만 상황이 오히려 악화되자 이스라엘 백성의 우두머리들은 모세와 아론에게 대들었다(5:19~21). 또 라암셋을 떠나 홍해 앞에 이르러 애굽 군대의 추격을 받자 이스라엘 백성은 원망했다(14:11~12). 그러다가 홍해의 구원을 경험한 뒤에 이들은 "여호와와 그의 종 모세를 믿었"다(14:31).

4. 둘째 부분(15:22~18:27) – 광야의 이스라엘

(1) 둘째 부분에서 이스라엘 백성은 광야의 목마름(15:24; 17:3)과 굶주림(16:2, 7~9, 12)을 겪게 되자, 모세(와 아론)을 '원망'한다(15:24; 16:2, 7~9, 12; 17:3).

(2) 그런데도 하나님은 모세를 통해 이들이 마실 물(15:25; 17:5~7)과 먹을 만나와 메추라기(16:4~36)를 주실 뿐 아니라, 이들을 공격하는 적을 물리치게 하신다(17:8~16).

(3) 또한 광야에서 모세는 장인 이드로의 충고를 좇아 자기를 도울 중간 지도자들로서 천부장과 백부장과 오십부장과 십부장을 세운다(18장).

5. 셋째 부분(19~40장) – 시내 산의 이스라엘

(1) 셋째 부분에서 시내 산기슭에 도착한 이스라엘 백성에게 하나님이 나타나셔서 십계명을 비롯하여 여러 종교 및 사회 생활 관련 율법[22]을 주시면서 이스라엘을 자기 백성으로 삼는 언약을 맺으신다(19~24장).

(2) 그리고 모세에게 성막[23]과 성막 부속품과 제사장의 옷을 만들고 제사장 위임식을 거행하라는 자세한 지시를 내리신다(25~31장).

(3) 그 사이에 산 아래 백성은 금송아지를 만들어 하나님을 섬기는 잘못을 저질렀지만, 모세의 조치와 기도를 힘입어 하나님은 다시 돌판을 주시고 종교 관련 율법을 말씀하시면서 언약을 새롭게 하신다(32~34장).

표 13. 성막의 구조와 크기

- 전체: 가로 50미터, 세로 25미터(한 규빗을 50센티미터로 보았을 경우)
- 뜰: 가로 25, 세로 25미터
- 성막: 가로 15, 세로 5, 높이 5미터
- 법궤(아래 그림의 ㄱ): 가로 1.25, 세로 0.75, 높이 0.75미터

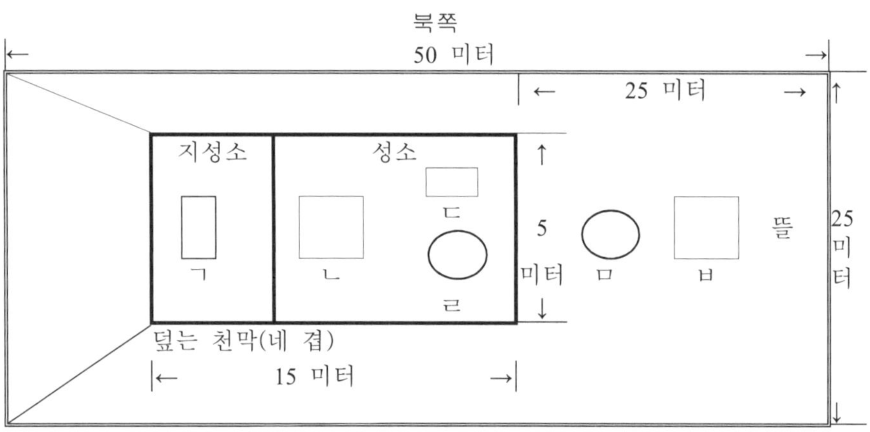

- 진설병상(위 그림의 ㄷ): 가로 1.0, 세로 0.5, 높이 0.75미터
- 분향단 (위 그림의 ㄴ) - 등대 (위 그림의 ㄹ) - 물두멍 (위 그림의 ㅁ)
- 번제단 (위 그림의 ㅂ): 가로 2.5, 세로 2.5, 높이 1.5미터

(4) 이어 성막과 그 부속품과 제사장 옷을 지시받은 대로 만들어 성막을 세우자(35:1~40:33), 구름이 가린 시내산 위에 맹렬한 불처럼 머물던 여호와의 영광(19:9, 18~19; 24:15~17)이 성막에 충만해진다(40:34~35). 이렇게 하나님은 이제 이스라엘 가운데 계심을 드러내신 것이다.

---

22 아래 7을 보라.

23 그 구조와 규모에 대해서는 표 13을 참고하라.

6. 십계명(20:1~17)

이른바 십계명[24]은 출애굽의 구원 사건의 토대 위에서(20:2) 이스라엘이 하나님(20:3~11)과 어버이를 비롯하여 사람들(20:12~17)을 어떻게 섬겨야 할지를 요약하고 있다.

7. '언약서'[25](20:22~23:33)

언약을 맺을 때 백성에게 낭독하여 들린 '언약서'(24:7)에 담긴 율법 규정에는 제단을 바르게 쌓는 법(20:22~26), 안식년과 안식일 지키는 법(23:10~12), 연중 삼대 절기 지키는 법(23:14~19), 이방 신 숭배금지법(23:20~33) 같은 올바른 종교 생활에 관한 것 뿐만 아니라, 오히려 그보다 더 많이 종들을 위한 법(21:2~11), 사형에 처할 범죄들에 대한 규정(21:12~17), 신체 상해 사건 처리법(21:18~36), 소유권 침해 처리 규정(22:2~15), 이방 나그네나 과부나 고아나 가난한 사람들 같은 약자를 보호하는 규정(22:21~27), 공정한 재판에 관한 규정(23:1~9) 같은 사회 생활 관련법들이 들어 있다.

8. 출애굽기와 레위기 및 민수기의 관련성

제사장 위임식에 대한 지시를 실행하는 것은 레위기 8장에 나와 있고, 홍해를 건너 시내산 기슭에 이르기까지 이스라엘이 광야길을 오면서 보여준 모습과 그에 대한 하나님의 조치 가운데 몇 가지는 나중에 민수기에서 시내산을 떠나 다시 광야 길을 갈 때 되풀이된다.[26] 이 점에서도 출애굽기는 레위기와 민수기로 이어진다.

---

24 '십계명'이라는 표현이 개역한글판에서는 신 4:13; 10:4에 나오고, 출 34:28에 '십계'라는 낱말이 나온다. 개역개정판에서는 출 34:28에서도 '십계명'으로 고쳤다. 그 히브리어 표현 <아세렛 핫드바림>(עֲשֶׂרֶת הַדְּבָרִים)은 '말씀 열 가지'를 뜻한다.

25 위 4과의 4.(2)를 보라.

26 위 4과의 표 8과 아래 8과의 4를 참고하라.

7과
레위기의
짜임새와 흐름과
중심 내용

1. 레위기의 자리

(1) 레위기는 출애굽기 19장부터 시작하여 민수기 10장까지 이르는 '시내산 관련 본문'의 가운데 부분을 차지하면서, 대부분 율법 규정으로 이루어져 있다.

(2) 사건에 대한 이야기는 제사의 시작에 대해 알려 주는 8~10장과 하나님의 이름을 훼방한 자를 처벌한 일에 대해 말하는 24장 10~16, 23절에만 나온다.

(3) 8장의 제사장 위임식은 출애굽기 29장의 지시에 따른 것으로 볼 수 있다.

2. 율법 규정

(1) 율법 규정 가운데 큰 묶음으로는 우선 제사 규정(1~7장)과 정결 규정(11~15장)을 들 수 있고, 속죄일 규정이 담긴 16장을 넘어서면 '거룩함'(19:2; 20:7~8, 26; 21:6~8, 15, 23; 22:9, 16, 32)이 중심 개념이라고 해서 흔히 '성결(聖潔) 법전'이란 부르는, 여러 규정 모음이 17~26장에 있다. '성결 법전'의 존재를 부정하는 렌토르프(Rendtorff)의 견해로는, 16장을 중심으로 해서 11~15장에는 속할 수 있는 부정함을 다루고, 17~20장에서는 "(백성 중에서) 끊어지리라(또는 끊으리라)"라는 표현에서 알 수 있듯이(17:4, 9, 10, 14; 18:29; 19:8; 20:3, 5, 6, 17~18) 속할 수 없는 부정함을 다룬다고 한다.[27]

---

[27] Rendtorff, *Das Alte Testament*([문헌]5.42의 책), 154~155.

(2) 이렇게 볼 경우 뒤이어 21~22장에 나오는 제사장 및 제물 관련 규정은 1~7장과, 23~25장에 나오는 절기 관련 규정은 16장과 상응한다.[28]

3. 제사 규정

(1) 제사는 그 밑감을 따라 피 없는 제사와 피 있는 제사로 크게 나눌 수 있다. 피 없는 제사는 곡물, 과일, 포도주, 기름, 유향을 드리는 제사로서 대표적인 것이 소제(素祭)이고, 피 있는 제사는 동물 제사이다.

(2) 동물 제사 가운데서 번제는 제물로 바친 짐승의 가죽은 제사장에게 돌아가지만(7:8) 그 나머지는 통째로 잡아 조각 내어 제단 위에 놓아 고스란히 태워 하나님께 바치는 제사이고, 화목제에서는 제물이 된 짐승의 기름 부분은 불태워 하나님께 드리고 고기는 제사장 및 제사에 함께 한 사람들이 나누어 먹는다.

4. 정결 규정

'정'(淨), '부정'(不淨)은 종교 의식상의 개념으로서 사람을 하나님으로부터 갈라내고 종교의식을 함께 하지 못하게 하는 것이 부정한 것이다. 정결 규정은 이스라엘 사람들이 가나안 종교의 여러 풍습에 물들지 않게 하는 데 목적이 있었던 것으로 보인다.

5. 사회 생활 관련 규정

레위기의 율법 규정 가운데에는 종교 의식 관련 규정이 많지만 사회 생활 관련 규정도 함께 들어 있어서(특히 19~20장) 하나님을 사랑하는 것과 이웃을 사랑하는 것(19:18)이 긴밀히 연결되어 있다는 점이 똑똑히 드러난다.

6. 축복과 저주의 말씀

나중에 민수기에 다시 여러 가지 율법 규정이 나오지만, 실제로는 축복과 저주의 말씀이 담긴 레위기 26장을 시내산에 받은 율법을 끝맺는 부분으로 볼 만하다(신명기 27~28장과 견주어 보라).[29]

---

28 김중은, 『거룩한 길 다니리. 설교를 위한 레위기 연구』 (서울: 한국성서학 연구소, 2001), 26; Dae-Geuk Nam, "The Theology of the Book of Leviticus", 『구약논단』 8(2000.6) 251~279 가운데서 255~264; 정중호, 『레위기. 만남과 나눔의 장』 (서울: 한들출판사, 1999), 21~22와 견주어 보라.

29 아래 9과의 8를 참고하라.

표 14. 레위기의 짜임새

장	내용	(렌토르프의 견해)
1~7장 제사 규정	1:1~6:7 제사 자체 1장 번제 규정 2장 소제 규정 3장 화목제 규정 4:1~5:13 속죄제 규정 5:14~6:7 속건제 규정 6:8~7:38 제사장들의 제사 의식 거행 규정 6:8~13 번제 6:14~23 소제 6:24~30 속죄제 7:1~10 속건제 7:11~38 화목제	
8~10장 제사 시작 보고	8장 제사장 위임식 거행 → 출 29장 9장 제사장들이 첫 제사 드림 10장 나답과 아비후의 죽음, 관련 지시	
11~15장 정결 규정	11장 정한 짐승과 부정한 짐승 관련 12장 산모 관련 정결 규정 13~14장 나병 관련 정결 규정 15장 유출병 관련 정결 규정	11~15장 속할 수 있는 부정함
16장 속죄일 규정		
17~26장 성결법전	17장 제물 도살 규정, 피 먹지 말것, 정결 규정 추가 18장 성(性) 관련 규정 19~20장 여러 가지 규정 21장 제사장 관련 규정 22장 제물 관련 규정 23장 절기 규정 24:1~9 등잔불, 진설병 관리 규정 24:10~16, 23 하나님 이름 훼방자 처벌 24:17~21 보상법 규정 25장 안식년과 희년 규정 26장 축복과 저주	17~20장 속할 수 없는 부정 21~22장 제사장, 제물 정결 규정 23~25장 절기 관련 규정 26장 시내산율법수여 결어
27장 서약,헌물추가규정		

8과
민수기의
짜임새와 흐름과
중심 내용

1. 전체 얼개

아주 여러 가지 성질의 본문이 뒤섞여 있는 민수기는 율법서 다섯 권 가운데 그 얼개를 파악하기 가장 어려운 책이다. 그렇지만 이스라엘이 아직 시내 광야에 머물고 있는 것으로 전제하는 1장 1절~10장 10절과 광야길을 가는 이스라엘의 이야기가 이어지는 10장 11절~20장 13절과 남방 및 요단 동쪽 땅을 차지하는 모습을 묘사하는 20장 14절~36장 13절의 세 부분으로 민수기를 크게 나눌 수 있다. 마지막 33~36장은 경우에 따라서 마무리 및 부록 부분으로 따로 떼내어 볼 만하다.

2. 율법 규정(5~6, 8~9, 15, 18~19, 28~30, 35장)

(1) 율법 규정은 이 세 부분 모두에 섞여 있는데, 일반적으로 출애굽기나 레위기에 나온 율법 규정의 내용을 보충하는 성격을 띤다. 대표적인 보기로 민수기 5장 5~10절과 레위기 6장 1~7절, 또 민수기 8장 1~14절과 출애굽기 12장을 견주어 보라.

(2) 레위인 관련 규정이 여러 곳에 나온다(3~4장; 8장; 18장; 35장).

표 15. 민수기의 짜임새

구분	본문	내용
1:1~10:10 시내 광야에서	1~4장	**인구 조사와 재조직**
		1장 싸움에 나갈 만한 남자들의 수 조사
		2장 지파별로 진 칠 자리 지정
		3~4장 레위인들에 관한 내용
		3:1~4 아론의 아들들
		3:5~13 레위인들의 직무
		3:14~39 레위 종족 계수
		3:40~51 맏아들 대속과 레위인
		4장 회막 관련 직무 분담, 조사 결과로 나온 인원수
	5~6장	여러 가지 율법 규정
		5:1~4 부정함 처리 규정
		5:5~10 재산 범죄 처리 규정 (레 6:1~7 참고)
		5:11~31 간음 의심 처리 관련 규정
		6:1~21 나실인 관련 규정
		6:22~27 제사장이 할 축복(본문은 24~26절)
	7장	족장별 회막 봉헌 예물 목록
	8:1~9:14	여러 가지 율법 규정
		8:1~4 등대 (출 25:31~40; 37:17~24 참고)
		8:5~22 레위인 위임 규정
		8:23~26 레위인 복무 연한 관련 규정
		9:1~14 유월절 관련 규정 (출 12; 레 23:5~8 참고)
	9:15~23	불 기둥과 구름 기둥 (출 40:34~38 참고)
	10:1~10	나팔 불기 관련 규정
10:11~20:13 광야 길에서 (출15:22~18:27참고)	10:11~36	시내 광야 출발, 모세의 장인 호밥, 앞서 가는 언약궤
	11:1~3	다베라 사건
	11:4~35	기브롯 핫다아와의 메추라기 사건 (70장로, 엘닷과 메닷에게 여호와의 영이 임함)
	12장	미리암과 아론의 모세 비방 사건
	13~14장	가나안 정탐 사건 (신 1:19~25 참고)
	15:1~31, 37~41	(레 2; 4~5; 7 참고) 여러 가지 율법 규정 (소제, 전제, 거제, 범죄의 종류에 따른 제사, 옷단의 술)
	15:32~36	안식일 범한 자 처벌 사건
	16장	고라 무리의 반역 사건
	17장	아론의 싹난 지팡이
	18장	레위인들의 책임과 소득 규정
	19장	부정을 깨끗하게 하는 물 규정
	20:1~13	미리암의 죽음, 므리바 물 사건(출 17:1~7 참고)
20:14~36:13 남방 및 요단 동쪽땅 정복	20:14~21	이스라엘의 통과를 거부하는 에돔 왕(신 2:4~6 참고)
	20:22~29	아론의 죽음, 후계자 엘르아살
	21:1~3	남방 아랏 왕 쳐부숨
	21:4~9	불뱀 사건
	21:10~20	모압 땅에 들어섬(신 2:9~24 참고)
	21:21~30	아모리 왕 시혼을 쳐부숨 (신 2:24~35 참고)
	21:31~35	바산 왕 옥을 쳐부숨(신 3:1~7 참고)
	22~24장	모압 왕 발락과 발람
	25장	바알브올 숭배로 인한 염병 사건
	26장	**두번째 인구 조사**
	27:1~11	슬로브핫 딸들의 상속권 관련 조치
	27:12~23	여호수아가 후계자로 안수받음(신 34:9 참고)
	28~30장	여러 가지 율법 규정
		28~29장 상번제, 절기 제사 관련 규정(출 29:38~42;레16;23 참고)
		30장 서원의 유효성 관련 규정
	31장	미디안을 쳐부수고 탈취물을 나눔
	32장	요단 동쪽 땅을 정복 및 분배(신 3:12~22 참고)
마무리 부록	33장	출애굽 노정 목록, 가나안 거민 몰아내라는 명령
	34장	나중에 차지할 요단 서쪽 땅의 경계선, 땅 나눌 자들의 이름
	35장	레위인 성읍과 도피성, 살인 관련 율법 규정
	36장	슬로브핫 딸들의 상속권과 혼인 문제 조치

3. 이스라엘이 시내광야에서 지체하게 된 까닭

성막과 관련하여 불 기둥과 구름 기둥의 움직임 및 이스라엘의 움직임에 대해 말하는 내용이 민수기 9장 15~23절과 출애굽기 40장 34~38절에 나옴으로써, 여러 가지 율법 규정이 중심을 이루는 레위기 1장 1절~민수기 9장 14절은 이스라엘이 약속의 땅으로 나아가는 길을 지체시킨 동기를 알려 준다. 곧 가나안 땅을 향해 계속 나아가기에 앞서 하나님 백성으로서 지켜야 할 여러 가지 규정을 알아야 했다는 것이다.

4. 다시 광야 길로 나선 이스라엘

(1) 광야 길을 가던 이스라엘은 애굽을 떠나 시내산에 이르는 동안 그랬던 것처럼[30] 모세(와 아론, 그리하여 여호와)를 '원망'하지만(14:2, 27, 29, 36; 16:11, 41; 17:5, 10), 그 동기는 목마름이나 배고픔이 아니라 한편으로는 약속의 땅에 들어가는 것이 위험스럽게 보이고(14:1~2), 다른 한편으로는 모세의 특수한 지위에 대항하려는 데 있었다(16:1~11, 42).

(2) 인구 조사에 대한 내용이 두 번 나온다. 1~4장에서는 '애굽 땅에서 나온 후 둘째 해 둘째 달 첫째 날에'(1:1), 곧 광야 생활 초기에 하나님이 명령하신 바를 따라 시내 광야에서 조사했고, 26장에서는 광야 시대 말기에 약속의 땅 건너쪽인 모압 땅에서 조사했다. 조사의 대상은 싸움터에 나갈 만한 스무살 이상된 남자들이다.

5. 가나안 왕들

(1) 가나안 남부와 요단 동쪽으로 들어갈 때 이스라엘이 상대하게 된 이방 왕은 에돔 왕(20:14~21), 아랏 왕(21:1~3), 아모리 왕 시혼(21:21~30), 바산 왕 옥(21:31~35), 모압 왕 발락(22~24장)의 다섯이다. 이 가운데서 에돔 왕은 이스라엘 백성이 자기 영토를 지나가는 것을 허락하지 않았지만, 이스라엘이 그와 다투지 아니하고 돌아갔고, 아랏 왕과 아모리 왕과 바산 왕은 이스라엘과 싸워서 진다. 모압 왕은 예언자 발람에게 이스라엘을 저주하게 하려고 했으나, 그 뜻을 이루지 못한다.

---

30 위 6과의 4를 참고하라.

(2) 발람은 이방 예언자로서 이스라엘을 저주하라는 발락의 거듭된 요청을 물리치지 못하고 발락에게 갔으나 하나님이 막으셔서 오히려 이스라엘을 세 차례나 축복한다(23:7~10, 18~24; 24:3~9).

6. 민수기와 신명기의 관련성

민수기 32장에서 이스라엘은 이제 약속의 땅 바로 건너쪽, 곧 '여리고 맞은편 요단 강 가 모압 평지'(33:48)에 이르렀는데, 이 곳이 바로 신명기의 무대이다. 신명기 앞 부분에서는 특히 민수기 13~14장; 20~21장의 내용을 간추려 되풀이하면서 본론으로 나아간다.[31]

7. 상속권을 얻은 슬로브핫의 딸들(27:1~11; 36장)

므낫세 지파에 속한 사람인 슬로브핫의 딸들은 아들 없이 죽은 아버지의 이름(27:4)과 땅('기업', 27:7~11)이 후세에도 보존되도록 모세에게 요청하고, 모세는 하나님께 아뢰어 특별 허락을 받는다.

---

[31] 아래 9과의 1, 또 2를 보라.

9과
신명기의 짜임새와 흐름과 중심 내용

1. 전체 얼개

(1) 신명기에 들어 있는 도입부를 한데 모아 보면 아래와 같다.

표 16. 신명기의 도입부들

모세가 한 말이 들어 있는 단락의 도입부	모세가 한 일 등을 알리는 단락의 도입부
1:1 이는 모세가...이스라엘 무리에게 선포한 말씀이니라	
	4:41 그 때에 모세가...세 성읍을 구별하였으니
4:44 모세가 이스라엘 자손에게 선포한 율법은 이러하니라 5:1 모세가 온 이스라엘을 불러 그들에게 이르되... 27:1 모세와...백성에게 명령하여 이르되 ... 27:9 모세와 ... 온 이스라엘에게 말하여 이르되 ... 27:11 모세가 그 날 백성에게 명령하여 이르되 31:1 또 모세가 가서 온 이스라엘에게 이 말씀을 전하여 31:7 모세가 여호수아를 불러...그에게 이르되 ...	
	31:9 모세가 이 율법을 써서 ... 31:14 여호와께서 모세에게 이르시되 ... 31:22 모세가 그 날 이 노래를 써서... 31:23 여호와께서...여호수아에게 명하여 이르시되
31:24~25 모세가 ... 레위 사람에게 명령하여 이르되 31:30 모세가 ... 말씀을 ... 읽어 들리니라 32:44~46 모세가 ... 백성에게 말하여 들리니라 ... 그들에게 이르되 ...	
	32:48 바로 그 날에 여호와께서 모세에게 말씀하여 이르시되
33:1 ...모세가 죽기 전에 이스라엘 자손을 위하여 축복함이 이러하니라	
	34:1 모세가 ... 느보산에 올라가 ...

이 도입부를 기준으로 하면, 신명기는 1:1~4:40; 4:41~44; 5~26장;27:1~8, 9~10; 27:11~30:20; 31:1~6, 7~8, 9~13, 14~21, 23, 24~29; 31:30~32:43; 32:44~47, 48~52; 33장; 34장으로 나눌 수 있다. 이 가운데서, 모세와 관련된 사건을 알려주거나 여호와께서 직접 하신 말씀이 들어 있는 4장 41~43절, 31장 9~23절, 32장 48~52절, 34장 1~12절을 제외하면 신명기는 주로 모두 모세가 한 말로 이루어져 있다.

(2) 이처럼 신명기는 요단 동쪽 모압 땅에서 모세가 출애굽 제2세대에게 가나안 땅에 들어가서 하나님을 잘 섬기라고 부탁하는 말의 형식으로 이루어져 있는데, 본격적인 율법 규정이 나오는 12~26장에 앞서서 원칙적인 내용을 다루는 1~11장이 있고, 27~30장은 모세의 고별 연설을 마무리하는 부분으로, 31~34장은 율법서 전체를 끝맺는 부분으로 보아, 크게 넷으로 나눌 수 있다[32].

2. 들어가는 말(1~11장)

첫 부분 1~11장에서는 한편으로 먼저 호렙(=시내)산에서 벧브올에 이르기까지 이스라엘이 걸어왔던 반역의 길을 돌이켜 보고(1:6~3:29) 다른 한편으로는 약속의 땅에 들어갈 때를 내다보면서(4:1 등) 가나안 땅에서는 지난날 선조처럼 하지 말고, 이스라엘을 사랑하셔서 자기 백성으로 택하신 하나님만을 전심전력하여 사랑하고 하나님의 계명을 준수해야 한다는 원칙을 여러 말로 분명히 밝힌다.

3. 본론 또는 '신명기 법전'(12~26장)

(1) 본론 부분에 해당하는 12~26장을 흔히 신명기 법전이라 하는데, 여기에는 여러 가지 종류의 율법 규정이 한데 모아져 있다. 특별한 계기에 말할 고백과 언약 체결을 마무리하는 부분으로 26장을 따로 떼내 놓고 보면, 이 본론은 대강 종교 의식 관련 규정(12:1~16:17)과 공직 관련 규정(16:18~18:22)과 사회 생활 관련 규정(19:1~25:16)의 셋으로 나눌 수 있다.

---

32 왕대일, 『다시 듣는 토라. 설교를 위한 신명기 연구』 (서울: 한국성서학연구소, 1998), 44와 견주어 보라.

표 17. 신명기의 짜임새

장	본문	내용	
1~11장 들어가는 말	1:1~5	첫 표제	
	1:6~3:29	역사 회상(호렙에서 벧브올까지) (출 18; 민 13~14; 20~21참고)	
	4:1~40	약속의 땅에서 계명 준수하라는 권고	
	4:41~43	요단 동쪽 땅에 도피성 세움	
	4:44~49	둘째 표제	
	5:1~11:32	십계명(5:6~21. 출 20:1~17 참고), 여호와만 섬기라는 권고	
12~26장 신명기 법전	12:1~16:17	**종교 의식 관련 규정**	
		12장	하나님이 택하신 제사 장소
		13장	거짓 예언과 우상 숭배에 속지 말라
		14:1~21	이방 종교 의식 금지
		14:22~29	십일조 관련 규정
		15:1~3,12~18	안식년의 빚 면제, 종 해방
		15:4~10	가난한 자 구제 규정
		15:19~23	처음 난 수컷 구별 규정
		16:1~17	연중 삼대 명절 규정
	16:18~18:22	**공직 관련 규정**	
		16:18~20; 17:8~13	공정한 재판 규정
		16:21~17:7	종교 의식 관련 규정(제단, 상, 제물, 우상숭배)
		17:14~20	임금 관련 규정
		18:1~8	레위인과 제사장 관련 규정
		18:9~22	예언자 관련 규정
	19:1~25:16	**사회 생활 관련 규정**	
		19:1~13	살인 관련 규정(도피성, 고의적인 살인)
		19:14~21	토지 경계표, 위증 관련 규정
		20장	전쟁 관련 규정
		21:1~9	범인 알 수 없는 살인
		21:10~14	여자 전쟁 포로
		21:15~17	두 아내와 장자의 권리
		21:18~21	어버이 거스르는 자식
		21:22~23	나무에 달린 자 처리 규정
		22:1~4	이웃의 소유에 대한 책임
		22: 5, 9~11	의복, 파종 규정
		22:6~7	어미새 보호
		22:8	난간
		22:12	옷 술
		22:13~30	성 범죄와 혼인 관련 규정
		23:1~8	여호와의 총회에 들어올 수 있는 자격
		23:9~14	전쟁 중의 진 관련 규정
		23:15~16	달아난 종
		23:17~18	종교적인 음행자
		23:19~20	이자 금지
		23:21~23	서원
		23:24~25	남의 밭 작물 먹는 규정
		24:1~5	혼인 관련 규정
		24:6	전당물
		24:7	사람 후림
		24:8~9	나병
		24:10~13	전당물
		24:14~15	품삯

<뒤로이어짐>

<앞에서 이어짐>

12~26장 신명기 법전	19:1~25:16 **사회 생활 관련 규정**	24:16　연대 책임
		24:17~22　약자 보호, 이삭 남기기
		25:1~3　태형
		25:4　곡식 떠는 소
		25:5~10　수혼(嫂婚)
		25:11~12　싸움에서 성기 잡는 문제
		25:13~16　도량형기
		25:17~19　아말렉 사람들
	26:1~15	첫 열매 바칠 때, 십일조 바칠 때의 고백
	26:16~19	언약 체결
27~30장 나오는 말	27장	에발의 율법 기념비, 저주 선포 예식 거행 명령
	28장	축복과 저주의 말씀
	29장	모압 언약
	30장	회개와 회복의 약속, 생사 결단 촉구
31~34장 오경 마무리	31장	후계자 여호수아, 율법책 사용법, 노래 가르치기
	32장	모세의 노래, 모세의 마지막 권고, 사망 예고
	33장	모세의 12지파 축복
	34장	모세의 죽음, 여호수아의 계승, 모세에 대한 평가

(2) 그렇지만 이 세 종류의 규정들은 엄격히 구별되지 않고 서로 긴밀히 관련되거나 섞여 있다. 이를테면, 재판 관련 규정인 16장 18~20절과 17장 8~13절 사이에 종교 관련 규정인 16장 21절~17장 7절이 들어 있고, 십일조 규정인 14장 22~29절과 26장 12~15절에는 하나님에 대한 의무를 지키는 것과 어려운 이웃을 돌보는 것이 한데 어우러져 있으며, 18장 9~22절에 나오는 예언자 관련 규정은 13장과 이어진다.

4. 종교 의식 관련 규정

종교 의식 관련 규정에서 중요한 내용은 제물을 바치거나 절기를 지킬 때 "여호와께서 (자기의 이름을 두시려고) 택하신(또는 택하실) 곳"(12:5, 11, 14, 18, 21, 26; 14:24; 15:20; 16:6, 7, 15, 16; 17:8, 10; 18:6; 26:2)에서 하나님 여호와 앞에서 함께 즐거워하라(12:7, 12, 18; 14:26; 16:11, 14; 26:11; 27:7)는 것이다. 곧 남녀노소 빈부귀천 아무런 차이 없이 사회 모든 계층이 하나님께 함께 예배드리는 기쁨을 나누라는 것이다.

5. 사회 생활 관련 규정

(1) 사회 생활 관련 규정에서는 사회적 약자들, 곧 종, 객, 고아, 과부, 레위인, 가난한 자, 전쟁 포로 여인, 부정하다는 누명을 쓴 여인, 성폭행당한 여인, 자식 없이 남은 여인, 달아난 종을 잘 돌보고 보살피라는 내용이 중심을 이루고 있다(15:1~18; 21:10~14; 22:13~19, 25~29; 23:15~16, 20~21; 24:17~22; 25:5~10 등). 그 밖에 인간의 존엄성을 고려한 인도적인 율법 규정(20:1~20; 25:1~3), 경제 정의(25:13~16), 사법 정의(16:18~20; 17:8~13; 24:16) 관련 규정도 있다.

(2) 어미새를 보호하는 규정인 22장 6~7절과 집을 지을 때 난간을 두어 사고로 사람이 다치지 않도록 하라는 22장 8절은 아주 독특한 규정이다.

6. 공직 관련 규정

임금, 제사장, 레위인, 예언자라는 공직자에 대한 규정에서는 '형제' (17:15, 20; 18:2,7,15,18)라는 낱말을 거듭 씀으로써, 공직은 기능상의 직책일 따름이지 공직자 자체를 일반 백성과 구별하는 것이 아니라는 점을 분명히 한다.

7. 교육 공동체인 하나님 백성

신명기 전체에서 드러나는 또 한 가지 중요한 내용은 하나님의 백성을 교육 공동체로 보고 있는 점이다. 곧 옛 세대가 겪었던 바를 새 세대는 알지 못하여(11:2) 가나안의 풍족한 삶 가운데서 하나님을 잊어버리고 스스로 뽐낼 위험이 있으므로(8:11~20), 하나님 신앙을 자손 대대로 잘 전해 주고 가르쳐 주어야 한다는 것이다(4:1, 5, 10, 14; 5:31; 6:1; 11:19; 20:18; 31:19; 31; 22). 특히 6장 20~25절에서는 문답 교육의 보기가 나오고, 26장 1~15절에서는 첫 열매를 바칠 때와 십일조를 드릴 때 입으로 할 고백문까지 소개하고 있다.

8. 나오는 말(27~30장)

27~30장이 신명기의 결론 부분이 될 수 있다는 것은 하나님이 모세를 통해 모압 땅에서 이스라엘 백성과 언약을 세우셨다고 하는 29장에서 잘 드러난다. 그 바로 앞 28장에 나오는 축복과 저주의 말씀은 레위기 26장을 생각나게 한다. 이런 식으로 모압 언약과 시내산 언약은 상응한다. 30장에서 생사의 결단을 촉구하는 것은 약속의 땅에 들어가기 직전이라는, 신명기의 상황에 잘 어울린다.

9. 율법서 마무리 부분(31~34장)

(1) 31~34장의 짜임새

31~34장은 그 첫머리 31장과 마지막 34장에서 모세의 후계자로 여호수아에 대해 언급한다. 그 안쪽으로 32장에서는 모세가 하나님의 명령을 따라 이스라엘 백성에게 가르친 노래와 그들에게 한 마지막 권고가 나오고, 33장에서는 지파별로 축복한 내용이 들어 있다. 모세가 죽어 장사되는 이야기와 모세에 대한 평가로 신명기의 마지막 장이자 율법서의 마지막 장이 끝난다.

(2) 신명기의 자리가 드러나는 마무리 부분

모세의 죽음에 대해 말하는 34장은 모세의 출생에 대해 알려주는 출애굽기 1장과 이어져서 출애굽기~신명기가 모세의 생애를 말하는 것으로 이해하게 한다[33]. 또 열두 지파에 대해 모세가 축복한 다음에 죽어 장사된 것은 창세기 49~50장에서 야곱이 열두 지파에 대해 축복한 다음에 죽어 장사된 바를 상기시킨다. 더 나아가, 약속의 땅에 대한 신명기 34장의 언급은 창세기에서 조상들에게 하나님이 하신 땅의 약속과 연결된다.[34] 이처럼 신명기 31~34장은 한편으로 출애굽기~신명기를, 다른 한편으로는 율법서 전체를 마무리하면서 그 다음 전기 예언서의 첫 책인 여호수아로 넘어가는 다리 노릇을 한다.

---

[33] 위 4과의 2를 참고하라.
[34] 위 4과의 3을 참고하라.

III

전기
예언서

10과
전기 예언서 전체의 짜임새와 흐름

1. 왕국의 흥망성쇠를 중심으로 본 전기 예언서 전체의 얼개

여호수아, 사사기, 사무엘상하, 열왕기상하는 이스라엘이 가나안 땅에 들어가서 왕국을 이루고 살다가 망한 역사를 다룬다. 요단 서쪽 땅을 정복하여 지파별로 나누어 받아(수 1장~삿 1장) 사사의 영도 아래 지파 중심으로 살던 때(삿 2~24장)를 거쳐 이스라엘은 마침내 임금을 세우게 되는데, 이 일을 주도한 인물이 사무엘이다. 처음에 사사로 일하던 사무엘이 마침내 사울을 이스라엘의 첫 임금으로 세움으로써 왕정이 성립되었지만(삼상 1~15장), 하나님은 사울을 저버리시고 다윗을 기름부어 임금으로 삼게 하신다. 다윗 때에 이르러 이스라엘은 엄청나게 발전하여 상당히 큰 나라가 되고(삼상 16장~삼하 24장) 뒤이어 솔로몬이 위세와 부와 지혜로 이름을 날리지만 말년에 우상을 숭배함으로써 이미 이스라엘 왕정은 전성기를 지나 쇠퇴기로 나아간다(왕상 1~11장). 르호보암 때에 왕국은 남쪽의 유다와 북쪽의 이스라엘로 나누어지지만 겨우 한 200년 지난 다음 북왕국이 망하고(왕상12장~왕하 17장), 뒤이어 130년 조금 더 지나 남왕국도 망한다(왕하 18~25장).

표 18. 왕국의 흥망성쇠를 중심으로 본 전기예언서 전체의 얼개

주전 1200년쯤		1000년쯤		922년	722/1년	587년
왕정이전시대		단일왕국시대			두왕국시대	남왕국잔존기
가나안정착기	사사시대	사무엘,사울	다윗	솔로몬		
수 1~삿 1	삿2~24	삼상 1~15	삼상 16~삼하24	왕상 1~11	왕상12~왕하17	왕하 18~25
		성립기	발전기 / 전성기	전성기	쇠퇴기	멸망기
			삼하 5 6	왕상 10 11	왕하 14 15	

2. 각 책의 처음과 끝을 중심으로 본 전기 예언서의 얼개, 전기 예언서와 율법서의 관련성

표 19. 각 책의 처음과 끝을 중심으로 본 전기 예언서 전체의 얼개

창 50:25	요셉이 또 이스라엘 자손에게 맹세시켜 이르기를 하나님이 반드시 당신들을 돌보시리니 당신들은 여기서 **내 해골**을 메고 올라가겠다 하라 하였더라
출 13:19	모세가 **요셉**의 유골을 가졌으니 이는 요셉이 이스라엘 자손으로 단단히 맹세하게 하여 이르기를 하나님이 반드시 너희를 찾아오시리니 너희는 내 유골을 여기서 가지고 나가라 하였음이더라
신 34장	(모세가 죽음)
34:9	모세가 눈의 아들 여호수아에게 안수하였으므로 그에게 지혜의 영이 충만하니 이스라엘 자손이 여호와께서 모세에게 명령하신 대로 여호수아의 말을 순종하였더라
수 1:1	여호와의 종 **모세가 죽은 후**에 여호와께서 모세의 수종자 눈의 아들 여호수아에게 말씀하여 이르시되
수 24:29	이 일 후에 여호와의 종 눈의 아들 **여호수아**가 백십 세에 **죽으매**
수 24:32	또 이스라엘 자손이 애굽에서 가져 온 **요셉의 뼈**를 세겜에 장사하였으니...
삿 1:1	**여호수아가 죽은 후**에 이스라엘 자손이 여호와께 여쭈어 이르되...
삿 21:25	그 때에 이스라엘에 *왕이 없으므로* 사람이 각기 자기의 소견에 옳은 대로 행하였더라
삼상 1	(사무엘이 태어남)
삼상 9/10:16	(사울, 다윗이 기름 부음 받음)
삼상 31	(사울이 죽음)
삼하 1:1	사울이 죽은 후에 다윗이 . . .
삼하 24	(다윗이 인구조사 때문에 닥친 재앙때문에 아라우나 타작 마당에서 화목제 드림)
24:25	... 기도를 들으시매 이스라엘에게 내리는 재앙이 그쳤더라
왕상 1:1	다윗 왕이 나이가 많아 늙으니...
왕상 2	(다윗이 죽음)
왕상 22	(아합이 죽음)
왕하 1:1	아합이 죽은 후에 모압이 이스라엘을 배반하였더라
왕하 25	(예루살렘 함락)
25:27~30	(여호야긴이 사면됨)

(1) 전기 예언서 각 책의 관련성

"여호와의 종 모세가 죽은 후에"로 시작한 여호수아의 마지막 부분에 여호수아의 죽음이 언급되었다면(수 24:29), 사사기는 "여호수아가 죽은 후에"로 시작하여 "그 때에 이스라엘에 왕이 없으므로 사람이 각기 자기의 소견에 옳은 대로 행하였더라"(삿 21:25)고 끝남으로써 그 다음에는 이스라엘에게 꼭 있어야 할 지도자로서 어떤 왕을 기대하게 한다.

그런데 사무엘상 1장에서는 사무엘이 태어나고, 이 사무엘이 하나님의 지시를 따라 기름을 부어(삼상 9장) 이스라엘의 첫 임금으로 세운 사울은 사무엘상 마지막 장(31장)에서 전사한다. 이제는 이미 사무엘상 16장에서 하나님의 지시대로 사무엘이 기름부은 다윗이 온 이스라엘의 임금이 되어 왕국을 본 궤도에 올려놓는 이야기가 사무엘하 전체를 차지한다.

"다윗 왕이 나이가 많아 늙으니"라는 말로 시작하는 열왕기상은 2장에서 다윗의 죽음으로 이어지고 북왕국 아합이 죽는 내용이 담긴 22장으로써 끝맺는다. 뒤이어 열왕기하는 "아합이 죽은 후에"로 시작하여 마지막 장에 유다 멸망의 이야기가 나오지만, 끝 부분의 내용은 여호야긴의 사면이어서 새로운 희망을 암시한다.

(2) 여호수아와 창세기의 관련성

이스라엘 자손이 요셉의 뼈를 세겜에 장사지냈다고 함으로써 여호수아 마지막 부분(24:32)은 출애굽기 13장 19절을 거쳐 창세기 마지막 부분(50:25)으로 이어진다.

3. 지도자 중심으로 본 전기 예언서와 율법서의 관련점

사무엘과 사울과 다윗은 같은 시대 사람이지만, 각자가 중심 인물로 활동한 시기는 다르게 나타난다. 신명기 1~33장과 여호수아 23장과 사무엘상 12장에 각각 나오는 모세와 여호수아와 사무엘의 고별 연설은 각 시대를 마무리하면서 이스라엘 백성에게 앞으로도 하나님을 잘 섬기라고 권고하는 형식의 말이다.

표 20. 지도자 중심으로 본 전기 예언서와 율법서의 얼개

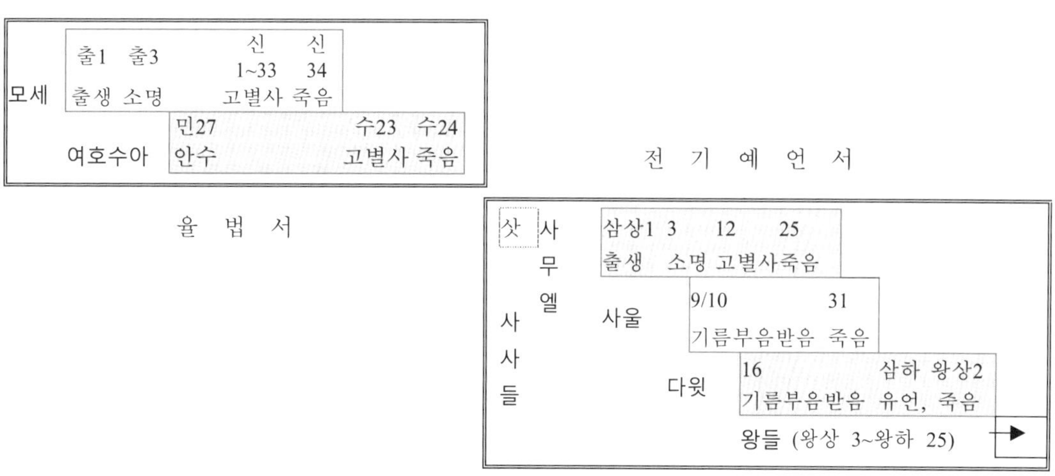

11과
여호수아의 짜임새와 흐름과 중심 내용

1. 전체 얼개

모세가 죽은 다음 그 후계자 여호수아가 이끄는 대로 이스라엘이 요단 서쪽 가나안 땅을 정복하여 나누어 차지하는 내용이 담긴 여호수아는 요단 서쪽 땅을 정복하는 이야기(1~12장)와 땅을 나누는 이야기(13~21장)와 여호수아의 죽음으로 마무리되는 뒷 이야기(22~24장)의 세 부분으로 크게 나눌 수 있다.

2. 앞 부분(1~12장): 요단 서쪽 가나안 땅의 정복

(1) 앞부분에서 1장은 모세 율법에 대한 여호수아와 백성의 순종에 대해 말함으로써[35] 한편으로는 여호수아를 율법서와 이어주고, 다른 한편으로는

[35] 여호수아에는 아래에서 볼 수 있듯이, ㉠ "여호와께서 여호수아에게 말씀하셨다", ㉡ "여호수아가 백성에게 말했다", ㉢"백성 또는 백성의 대표자들이 실천했다"의 세 가지가 나란히 나오는 수가 많다.

㉠	1:1;	3:7;	4:1;	4:15;	5:2;	6:1;	8:1
㉡	1:10,13;	3:9;	4:4~5;	4:17;	5:3;	6:6,7,10;	8:3,4
㉢	[1:16]	3:14;	4:8;	4:18;	[5:3]	6:8;	8:9

가나안 땅 정복은 단순한 전쟁이 아니라 하나님께 순종함으로써 이루어지리라는 점을 분명히 한다. 이는 여리고 정복이 성공적이었던 것과 아이성 공격이 처음에 실패했던 데서 잘 드러난다. 이리하여 여호수아는 그저 전투 지휘관이 아니라 스스로 하나님의 명령에 순종하면서 하나님 백성을 잘 이끌어가야 할, 모세와 같은(3:7; 4:14) 지도자이다.

(2) 2~9장에서는 이스라엘이 요단 강을 건너가서 중부 가나안 지역을 정복함을, 10장에서는 남부 가나안 지역을 정복함을, 11장 1~14절에서는 북부 가나안 지역을 정복함을 묘사하고, 그 전체 과정을 11장 15~23절에서 요약한 다음에, 12장에서는 정복한 땅의 경계를 묘사하고 왕들의 명단을 올린다.

(3) 정복 과정과 관련해서 자세히 다루는 장소는 길갈, 여리고, 아이, 기브온의 네 곳뿐이다. 2~6장에서는 여리고 정탐과 정복이 바깥 틀을 이루고 그 안에 요단 강을 건너는 사건(3:1~4:14)과 가나안 땅의 첫 장소 길갈에서 벌어진 사건들(4:15~5:15)이 대칭을 이루고 있다.

(4) 정복 전쟁에서 얻은 것들은 하나님께 속한 것이므로 사람이 쓰지 말아야 했다. 이를 '바친 물건'(6:18, 7:1, 1, 12, 11, 13, 13, 15) 또는 '바친 것'(7:12)이라고 한다.[36]

3. 가운데 부분(13~21장): 땅 나누기

(1) 가운데 부분의 첫머리 13장에서는 이스라엘이 이미 민수기에서 정복하여 르우벤, 갓, 므낫세 반 지파에게 조건부로 나누어 준 요단 동쪽 땅의 분배도 다시 다룬다. 오늘 우리가 읽기에 지리하고 재미없는 지명 목록들은 이스라엘의 모든 지파에게 땅이 구체적으로 나누어졌다는 점을 분명히 한다. 다만 레위 지파가 빠지는 대신에 요셉 자손이 두 몫을 차지하게 되었다(14장). 레위 지파들이 살 성읍들은 따로 각 지파에서 나누어 받는다(21장). 이렇게 이스라엘이 땅을 나누어 받게 된 것은 오로지 그들의 하나님 여호와께서 이스라엘의 선조들에게 하신 약속을 따른 것이다(21:43). 창세기 12장 7절에서 시작하여 여러 번 되풀이 된 약속[37]이 이제 이루어진 것이다.

---

36 히브리 명사 <헤렘>(חֵרֶם)를 개역개정에서는 이렇게 두 가지로 번역했다.

37 위 4과의 2(2)를 참고하라.

(2) 각 지파가 차지한 지역의 위치를 대강 살펴 보면, 요단 동쪽의 경우에는 사해 근처는 르우벤 지파가, 갈릴리 호수 근처는 므낫세 반 지파가, 그 가운데 지역은 갓 지파가 차지했다. 요단 서쪽의 경우에는 브엘세바를 중심한 남쪽 지역은 시므온 지파가, 그 위로 유다 지파, 베냐민 지파, 에브라임 지파, 므낫세 반 지파, 잇사갈 지파, 스불론 지파, 납달리 지파, 단 지파의 순서로 갈릴리 북쪽 지방까지 이른다. 아셀 지파는 북부 해안 지역을 차지했다. 단 지파는 본디 중남부 해안 평야를 나누어 받았으나, 나중에 갈릴리 북쪽으로 옮아간다.

(3) 레위 지파는 다른 지파들에게서 48 성읍을 받았는데, 그 가운데 요단 동쪽에 셋(베셀, 길르앗 라못, 바산 골란), 서쪽에 셋(헤브론, 세겜, 갈릴리의 게데스), 모두 여섯 곳의 도피성이 들어 있다.

4. 마지막 부분(22~24장): 뒷 이야기

마지막 부분에서는 먼저 자기들은 이미 요단 동쪽 땅을 나누어 받았지만 다른 지파들이 땅을 얻기까지 함께 싸우기로 1장 16~18절에서 여호수아에게 약속한 르우벤, 갓, 므낫세 반 지파가 약속을 지킨 뒤에 돌아가고(22장) 뒤이어 여호수아는 백성의 지도자들에게 '모세의 율법'을 지켜 행할 것(23:6)을 - 이는 1장 7절에서 여호수아가 하나님께 들은 말씀이다 - 권고하고 하나님을 거스려서 벌받는 일이 없도록 하라고 경고한다(23:7~16). 24장은 온 이스라엘이 세겜에 모인 가운데 여호수아가 백성으로 하여금 지난 역사를 돌이켜 보면서 백성이 오직 여호와를 섬기겠다는 언약을 세우게 한다.

5. 정복의 범위

이미 여호수아 안에 한편으로는 이스라엘이 가나안을 완전히 정복했다는 내용(11:16, 23; 21:43~44; 24:18)과 다른 한편으로는 아직 정복하지 못한 지역이 있다는 내용(23:4, 7, 12)이 나란히 들어 있다[38].

[38] 아래 12과의 3을 참고하라. 가나안 정복 전쟁은 시대적인 한계성을 지니므로, 그것을 오늘 우리 시대에 그대로 적용할 수 없다는 점에 대해서는 강사문, "전쟁할 때와 평화할 때", 『한국기독교신학논총』 26 (2002) 27~79을 참고하라.

표 21. 여호수아의 짜임새

		율법서
1~12장: 요단 서쪽 가나안 땅 정복	1장	요단 서쪽 가나안 땅으로 들어갈 준비
		1:1~9 여호와께서 여호수아에게 하신 말씀
		[7절] **"모세...율법을 다 지켜 행하고 우로나 좌로나 치우치지 말라"**
		1:10~11 여호수아가 백성의 유사들에게 한 명령
		1:12~15 *르우벤, 갓, 므낫세 반* 지파에 대한 여호수아의 말
		1:16~18 이들의 대답
	2~9장	중부 가나안 땅의 핵심 부분 정복
		2장 **여리고** 성 정탐, 라합이 도와 줌
		3장 *요단* 강 건넘
		4장 돌 열둘 세움
		4: 1~14 *요단* 가운데 세운 돌 열둘 4:15~24 길갈에 세운 돌 열둘
		5장 가나안 땅(길갈)에서 처음을 행한 할례와 유월절
		6장 **여리고** 성 정복, 라합 살아남
		7:1~8:29 아이 성 정복
		7장 아간의 불순종과 아이성 공격 실패, 아간 일족 처벌 8:1~29 아이 성 정복
		8:30~35 에발산 위에서 율법 낭독함(신 27장 참고)
		9장 기브온 사람들과 조약 맺음
	10장	기브온 방어와 남부 가나안 정복
		10:1~15 남부 가나안 다섯 성읍(예루살렘, 헤브론, 야르뭇, 라기스, 에글론) 왕들로부터 기브온을 방어함
		10:16~43 다섯 왕들을 죽이고 그 성읍들을 정복함
	11:1~15	하솔 왕이 이끄는 북부 가나안 성읍 동맹군을 물리침
	11:16~23	가나안 정복 전쟁 요약
	12장	정복한 지역의 경계 묘사와 임금들의 명단
13~21장: 땅 나누기	13장	요단 동쪽 땅 나누기 - *르우벤, 갓, 므낫세 반 지파*
	14~19장	요단 서쪽 땅 나누기
		14장 레위 지파 대신 요셉 자손이 두 몫 차지, 갈렙이 받은 땅
		15장 유다 지파가 받은 땅과 성읍 목록, 갈렙과 옷니엘
		16장 요셉 지파가 받은 땅과 성읍 목록
		17장 므낫세 반 지파가 받은 땅과 성읍 목록
		18장 베냐민 지파가 받은 땅과 성읍 목록
		19장 시므온,스불론,잇사갈,아셀,납달리,단 지파가 받은 땅과 성읍 목록
	20장	도피성 택정 (민 35:9~34; 신 19:1~13 참고)
	21장	레위 지파에게 준 성읍들 목록, 여호와 주신 사방의 안식(43~45)
22~24장: 뒷 이야기	22장	*요단 동쪽 땅 나누어 받은 지파*들이 돌아감, 제단 쌓음
	23장	여호수아의 마지막 권고(남아 있는 민족들 - 4, 7, 12~13. 삿 2:3 참고) [6절] **"모세의 율법 책...다 지켜 행하라...우로나 좌로나 치우치지 말라"**
	24:1~28	세겜 언약
	24:29~30	여호수아가 죽어 장사됨
	24:31	여호수아와 그 세대 장로들이 사는 날동안에는 이스라엘이 여호와 섬김
	24:32	요셉의 뼈를 세겜에 장사함 (창 50:24~25; 출 13:19 참고)
	24:33	엘르아살이 죽어 장사됨
		(삿2:7)

12과 사사기의 짜임새와 흐름과 중심 내용

1. 전체 얼개

가나안 정복과 왕정 성립 사이의 시대를 다루는 사사기는 아직 완전히 끝나지 않은 가나안 정복에 대해 알려 주는 도입부(1:1~2:5)와 사사들의 이야기를 담은 본론(2:6~16:31)과 사사 시대의 혼란상을 보여 주는 남은 이야기(17~21장)의 세 부분으로 크게 나눌 수 있다.

2. 사사기의 시대 상황

이스라엘이 여호수아에서는 한 지도자의 통솔을 받아서 대체적으로 하나님께 순종한 것으로 묘사된 것과는 달리(수 24:31; 삿 2:7), 사사기에서는 여러 지도자가 있었는데도 거듭거듭 하나님을 거스르고 혼란 가운데 사는 것으로 나타난다는 점에서 여호수아와 사사기는 대조를 이룬다. 사사 시대 이스라엘은 "사람마다 자기 소견에 옳은대로 행"했을 뿐만 아니라(17:6; 21:25) "여호와의 목전에 악을 행"했다(2:11; 3:7, 12; 4:1; 6:1; 10:6; 13:1).[39]

---

[39] Rendtorff, *Das Alte Testament*([문헌]5.42의 책), 177~178. '자기 소견에 옳은 대로'와 '여호와의 목전에 악'으로 옮긴 히브리 표현을 직역하면, 각각 '자기 눈에 바른 것'과 '여호와의 눈에 나쁜 것'이 된다.

표 22. 사사기의 짜임새

구분	구절	세부 구절	내용
1:1~2:5 도입부	1:1~20		유다 지파의 정복 전쟁
	1:21~36		아직 정복하지 못한 성읍들 (수 23:1~13 참고)
	2:1~5		여호와의 사자에게 꾸짖음을 받고 백성이 울다
2:6~16:31 본론	2:6~3:6		사사 시대에 대한 총괄적인 묘사
		2:6~23	사사 시대의 특징 - 되풀이되는 불순종 (2:7 // 수 24:31)
		3:1~6	가나안 족속들을 남겨 두신 까닭
	3:7~16:31		사사들 이야기
		3:7~11	**사사 옷니엘**
		3:12~30	**사사 에훗**
		3:31	**사사 삼갈**
		4~5장	**여사사 드보라** 4장 시스라를 쳐부순 드보라와 바락 5장 드보라의 개선가
		6~8장	**사사 기드온** 6장 기드온의 소명과 확인과 준비 7장 미디안을 쳐부숨 8장 에브라임의 불평 진정, 세바와 살문사 죽임, 숙곳 징벌, 왕이 되라는 백성의 청 거절, 우상 만듦, 죽음과 장사됨
		9장	아비멜렉이 세겜 왕이 되었다가 죽음 9:7~21 우화로 세겜 사람을 깨우치려 한 요담
		10:1~2	**사사 돌라**
		10:3~5	**사사 야일**
		10:6~12:7	**사사 입다** 10:6~17 이스라엘의 배신, 암몬의 압제 11장 입다가 사사로 추대됨, 암몬을 쳐부숨, 입다의 서원과 딸의 죽음 12:1~7 불평하는 에브라임 지파를 쳐부숨
		12:8~10	**사사 입산**
		12:11	**사사 엘론**
		12:12~15	**사사 압돈**
		13~16장	**사사 삼손** 13장 삼손의 출생 예고와 출생 14장 삼손이 블레셋 여자와 혼인함, 그 때문에 생긴 갈등 15장 블레셋 사람들과 싸움, 결박을 풀고 살아남 16장 삼손이 가사 여자 들릴라에게 빠져 사로잡힘, 다곤 신당을 무너뜨리고 죽음
17~21장 남은 이야기	17~18장		에브라임 사람 미가와 단 지파
		17장	미가 집안에서 만든 신상과 그 집안 제사장이 된 레위 소년 6"왕이 없었으므로 사람마다 자기 소견에 옳은 대로 행하였더라"
		18장	이를 빼앗아 간 단 지파 사람들, 단 지파의 라이스 점령
	19~21장		베냐민 지파의 범죄와 그 결과
		19장	레위 사람의 첩을 범한 기브아 사람들
		20장	범인 인도 요청을 물리친 베냐민 사람들을 이스라엘이 벌함
		21장	베냐민 사람들과 혼인하지 않기로 한, 이스라엘 사람들의 맹세, 남은 베냐민 사람들에게 아내를 얻게 해 줌 25"왕이 없었으므로 사람마다 자기 소견에 옳은 대로 행하였더라"
사무엘 상하	왕정 성립과 발전	삼상 8:5	"...우리에게 왕을 세워 우리를 다스리게 하소서"
		삼상 8:19	"...우리도 우리 왕이 있어야 하리니..."
		삼상10:24	"... 모든 백성이 왕의 만세를 외쳐 부르니라"

3. 도입부(1:1~2:5)

그리하여 첫 도입부에서부터 분위기는 어둡다. 1장에서 하나님의 지시를 따라 유다 지파가 시므온 지파의 도움을 받아 정복 전쟁을 벌이지만, 여호수아 23장 4, 7, 12절에서 이미 말했듯이 이스라엘이 쫓아내지 못한 가나안 거주민들이 남아 있었고(삿 1:19, 21~36), 2장에서는 이스라엘이 하나님께 불순종했다고 여호와의 사자에게 꾸중을 듣는다(2:1~5).

4. 본론 첫머리 부분

뒤이어 본론 첫머리 부분인 2장 11~19절에서는 사사 시대 이스라엘과 하나님의 관계를 (1) 이스라엘이 여호와를 버리고 이방 신들을 섬김(11~13절), (2) 여호와께서 진노하셔서 그들을 적들의 손에 파심(14~15절), (3) 그 대적의 압박과 괴롭게 함 때문에 이스라엘이 부르짖음(18절 후반절),[40] (4) 여호와께서 구원자 곧 사사를 세워 이스라엘을 이들의 손으로 구원하심(16~18절 전반절), (5) 그 사사가 죽으면 이스라엘이 다시 타락함, 곧 (1)로 돌아감(19절)이라는 틀로 소개한다.

5. 사사들 이야기

(1) 사사로는 옷니엘, 에훗, 삼갈, 드보라, 기드온, 돌라, 야일, 입다, 입산, 엘론, 압돈, 삼손의 열두 사람이 등장하는데, 그 가운데서 삼손(13~16장)과 기드온(6~8장)과 입다(10:6~12:7)와 드보라(4~5장)에 관한 내용이 길게 나오고 나머지 사사들의 경우에는 간단하게 다룬다.

(2) 사사는 본디 그 히브리 낱말 <쇼펫>(שֹׁפֵט)의 뜻이 그러하고 드보라의 경우에 분명히 언급되듯이(4:5) 백성 사이의 다툼을 판결하는 기능을 맡은 사람이지만, 사사기에서 사사는 이를 넘어서서 이스라엘을 압제하는 이방 세력에서 건져내는 군사 지도자의 성격을 띤다. 이러한 점은 기드온과 입다와 드보라의 경우에 두드러진다. 다만 삼손은 제 홀로서 적들을 무찌른 점에서

40 본문의 절 구분을 따르면, 이 셋째 단계가 그 다음 넷째 단계 다음에 나오지만, 본문의 흐름과 짜임새를 따르면, 셋째 단계가 넷째 단계보다 앞선다. 이 점이 3:9, 15; 4:3; 6:6; 10:10에서는 똑똑히 나타난다. 또 이 여러 구절에서는 이스라엘이 여호와께 부르짖었다고 함으로써, 그저 슬피 부르짖었다고 한 2:18보다 이스라엘과 여호와의 관계를 더 분명히 한다.

독특하다. 아비멜렉은 사사라기보다는 왕정을 추구하다가 실패한 자이다.[41]

(3) 사사들의 출신과 그들이 쳐부순 이방 나라를 살펴 보면 다음과 같다.

표 23. 사사들의 출신과 쳐부순 이방 나라

사사 이름	출신	쳐부순 이방 나라
옷니엘	유다 지파(민 13:6)	메소보다미아
에훗	베냐민 지파	모압
삼갈	?	블레셋
드보라	에브라임?	가나안 하솔
기드온	므낫세 지파	미디안
돌라	잇사갈 지파	
야일	길르앗 사람	
입다	길르앗 사람	암몬
입산	베들레헴 사람	
엘론	스불론 지파	
압돈	비라돈 사람	
삼손	단 지파	블레셋

6. 사사들과 하나님의 영

사사들의 이야기는 어떤 개인들의 훌륭함을 알려 준다기보다는 하나님이 출신과 능력과 성품이 다른 여러 종류의 사람들을 불러 뜻대로 부리셨다는 사실을 분명히 한다. 옷니엘(3:10)과 기드온(6:34)[42]과 입다 (11:29)와 삼손 (13:25; 14:6, 19: 15:14)이 '여호와의 영'[43]에 사로잡혀 이런 저런 놀라운 일을 했다고 한 데서 이 점이 잘 드러난다.

7. 사사기의 왕정 이해

9장 8~20절에 들어 있는 요담의 우화와 8장 23절에 나오는 기드온의 말은

41 아래 7을 보라.

42 "여호와의 영이 기드온에게 임하시니"로 옮긴 히브리 문장을 직역하면, "여호와의 영이 기드온을 옷입히시니"인데, 이는 우리 나라 교회에서 흔히 설교자를 위해 "아무개에게 성령의 두루마기를 입히사"라고 기도하는 것을 떠올리게 한다.

43 개역한글판에서는 "여호와의 신"으로 번역했다.

왕정에 반대하는 전통을 잘 드러내 보여주지만, 17~21장의 바깥 틀을 이루는 표현, “왕이 없으므로 사람이 각각 그 소견에 옳은 대로 행하였더라”는 왕정의 출현을 바라보게 한다. 동쪽의 미디안(6~8장)과 모압(3:12~30)과 암몬(10:7~9, 17~11:33), 또 서쪽의 블레셋(10:7; 14~16장)에게서 늘 위협을 받고 있어서 왕정을 바랐던 이스라엘의 마음은 사무엘상 8장에서 똑똑히 드러난다.[44]

---

[44] 아래 13과의 6을 참고하라.

13과
사무엘상하의 짜임새와 흐름과 중심 내용

1. 사무엘상하와 열왕기상하

이미 칠십인경에서 사무엘상, 사무엘하, 열왕기상, 열왕기하를 각각 제일, 제이, 제삼, 제사 열왕기라고 부른 데서 알 수 있듯이,[45] 사무엘상하와 열왕기상하는 이스라엘 왕정에 대한 네 권의 책으로 한데 묶어볼 수 있다. 그렇지만 이 네 권의 책에는 왕들의 이야기와 아울러 예언자들의 이야기도 함께 나온다. 이는 하나님의 말씀이 하나님 백성의 역사 한 가운데로 선포된다는 사실을 암시한다.[46]

2. 사무엘상하의 처음과 끝

히브리어 성경에서 본디 하나였던 사무엘상하는 사무엘의 출생으로 시작하여 사울을 중심한 이스라엘 왕정 성립기를 거쳐 다윗이 이스라엘 왕국을 튼튼하게 한 다음에 하게 한 인구 조사 때문에 생긴 재앙을 아라우나의 타작 마당에서 제사드려 그치게 하는 사건으로 끝맺는다. 열왕기상부터는 실질적으로 솔로몬의 이야기가 시작된다.

---

45 위 1과의 표 2를 보라.
46 아래 13과의 10, 또 14과의 8을 참고하라.

3. 전체 얼개

이처럼 사무엘상하는 사사기 뒷부분에서 고대하던 왕정이 수립되는 과정을 알려 주는 동시에 뒤이어 계속될 왕정의 기초에 대해 자세히 보여 주는데, 크게 보면 왕정에 이르는 과도기를 다루는 사무엘상 1~8장, 왕정 성립 초기 역사인 9~15장, 다윗의 상승기에 대한 사무엘상 16장~사무엘하 5장, 다윗의 전성기 이야기인 사무엘하 6~10장, 다윗의 쇠퇴기에 관한 11~20장, 다윗 이야기의 마무리 부분인 21~24장의 여섯 부분으로 나눌 수 있다. 그 가운데 다윗에 관한 내용이 사무엘상 28장과 31장의 두 장을 빼고는 사무엘상 16장부터 사무엘하 끝까지 이르고 있어서 전체 55장 가운데 38장, 곧 삼분의 이 이상을 차지한다.

4. 다윗 왕권(삼상 2장; 삼하 7장; 22장)

다윗 왕권이 사무엘상하의 중심 주제라는 점은 사무엘상 2장에 나오는 '한나의 찬송'과 사무엘하 22장에 나오는 '다윗의 찬송'에서 여호와의 '기름 부음 받은 자'(<메시야>!)에 대해 언급하고 있다는 사실에서도 알 수 있다(삼상 2:10; 삼하 22:51)[47]. 사무엘하 7장에서 나단을 통해 다윗 왕조에 대해 선포된 예언[48]이 이 두 군데를 이어주는 다리 역할을 한다.

5. 사무엘

사무엘은 아직 옛 질서에 속한 사람으로서 이스라엘이 왕정으로 넘어가는 기간을 이끌어 갈 책임을 맡아 실제로는 사사(삼상 7:6, 15~17)[49]와 제사장(7:9~10; 10:8)과 예언자(3:20; 9:6~11, 18~19; 15~16장)[50]의 직무를 한 인격 안에서 수행하는 독특한 인물로 나타난다.

---

47 삼하 19:21에서 아비새가 다윗을 가리켜 '여호와의 기름 부으신 자'라고 부르고, 23:1에서는 다윗이 자신을 가리켜 '야곱의 하나님께로부터 기름 부음 받은 자'라고 한다.

48 아래 13과의 8을 참고하라.

49 여기서는 '다스리다'로 옮긴 히브리어 동사 <샤팟>(שָׁפַט)이 거듭 쓰이고 있는데, 위 12과의 5.(2)에서 보았듯이, 이 동사의 능동분사형인 <쇼펫>(שֹׁפֵט)이 사사기에서는 바로 '사사'를 뜻한다. 사무엘상하에 나타나는 또 다른 사사로는 엘리(삼상 4:18)와 사무엘의 두 아들인 엘리와 아비야(8:1~2)가 있다.

50 3:20에는 '선지자', 9:6, 7, 10에서는 '하나님의 사람', 9:11, 18, 19에는 '선견자'라는 표현이 나온다. 또 15:10의 "여호와의 말씀이 사무엘에게 임하니라"도 사무엘이 예언자로 활동하게 됨을 알려준다.

표 24. 사무엘상하의 짜임새

구분	장	내용	
삼상 1~8 왕정에 이르는 과도기	1	사무엘의 출생	
	2	한나의 찬송(10절: '기름 부음을 받은 자')	
	3	사무엘의 소명, 엘리 집안에 대한 심판 선언	
	4~6	블레셋에게 빼앗겼다가 돌아온 *법궤*	
	7~8	사사 사무엘	
	7	미스바 대회	
	8	왕을 세워 달라고 하는 백성	
삼상 9~15 왕정성립 초기	9~11	사울의 상승기(上昇期)	
	9~10	사울이 기름 부음 받음, 미스바에서 왕으로 뽑힘	
	11	사울이 암몬 사람을 물리침, 길갈에서 왕이 됨	
	12	사무엘의 고별사	
	13~15	사울의 쇠퇴기	
	13	스스로 제사드린 사울을 꾸짖는 사무엘	
	14	요나단의 승리	
	15	사울과 백성의 불순종, 사무엘의 심판 선언	
삼상 16 ~삼하 5 다윗의 상승기 (上昇期)	16~20	사울 궁중의 다윗	
	16	다윗이 기름 부음을 받음, 궁중에 들어감	
	17	골리앗을 죽인 다윗	
	18	다윗을 사랑하는 요나단, 악신들린 사울, 미갈과 혼인한 다윗	
	19	요나단의 다윗 변호, 미갈의 다윗 구조, 사무엘에게 피한 다윗,사울의 추적	
	20	요나단의 다윗 구조 노력, 요나단에 대한 사울의 분노	
	21~31	사울의 추적을 피하여 떠돌아다니는 다윗	
	21	놉 제사장 아히멜렉을 찾은 다윗, 가드 왕 아기스에게 피하는 다윗	
	22	아둘람 굴의 다윗, 놉 제사장들을 죽이는 사울	
	23	그일라의 다윗, 요나단의 격려	
	24	엔게디 광야에서 사울을 해치지 않는 다윗	
	25	사무엘의 죽음, 아비가일이 다윗의 아내가 됨	
	26	십 광야에서 사울을 해치지 않는 다윗	
	27	아기스에게 피하는 다윗	
	28	엔돌 무당을 찾는 사울	
	29	아기스를 떠나는 다윗	
	30	아말렉을 쳐부순 다윗	
	31	사울과 요나단의 전사	
	삼하 1~5장	왕이 되는 다윗	
	1	사울과 요나단의 전사 소식에 슬퍼하여 애가를 부르는 다윗	
	2	유다 왕 다윗, 이스라엘 왕 이스보셋, 두 집안의 싸움	
	3	다윗의 아들 명단, 아브넬의 투항과 피살, 다윗의 애도	
	4	이스보셋의 피살	
	5	온 이스라엘의 왕이 된 다윗	
삼하 6~10 다윗의 전성기	6	*언약궤*를 예루살렘으로 옮겨옴	
	7	다윗 왕조에 대한 나단의 예언	
	8	다윗의 승전 기록과 관리 명단	
	9	요나단의 아들 므비보셋을 왕궁으로 데려 옴	삼하9~왕상2 다윗의 왕위 계승사
	10	암몬을 무찌름	
삼하11~20 다윗의 쇠퇴기	11	밧세바 때문에 우리야를 죽게 함	
	12	나단의 책망, 벌, 솔로몬의 출생	
	13~18	압살롬의 반란(14 슬기로운 드고아 여인)	
	20	세바의 반란, 아마사를 죽인 요압, 다윗의 관리들	
삼하21~24 다윗 이야기의 마무리 부분	21:1~14	사울 집안 때문에 일어난 재앙(기근) 해결	
	21:15~22	다윗의 용사들	
	22	다윗의 찬송(시 18편 참고)(51절: '기름 부음 받은 자')	
	23:1~7	다윗의 마지막 노래	
	23:8~39	다윗의 용사들	
	24	다윗의 인구 조사로 인한 재앙 해결 (아라우나의 타작 마당 제사)	

6. 이스라엘 왕정

이스라엘 왕정에 대해서는 부정적인 내용의 본문(삼상 8장, 12장)이 긍정적인 내용의 본문(9~10장; 11장)을 둘러싸고 있는 듯한 인상을 주는데, 8장 11~17절에서 사무엘이 '왕의 제도'에 대해 선포한 내용과 12장에서 한 고별 연설의 뒷부분(특히 14, 20~24절)을 보면 여호와께 순종하는 것을 조건으로 왕정의 번영을 허락하는 것으로 보인다.[51]

7. 사울

뜻밖에 사무엘에게 기름 부음을 받아 이스라엘의 지도자가 된 사울(삼상 9:16; 10:1)[52]은 처음에 여호와의 영을 받아 예언하고 새 사람이 되었으며(10:9~13) 미스바에서 왕으로 제비뽑혔을 때에도 행구 사이에 숨을 정도로 겸손했고(10:22), 사사처럼 이스라엘을 암몬의 손에서 건져내어 길갈에서 임금이 된다(11장).[53] 그렇지만 블레셋 전쟁(13~14장)과 아말렉 전쟁(15장)에서 하나님께 불순종한다. 나중에는 여호와의 영이 사울을 떠나고 하나님이 보내신 악령이 사울에게 내려(16:14~15; 18:10; 19:9), 사울은 다윗을 해치려 했고 라마 나욧의 사무엘에게 피한 다윗을 잡으러 갔다가 다시 여호와의 영을 받아 예언만 하고 돌아왔으며(19:22~24), 위급할 때 여호와께 여쭈었으나 아무런 대답도 받지 못해 엔돌의 무당에게 기대기까지 했고(28장) 마침내는 블레셋과 싸우다가 죽고 만다(31장).

8. 다윗

(1) 사울의 경우와는 달리 다윗에 관한 본문에서는 여호와께서 다윗과 함께 계신다, 또는 계시기를 원한다는 말이 자주 나온다(삼상 16:18; 17:37; 18:12, 14, 28; 20:13; 삼하 5:10; 7:9; 14:17). 또한 다윗은 사무엘에게 기름 부음 받은 "날 이후로 여호와의 영에게 크게 감동되"었고(삼상 16:13) 사울에게 내

---

51 앞에서 인용한 Rendtorff의 책 181과 견주어 보라.

52 삼상 12:3, 5; 24:6, 10; 26:9, 11, 16,23; 삼하 1:14, 16 등에서는 사울을 '여호와의 기름 부음을 받은 자'라고 부른다.

53 특히, 3절에 나오는 '구원할 자'(삿 3:9,15의 '구원자'와 히브리어로 같은 낱말임)와 6절에서 하나님의 영에게 사울이 크게 감동되었다 함이 이를 암시한다.

린 악령을 악기 연주로 물리쳤으며(16:14~23), 예언자 갓의 말을 좇아 모압 땅에서 유다 땅으로 돌아왔고(22:5) 블레셋과 싸우기에 앞서 여호와께 여쭈어 보아 부하들의 반대를 무릅쓰고 여호와의 말씀을 따라 싸우는(23:1~5) 등으로 늘 하나님의 이끄심을 받는 인물로 묘사된다.

(2) 사울과 요나단이 죽은 다음 다윗은 먼저 그들에 대한 애도의 뜻을 표한 뒤에(삼하 1장) 헤브론에서 유다 지파의 임금이 되었다가, 마침내 온 이스라엘의 임금이 된다(5:1~3). 뒤이어 여부스 사람들의 성읍인 예루살렘을 빼앗고(5:6~8) 그리로 법궤를 옮겨옴으로써(6장) 예루살렘을 이스라엘 정치와 종교의 중심지로 삼는다. 주변의 적들을 다 물리치고 왕권이 안정되자 여호와를 위해 집을 짓겠다고 한 다윗에게 여호와께서는 예언자 나단을 통해서 여호와께서 다윗의 집과 나라를 굳게 해 주시겠다고 약속하신다(7장). 이것을 일컬어 '다윗 언약'이라 하는데, 이는 다윗의 생애에서 절정을 이루는 사건으로, 사무엘하의 흐름을 따라 보더라도 이를 지나서는 다윗이 쇠퇴기로 접어든다.

(3) 다윗이 이스라엘 열두 지파의 땅을 훨씬 넘어서도록 왕국을 확장하고(8장; 12:26~31) 친구 요나단과 한 약속대로 그 아들 므비보셋도 잘 보살펴 주고(9장) 암몬 전쟁에서도 승리를 얻었지만(10장), 부하 장수 우리야를 죽이고 그 아내 밧세바를 차지한 사건으로 왕국 안에서부터 생기기 시작한 문제(11~12장)는 왕자 압살롬의 반란(13~18장), 베냐민 사람 세바의 반란(20장)으로 이어지고, 마침내 다윗의 후계자 자리를 둘러싼 다툼은 열왕기상 첫 부분에 나오는 왕자 아도니야의 반역으로까지 나아간다. 학자들은 흔히 사무엘하 9장부터 열왕기상 2장까지를 '다윗의 왕위 계승사'라고 부르기도 한다.

9. 사무엘하 끝 부분

사무엘하 21~24장은 재앙 문제에 관련된 두 본문(21:1~14; 24장)이 바깥 틀을 이루고 그 안에서 다윗의 용사들에 대한 두 본문(21:15~22; 23:8~39)과 다윗의 두 시문(22장; 23:1~7)이 각각 대칭을 이루는 식으로 배열되어 있다. 다윗의 죽음은 열왕기상 2장에서야 나오지만 일단 이로써 다윗의 이야기는 사실상 마무리된다.

10. 예언자들

사무엘상하에서는 앞서 말한 사무엘에 이어서[54] 다윗 왕에게 영향을 준 예언자로서 갓(삼상 22장; 삼하 24장)과 나단(삼하 7장; 12장)이 등장한다. 또 사무엘상 2장 27절에 무명의 예언자('하나님의 사람')가 나오고, 10장 5절과 10절에는 선지자의 무리가 언급된다. 예언자들의 활동에 대한 내용은 열왕기 상하에 더 많이 나온다.[55]

54 위 13과의 1, 또 4를 참고하라.
55 아래 14과의 3, 또 8을 참고하라.

14과
열왕기상하의
짜임새와 흐름과
중심 내용

1. 전체 얼개

히브리어 성경에서는 본디 한 권인 열왕[56]기상하는 다윗의 말년부터 이스라엘 및 유다 왕정의 끝에 이르는 역사를 다루는데, 다윗의 후계자 문제를 매듭짓는 열왕기상 1~2장과 솔로몬의 치적을 알려 주는 3~11장과 북왕국 이스라엘이 망할 때까지 남북 왕국의 임금들과 예언자들의 이야기가 담긴 열왕기상 12장~열왕기하 17장과 북왕국이 망한 뒤 남왕국의 임금들과 예언자들에 관한 열왕기하 18~25장의 네 부분으로 크게 나눌 수 있다. 이 가운데에서 남북왕국이 나란히 존재했을 때에 관한 내용이 전체 47장 중 38장으로 가장 많고 위치로 보아도 중심을 이룬다.

2. 솔로몬

(1) 솔로몬에 대한 본문 가운데 3장과 9장은 하나님이 솔로몬에게 나타나신 사건을 알려 주고 이 두 장 안쪽에서 한편으로는 솔로몬의 성전 건축을 길게(5~8장) 다루고, 다른 한편으로는 무엇보다도 솔로몬의 지혜에 대해 알려 준다. 이는 솔로몬이 성전 신앙의 기초를 놓은 동시에 백성 사이에 생기는 다툼을 제대로 잘 판결할 수 있는 지혜로운 통치자[57]가 된 것을 뜻한다.

---

56 한자 말 '열왕(列王)'은 '여러 왕', '왕들'을 뜻한다.
57 솔로몬이 하나님께 구한 것을 개역한글판에서는 '지혜로운 마음'(왕상 3:9)로 번역했는데, 이는 개정개역판의 번역에서 알 수 있듯이 본디 '듣는 마음'이다.

표 25. 열왕기상하의 짜임새

구분	본문		내용	비고
왕상 1~2장 다윗의 후계자 솔로몬	왕상 1장		늙은 다윗, 아도니야의 반역, 솔로몬의 즉위	왕위계승사 끝부분 →
	2장		다윗의 유언과 죽음, 솔로몬의 다윗 유언 집행	
왕상 3~11장 솔로몬의 치적	3:1~15		하나님이 솔로몬에게 나타나셔서 지혜, 부, 영광을 주시기로 함	
	16~28		솔로몬의 지혜로운 판결	
	4장		솔로몬의 신하들, 위세와 지혜	
	5~8장		솔로몬의 성전 건축	
		5장	성전 건축 준비	
		6장	성전 건축 공사	
		7장	왕궁 건축 공사, 성전 두 기둥과 부속 기구 제조	
		8장	언약궤를 성전으로 옮겨 옴, 솔로몬의 축복과 기도, 성전 봉헌 예식	
	9장		하나님이 솔로몬에게 나타나셔서 경고하심	
			솔로몬의 다른 치적	
	10장		스바 여왕의 솔로몬 방문	
			솔로몬의 부와 지혜	
	11장		솔로몬의 우상 숭배	
			솔로몬의 대적 하닷과 르손과 여로보암	
			실로의 예언자 **아히야**, 솔로몬의 죽음	
왕상 12장~왕하 17장 두 왕국의 **임금들**과 **예언자들**	12~14장		왕국 분열, 유다 왕 르호보암과 이스라엘 왕 여로보암	
		12:1~15	백성의 청을 거절하는 르호보암	
		12:16~19	여로보암과 함께 떨어져 나간 이스라엘	
		12:20~24	예언자 **스마야**의 개입으로 내전 불발	
		12:25~33	단과 벧엘에 제단을 세운 여로보암	
		13장	유다에서 벧엘로 온 예언자의 심판 선언과 죽음	
			벧엘의 늙은 예언자	
		14장	여로보암(디르사 거주?) 아들의 죽음과 예언자 **아히야**,	
			여로보암의 죽음	
			르호보암의 치적(애굽 왕 시삭의 침입)	
	15: 1~8		유다 왕 아비얌(이스라엘 왕 여로보암과 전쟁)	
	9~24		유다 왕 아사(이스라엘 왕 바아사와 전쟁)	
	25~27		이스라엘 왕 나답	
	28~34		이스라엘 왕 바아사(모반)	
	16: 1~7		예언자 **예후**가 바아사에게 심판을 선언함	
	8~14		이스라엘 왕 엘라	
	15~20		이스라엘 왕 시므리(모반)	
	21~28		이스라엘 왕 오므리(모반, 사마리아 건설)	
	16:29~34		이스라엘 왕 아합	
	17~19장		예언자 **엘리야**	
		17장	가뭄때의 엘리야 - 그릿시냇가,사르밧과부의 집,죽은 아들을 살림	
		18장	갈멜 산에서 바알 예언자들을 이김	
		19장	엘리야를 쫓는 이세벨	
			호렙 산에서 하나님이 나타나셔서 새 사명을 주심	
			엘리야의 부름을 따른 **엘리사**	
	20장		아합이 아람 왕 벤하닷의 군대를 두 번 물리침	
			벤하닷과 약조한 아합에게 심판 선언하는 **무명의 예언자**	
	21장		아합이 나봇을 죽이고 그 포도원을 빼앗음	
			엘리야의 심판 선포	
	22:1~40		이스라엘왕 아합과 유다왕 여호사밧이 동맹하여 아람과 싸움	
			승리를 예언하는 **시드기야**와 패배를 예언하는 **미가야**	
			아합의 전사	
	41~51		유다 왕 여호사밧	
	52~54		이스라엘 왕 아하시야	
	왕하 1장		예언자 **엘리야**의 말대로 이스라엘 왕 아하시야가 죽음	
	2:1~8:15		예언자 **엘리사**	
		2장	엘리야가 승천하고 엘리사가 후계자가 됨	
		3장	이스라엘 왕 여호람과 유다 왕 여호사밧이 동맹하여	
			모압 왕 메사를 쳐부술 때 엘리사가 도와 줌	
		4장	선지 생도 과부를 도와 준 엘리사	
			수넴 여인의 죽은 아들을 살린 엘리사	
			국의 독을 없앤 엘리사	
			보리떡 20개와 채소 한 자루로 100명을 먹인 엘리사	
		5장	아람 장군 나아만의 병을 고쳐 준 엘리사	

		6장 물에 빠진 도끼를 찾아 준 엘리사 처들어 온 아람 군인들의 눈을 어둡게 한 엘리사 6:24~7:20 에워싸였던 사마리아 성이 엘리사의 예언대로 구조됨 8:1~6 수넴 여인의 소유를 찾아 준 엘리사 8:7~15 아람 왕 벤하닷의 죽음과 하사엘의 즉위를 알려 준 엘리사
	8:16~24	유다 왕 여호람
	8:25~29	유다 왕 아하시야
	9~10장	이스라엘 왕 예후 (모반) 9:1~10 **엘리사**가 제자 하나를 예후에게 보내 기름붓게 함 11~29 예후가 이스라엘 왕 요람(=여호람)과 유다 왕 아하시야를 죽임 30~37 이세벨의 죽음 10장 아합 집 사람들과 유다 사신들을 죽임 바알 숭배를 뿌리뽑음 예후 왕조가 4대에 걸칠 것 알려 주신 여호와 아람 왕 하사엘이 요단 동쪽 땅을 빼앗아감
	11~12장	유다 왕 요아스 11장 아달랴 섭정, 요아스의 즉위(제사장 여호야다의 도움) 12장 요아스의 치적(성전 수리), 피살 당함
	13: 1~9	이스라엘 왕 여호아하스
	10~13	이스라엘 왕 요아스
	14~21	요아스의 **엘리사** 방문, **엘리사**의 죽음과 장사됨, 시체 부활
	22~25	요아스가 지난날 하사엘에게 빼앗겼던 땅을 되찾음
	14: 1~22	유다 왕 아마샤(이스라엘 왕 요아스와 싸워서 짐)
	23~29	이스라엘 왕 여로보암 2세
	15: 1~7	유다 왕 아사랴(=웃시야)
	8~12	이스라엘 왕 스가랴
	13~16	이스라엘 왕 살룸(모반)
	17~22	이스라엘 왕 므나헴(모반, 앗수르의 침입)
	23~26	이스라엘 왕 브가히야
	27~31	이스라엘 왕 베가(모반)
	32~38	유다 왕 요담
	16장	유다 왕 아하스(아람 왕 르신과 이스라엘 왕 베가의 침입, 앗수르 왕 디글랏빌레셀에게 구조 요청)
	17장	*이스라엘의 멸망* 17:1~6 이스라엘 왕 호세아(모반,앗수르의 침입), *이스라엘 멸망* 17:7~23 북왕국 이스라엘이 멸망한 까닭 17:24~41 사마리아에 이주해 온 이방 사람들과 그 결과
왕하 18~25장 유다 왕국 마지막 **임금들**과 **예언자들**	18~20장	유다 왕 히스기야(사 36~39 참고) 18장 히스기야의 치적, 사마리아 멸망, 산헤립의 예루살렘 침공 19장 히스기야의 기도, **이사야**의 구원 예언, 산헤립 물러감 20장 병든 히스기야의 기도, **이사야**를 통한 응답, 나음 바벨론 사자들에게 왕궁 모든 것을 보여준 히스기야
	21: 1~18	유다 왕 므낫세, **무명의 예언자들** 심판 선언
	19~26	유다 왕 아몬
	22:1~23:30	유다 왕 요시야 22장 율법 책 발견, 여예언자 **훌다**의 해석 23장 언약 세움, 우상 숭배 철폐, 요시야의 죽음(바로느고에게)
	23:31~34	유다 왕 여호아하스(애굽으로 사로잡혀 감)
	23:34~24:7	유다 왕 여호야김(바로느고가 세운 왕, 바벨론 침입)
	24: 8~16	유다 왕 여호야긴(바벨론으로 사로잡혀 감)
	24:17~25:30	*유다 왕국 멸망* (렘 39~44장 참고) 24:17~25:7 유다 왕 시드기야(느부갓네살이 세운 왕, 바벨론으로 잡혀감) 25:8~21 예루살렘 파괴, 약탈, 사람들 사로잡혀감, 관리 처형 25:22~26 유다 총독 그달리야 피살, 애굽으로 달아나는 사람들 25:27~30 여호야긴이 사면됨

(2) 솔로몬은 전쟁터에서 잔 뼈가 굵어 한평생 용사로 살았던 아버지 다윗과는 달리 아버지가 남겨준 넓은 왕국의 내부 행정을 정비하고 이웃 나라들과 긴밀한 외교와 교역을 함으로써 왕국의 기반을 더욱더 굳게 다진 임금이었다. 그리하여 이 솔로몬 때에 이스라엘은 정치 경제적으로 안정된 가운데 찬란한 문화의 꽃을 피운다.

(3) 그렇지만 솔로몬이 늙어서 이방 출신 아내들의 꾀임에 빠져 온갖 우상을 숭배하자 하나님은 밖으로는 변두리 소수 이방 민족 지도자들, 이를테면 남동쪽 에돔에서는 하닷, 북쪽에서는 수리아의 르손을 시켜 독립 운동을 일으키게 하시고, 안으로는 에브라임 사람 여로보암이 왕국을 갈라 나갈 강력한 적수로 등장하게 하신다(11장).

3. 남북왕국 공존기의 왕들과 예언자들

(1) 셋째 부분(왕상 12장~왕하 17장)의 첫 머리와 마지막에는 각각 왕국 분열에 대한 열왕기상 12~14장과 북왕국 멸망에 대한 열왕기하 17장이 자리 잡고 있고, 그 가운데 유다 왕들과 이스라엘 왕들의 역사가 번갈아 나온다[58]. 이스라엘의 아합(왕상 16:29~22:40)과 여호람(왕하 3장; 8:16~24; 9:14~26)과 예후(왕하 9~10)와 남왕국의 요아스(왕하 11~12)와 아하스(왕하 16)의 역사가 비교적 자세히 다루어진다.

표 26. 남북왕국 왕들의 역사 기록 순서

유다의 임금들	이스라엘의 임금들
아비얌(왕상 15:1~8), 아사(15:9~24)	나답(왕상 15:25~27), 바아사(15:28~16:7),
	엘라(16:8~14), 시므리(16:15~20),
	오므리(16:21~28), 아합(16:29~22:40)
여호사밧(22:41~51)	아하시야(상 22:52~하 1:18)
	여호람(요람, 하 3:1~9:26)
여호람(하 8:16~24), 아하시야(8:25~29)	예후(하 9~10)
아달랴/요아스(11~12)	여호아하스(하 13:1~9), 요아스(13:10~25)
아마샤(14:1~22)	여로보암 2세(14:23~29)
아사랴(웃시야, 15:1~7)	스가랴(15:8~12), 살룸(15:13~16)
	므나헴(15:17~22), 브가히야(15:23~26),
	베가(15:27~31)
요담(15:32~38), 아하스(16장)	호세아(17:1~6)

58 아래 표 26을 참고하라.

(2) 또한 예언자 엘리야 관련 본문(왕상 17~19장; 왕하 1~2장)과 엘리사 관련 본문(왕하 2:1~8:15; 9:1~10; 13:14~21)이 큰 자리를 차지하는데, 엘리야는 주로 아합 왕 때에, 엘리사는 주로 여호람 왕 때에 활동한 것으로 되어 있다. 그 밖에 이 시기에 등장하는 예언자로는 여로보암에게 그가 북왕국을 세우게 되리라 예고한 실로의 예언자 아히야(왕상 11:26~39), 르호보암과 여로보암 초기의 스마야(왕상 12:20~24), 유다에서 벧엘로 온 무명의 예언자(13장), 벧엘의 늙은 예언자(13장), 이스라엘 왕 바아사에게 심판을 선언한 예후(16:1~7), 아합에게 승리를 예언한 시드기야와 패배를 예언한 미가야(22:1~28), 엘리사의 제자로서 예후의 혁명을 예고한 예언자(왕하 9:1~11)를 들 수 있다. 그뿐만 아니라, 엘리사 관련 본문에 여러 번 등장하는 '선지자의 제자들'(왕하 2:3, 5, 7, 15; 4:1, 38; 5:22; 6:1)[59]은 특히 엘리사를 중심한 예언자 공동체가 있었음을 짐작하게 한다. 그런데, 북왕국의 여로보암 2세 때 활동한 것이 확실한 호세아와 아모스는 전혀 언급되지 않는다.[60]

4. 왕들에 대한 기록의 도입부와 종결부

(1) 남북 왕국의 왕들에 대한 기록의 도입부와 종결부는 일정한 형식을 따른다. 열왕기상 22장 41~42절을 보기로 하여 도입부를 살펴보면, 도입부는 다음의 요소로 이루어진다.

ㄱ. 같은 시대 북왕국 또는 남왕국 왕의 연대에 맞춘 즉위 연대: "이스라엘의 아합 왕 제사년에 아사의 아들 여호사밧이 유다의 왕이 되니"(41절)

ㄴ. 즉위할 때의 나이: "여호사밧이 왕이 될 때에 나이가 삼십오 세라"(42절 전상반절)

ㄷ. 왕 노릇한 햇수: "예루살렘에서 이십오 년 동안 다스리니라"(42절 전후반절)

ㄹ. 어머니의 이름: "그의 어머니의 이름은 아수바라 실히의 딸이더라"(42절 하반절)

---

59 개역한글판에서는 '선지자의 생도들'이라고 번역했다.
60 아래 15과의 표 28을 참고하라.

이 가운데서 ㄴ과 ㄹ은 때때로 빠지기도 하고, ㄹ 다음에 신앙적인 기준에 따른 치적 평가[61]가 덧붙기도 한다. 이를테면, 열왕기상 22장 51~53절의 경우에는 ㄱ. "유다의 여호사밧 왕 제십칠년에", ㄴ. "아합의 아들 아하시야가 사마리아에서 이스라엘의 왕이 되어", ㄷ. "이 년 동안 이스라엘을 다스리니라", ㅁ. "바알을 섬겨 그에게 예배하여 이스라엘의 하나님 여호와를 노하시게 하기를 그의 아버지의 온갖 행위 같이 하였더라"(52~53절).

(2) 열왕기상 15장 7~8절을 보기로 하여 종결부를 살펴보면, 종결부에는 다음 사항이 언급된다.

ㄱ. 사료: " ... 아비얌의 남은 사적과 그 행한 모든 일은 유다 왕 역대지략에 기록되지 아니하였느냐"(7절),

ㄴ. 사망: "아비얌이 그의 조상들과 함께 자니"(8절 전상반절),

ㄷ. 장례: "다윗성에 장사되고"(8절 전하반절),

ㄹ. 후계자 이름: "그 아들 아사가 대신하여 왕이 되니라"(8절후반절).

이 가운데서 ㄷ은 더러 빠지기도 한다. 사료로는 '유다 왕 역대지략' 말고도 '솔로몬의 실록'(왕상 11:41)[62]과 '이스라엘 왕 역대지략'(왕상 14:19 등)도 언급된다.

---

61 바로 아래 항목 5를 참고하라.

62 개역한글판에는 '솔로몬의 행장'으로 옮겼었다.

5. 왕들의 치적 평가

(1) 왕들의 치적은 정치 경제 문화적 관점에서 평가되지 않고, 신앙적인 관점에서 평가된다. 이는 열왕기상하에서는 이스라엘의 역사를 하나님과 통치자와 이스라엘 백성의 관계에 비추어 이해하고 있기 때문이다.

(2) 북왕국의 왕들은 바알 숭배를 뿌리뽑은 예후를 빼고는 한결같이 부정적으로만 평가받는데, 이는 이들이 '여로보암의 죄'에서 떠나지 않았기 때문이라고 한다(왕상 15:26, 34; 16:26, 31; 22:52; 왕하 3:1; 9:29; 13:1, 11; 14:24; 15:9, 18, 24, 28).

(3) 남왕국의 경우에는 히스기야(왕하 18:3~6)와 요시야(22:2; 23:25)가 좋은 평가를 받는다. 그밖에도[63] 아사(왕상 15:11~15)와 여호사밧(22:43~ 44)과 요아스(왕하 12:2~3)와 아마샤(14:3~4)와 아사랴(15:3~4)와 요담(15: 34~35)은 산당을 없애지 않았다는 문제는 있지만 그런대로 좋은 평가를 받는 왕들이다.

(4) 왕들의 치적을 평가할 때 기준으로 등장하는 모범적인 인물은 다윗이다(왕상 15:3, 11; 왕하 14:3; 16:2; 18:3; 22:2).

6. 북왕국의 혼란상

단 한 번 아달랴의 섭정이 있었던(왕하 11장) 남왕국과는 달리 북왕국에서는 200년 남짓한 역사에 군사 정변이 여덟 번(바아사, 시므리, 오므리, 예후, 살룸, 므나헴, 베가, 호세아) 일어났고, 왕조가 다섯(여로보암 1세-나답, 바아사-엘라, 오므리-아합-아하시야-요람, 예후-여호아하스-요아스-여로보암 2세-스가랴, 므나헴-브가히야) 있었다. 여로보암 2세(주전 786~746년)의 중흥기가 지나자 북왕국은 급속히 약해져서 마침내 앗수르에게 망하고 지도층 사람들은 앗수르로 사로잡혀 가고, 이방 사람들이 새로운 지도층으로 옛 북왕국 땅에 들어와 살게 된다. 열왕기하 17장 7~23절에 따르면, 이는 이스라엘이 자기 하나님을 떠나 가나안 신들을 섬겼기 때문이다.

---

[63] 아래 항목 7을 참고하라.

7. 남왕국 잔존기의 왕들과 예언자들

북왕국이 망한 다음 유다 왕들의 역사에서는 히스기야(18~20장)와 요시야(22:1~23:30)를 훌륭한 통치가로 상세히 다룬다. 히스기야는 앗수르 군대가 침공한 위급한 상황에서 예언자 이사야와 긴밀한 관계를 유지하면서 하나님의 도우심을 기대하는 통치자로 나타나고, 요시야는 성전에서 대제사장 힐기야가 발견한 율법책을 토대로 여 예언자 훌다의 권위 있는 해석을 거쳐 앞장서서 백성과 더불어 언약을 세우고 우상 숭배를 철폐하고 예배 장소를 예루살렘으로 통일하는 정책을 편 인물로 묘사된다.

이 시대에 활동한 것이 분명한 미가와 예레미야와 하박국과 스바냐 같은 예언자들은 여기에 전혀 언급되지 않는다.[64]

8. 예언과 성취의 기록

예언자들의 활동에 대한 기록에도 "여호와의 말씀이 아무개에게 임하니라"(왕상16:1), "여호와께서 말씀하시기를"(또는 "여호와의 말씀이") (왕상 13:2; 14:7; 16:1; 왕하 20:17; 22:15 등) 같은 일정한 표현 형식과 죄 지적과 재난 예고(심판 선언) (왕상 16:2~4; 21:21~24; 왕하 22:16~17), 또 구원의 말씀과 그 까닭(왕하 22:18~20)이 나오는데, 무엇보다도 예언한 대로 이루어졌다는 말이 자주 나온다. 이를테면, 열왕기상 12장 15절의 "전에 ... 아히야로 ... 여로보암에게 하신 말씀을 이루게 하심이더라"와 열왕기하 23장 16절의 "이 일을 하나님의 사람이 전하였더니 그 전한 여호와의 말씀대로 되었더라"가 그런 보기인데, 이처럼 명백한 표현이 없는 경우까지 포함하여 예언과 성취의 상응 관계가 있는 구절들을 모아보면, 아래 표 27와 같다. 이런 형식 가운데서는 하나님의 말씀이 인간의 역사 가운데 어떻게 작용하는지가 잘 드러난다.

---

64 아래 15과의 표 28을 참고하라.

표 27. 열왕기상하에서 찾아볼 수 있는 예언과 성취의 상응 관계

예언	누가 누구에게	성취
왕상 11:29~39	실로의 아히야가 여로보암에게	왕상 12:15
13장	유다에서 온 예언자가 벧엘 제단에 대해	왕하 23:15~18
14:7~11	실로의 아히야가 여로보암에게	왕상 15:29~30
16:1~4	예후가 바아사에게	왕상 16:11~12
21:21~24,27~29 (왕하 9:7~10참고)	엘리야가 아합에게	왕하 10:17
22:17	미가야가 아합에게	왕상 22:35~36
왕하 1: 6	엘리야가 아하시야에게	왕하 1:17
20:17	이사야가 히스기야에게	24:13
21:10~15	무명의 예언자들이 므낫세에게	24:2
22:15~17	훌다가 요시야에게	24:20
22:18~20	훌다가 요시야에게	23:30

9. 남북왕국의 관계

남북 왕국의 경쟁 및 적대 관계는 유다 왕 아사가 다메섹 왕 벤하닷으로 하여금 이스라엘 왕 바아사와 먼저 맺은 조약을 깨뜨리고 자기와 조약을 맺게 함으로써 북왕국을 어렵게 만드는 데까지 나아가나(왕상 15:19), 남북이 동맹하여 다메섹(22장)이나 모압(왕하 3장)과 싸우기도 하고 왕들끼리 인척관계도 맺는다(왕하 8장, 10장). 나중에 다시 싸우기도 하고(왕하 14장), 이방왕과 동맹하여 다른 쪽을 공격하기도 했다(16장).

IV
삼 대예언서

15과 후기 예언서 전체의 짜임새와 구분

1. 구성과 배열 순서

히브리어 성경에서는 오늘 우리가 보통 말하는 여러 예언서를 '후기 예언서'라 하는데, 그 가운데 분량이 큰 세 권의 예언서(이사야, 예레미야, 에스겔)가 먼저 나오고, 뒤이어 열두 작은 예언서(호세아, 요엘, 아모스, 오바댜, 요나, 미가, 나훔, 하박국, 스바냐, 학개, 스가랴, 말라기)를 한 권으로 묶는다. 칠십인경에서는 열두 작은 예언서가 먼저 나오고, 히브리어 성경에서 성문서(聖文書, <크투빔> כְּתוּבִים)에 들어 있던 다니엘을 에스겔 다음에 두어 예언서로 다룬다.[65]

2. 기본 성격

후기 예언서에 속한 15권의 책은 15 예언자의 이름을 그대로 책 이름으로 삼는다. 이들에 앞서서 이미 나단, 갓, 엘리야, 엘리사, 미가야 같은 사람들이 예언자로 활약한 바를 전기 예언서에서 읽을 수 있지만,[66] 후기 예언서는 근본적으로 말씀 모음이라는 성격을 띤다.

---

65 위 1과의 표 2를 참고하라.
66 위 13과의 10, 또 14과의 3을 참고하라.

3. 16 예언서 구분법

(1) 에른스트 예니는 개신교 구약 예언서의 전통을 따라 다니엘까지 넣은 16 예언자를 (ㄱ) 예언자의 활동 시대가 포로기 이전인가 포로기 및 포로기 이후인가, (ㄴ) 같은 시대라 하더라도 그 시대의 전기인가, (ㄷ) 그 활동 무대나 예언의 대상 지역이 북쪽인가 남쪽인가, (ㄹ) 환상 보도가 있는가 없는가에 따라 약간의 무리가 있지만[67] 표 28과 같은 식으로 간추려 본다.[68]

표 28. 에른스트 예니의 16 예언서 구분법

	16 예언자															
(ㄱ)활동 시기(1)	포로기 이전 시대								포로기 및 포로기 이후 시대							
(ㄴ)활동 시기(2)	전기 (주전 8세기)				후기 (주전 7세기)				전기 (주전 6세기)				후기 (주전 5세기 이후)			
(ㄷ)주 선포대상 또는 활동무대	북 (북왕국)		남 (유다/ 예루살렘)		북 (앗수르/ 바벨론)		남 (유다)		북 (바벨론/ 에돔)		남 (예루살렘)		북 (바벨론/ 앗수르)		남 (예루살렘)	
(ㄹ) 환상 유무	유	무	유	무	유	무	유	무	유	무	유	무	유	무	유	무
	암	**호**	**사**	**미**	**나**	**합**	**렘**	**습**	**겔**	*옵*	**슥**	**학**	**단**	**욘**	**욜**	**말**
										↑ 제2이사야[69]						

(2) 이에 따르면, 포로기 이전 시대 예언자로는 아모스, 호세아, 이사야, 미가, 나훔, 하박국, 예레미야, 스바냐의 여덟 사람을, 포로기 예언자로는 에스겔과 오바댜 두 사람을, 포로기 이후 시대 예언자로는 스가랴, 학개, 다니엘,

67 아래 (4)를 보라.

68 이에 대한 자세한 설명은 에른스트 예니(Ernst Jenni) 지음, 김중은, 박동현 엮음, 『주 여호와께서 말씀하신즉 누가 예언하지 아니하겠느냐』 (서울: 장로회신학대학교 출판부, 2000) (한독대조), 14~17을 보라.

69 이 이름으로 예니는 이사야 40~66장의 저자를 가리킨다.

요나, 요엘, 말라기의 여섯 사람을 들 수 있다. 포로기 이전 시대 예언자는 다시 전기(前期)라 할 수 있는 주전 8세기 예언자인 아모스, 호세아, 이사야, 미가 네 사람과 후기(後期) 주전 7세기 예언자인 나훔, 하박국, 예레미야, 스바냐의 네 사람으로 나누어지고, 포로기 이후 시대 예언자는 다시 전기 주전 6세기 예언자인 에스겔, 오바댜, 스가랴, 학개 네 사람과 후기 주전 5세기 이후 예언자인 다니엘, 요나, 요엘, 말라기의 네 사람으로 나누어진다.[70]

(3) 예언 활동의 무대가 북왕국 이스라엘이었던 예언자는 주전 8세기의 아모스와 호세아 두 사람이었고, 수도 예루살렘을 포함하여 남왕국 유다에서 활동했던 예언자는 주전 8세기의 이사야와 미가, 주전 7세기의 예레미야와 스바냐, 주전 6세기의 스가랴와 학개, 주전 5세기 이후의 말라기의 일곱 사람이었으며, 그 예언의 내용이 북왕국 이스라엘보다 더 북쪽에 있었던 앗수르에 대한 경우는 주전 7세기의 나훔과 주전 5세기 이후의 요나 두 사람을, 바벨론에 대한 예언한 경우로는 주전 7세기의 하박국, 바벨론이 주 활동 무대였던 경우로는 주전 6세기의 에스겔과 주전 5세기 이후의 다니엘의 두 사람을 들 수 있다.

(4) 예언자가 본 환상에 대한 기록이 남아 있는 경우로는 아모스, 이사야, 나훔, 예레미야, 에스겔, 스가랴, 다니엘, 요엘의 여덟 사람을, 그렇지 아니한 경우로는 호세아, 미가, 하박국, 스바냐, 학개, 말라기의 일곱 사람을 들 수 있다. 오바댜의 경우에는 그 예언 내용이 북쪽 나라에 대한 것이 아니고 남쪽 나라 에돔에 대한 것이어서 표의 체계에 어긋나는데, 그저 편의상 그렇게 넣어 둔 것이다.

---

70 역사비평학적 연구에서는 흔히 요나와 다니엘과 요엘이 말라기보다 나중에 생겨난 것으로 보지만, 예니는 각 책 내용의 배경이 되는 시대를 염두에 두고 이 도표를 제시한다.

16과
이사야의 짜임새와 흐름과 중심 내용

1. 표제나 도입부의 고유명사를 중심으로 본 이사야의 짜임새와 중심 내용

(1) 전체 얼개

이사야는 유다와 예루살렘에 대한 심판과 구원의 말씀이 중심을 이루는 1~12장, 이방 민족들에 대한 심판의 말씀('경고'로 옮긴 히브리 낱말인 <맛사>[מַשָּׂא]는 본디 '말씀'을 뜻하는 동시에 '짐'을 뜻한다)을 모아둔 13~23장, 하나님의 온 세계 심판과 시온의 구원을 집중적으로 다루는 24~27장, '화 있을진저'(또는 '슬프다', <호이>, הוֹי)로 시작하는 심판 또는 구원의 말씀과 에돔 심판 및 시온 회복의 말씀을 한데 모아둔 28~35장, 히스기야 왕 때 있었던 몇 가지 사건에 대한 이야기인 36~39장(왕하 18~20장; 대하32장 참고), 그 뒤의 40~66장의 여섯 부분으로 크게 나눌 수 있다. 보통은 1~39장을 크게 하나로 묶는다.

표 29. 이사야의 짜임새

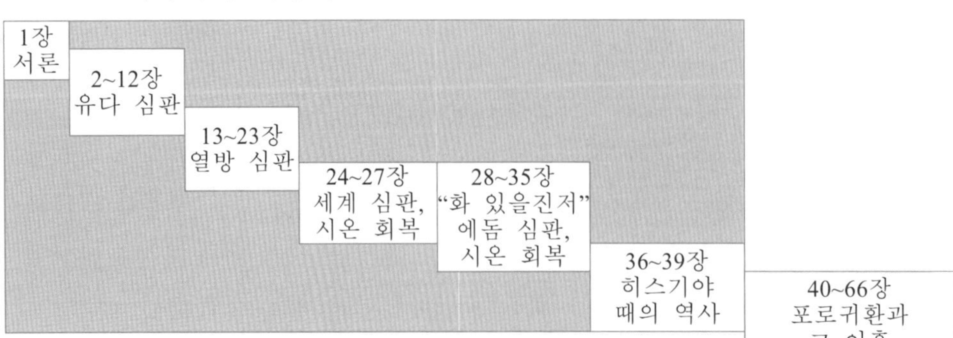

(2) 책의 표제와 그 상응 부분

표 30. 표제나 도입부의 고유명사를 중심으로 본 이사야의 짜임새

1:1 유다 왕 **웃시야**와 **요담**과 **아하스**와 **히스기야** 시대에 아모스의 아들 이사야가 **유다**와 **예루살렘**에 대하여 본 이상이라	책 전체의 표제? 1~39장의 표제? 1~12장의 표제?	1장: 서론
2:1 아모스의 아들 이사야가 받은바 **유다**와 **예루살렘**에 관한 말씀이라 6:1 **웃시야** 왕의 죽던 해에 내가 본즉... 7:1 **웃시야**의 손자요 요담의 아들인 유다 왕 **아하스** 때에 ... (7:3,10,12에 아하스 이름이, 7:3에 이사야 이름이 나옴) (10:5 앗수르 사람은 화 있을진저 ...) (11:11 그 날에 주께서 ... 백성을 앗수르와 애굽과 ...에서...)	2~12장의 표제?	2~12장 유다와 예루살렘 심판
13:1 아모스의 아들 이사야가 **바벨론**에 대하여 받은 경고라 (13:19; 14:4,22에 바벨론이 언급됨) 14:28 **아하스** 왕의 죽던 해에 받은 경고라(내용은 블레셋에 관한 것임) 15:1 모압에 관한 경고라... 17:1 다메섹에 관한 경고라...(북왕국에 대한 말씀도 들어 있음) 19:1 애굽에 관한 경고라... 20:1 앗수르 왕 사르곤에 군대장관을 아스돗으로 보내매 그가 와서 아스돗을 취하던 해니라 20:2 여호와께서 아모스의 아들 이사야에게 말씀하여 이르시되... (내용은 애굽과 구스에 관한 것임) 21:1 해변 광야에 관한 경고라... (9절에 바벨론이 나온다) 21:11 두마에 관한 경고라... 21:13 아라비아에 관한 경고라 22:1 환상의 골짜기에 관한 경고라... 23:1 두로에 관한 경고라...	13~23장: 각 나라에 대한 **경고**[71] 모음	13~23장: 열방 심판
	(세계심판, *시온회복*)	24~27장
28:1 **에브라임**의 술취한 자들의 교만한 면류관은 *화 있을진저*... 29:1 *슬프다* **아리엘**이여... 29:15 자기의 계획을 여호와께 깊이 숨기려 하는 자들은 *화 있을진저*... 30:1 ... 패역한 자식들은 *화 있을진저*... 31:1 도움을 구하러 애굽으로 내려가는 자들은 *화 있을진저*... 33:1 너 학대를 당하지 아니하고도 학대하며... *화 있을진저*...	28~33장: "화 있을진저"[72] 말씀 모음	28~35장:
34~35장	34~35장 (에돔심판, *시온회복*)	
36:1 **히스기야** 왕 십사년에 앗수르 왕 산헤립이 올라와서 (히스기야와 이사야는 39장까지 계속 나오고, 애굽은 36:6,9에 나온다) 39:1 그 때에 ... 바벨론 왕 므로닥발라단이 히스기야가 ...		36~39장: 히스기야 때의 역사
40:1 너희의 하나님이 이르시되 너희는 위로하라 내 백성을 위로하라 40:2 너희는 예루살렘의 마음에 닿도록 말하며 그것에게 외치라 그 노역의 때가 끝났고 그 죄악이 사함을 받았느니라... (**바벨론** - 43:14; 47:1; 48:14, 20) (고레스 - 44:29; 45:1) (앗수르 - 53:4)		40~66장: 포로귀환과 그 이후

71 히브리 말로는 <맛사>(מַשָּׂא).

72 28~33장에는 '화 있을진저' 또는 '슬프다'(둘 다 <호이>,הוֹי)로 시작하며 남북 왕국이나 침략자에 대해 재난이나 구원을 예고하는 말씀이 나온다

1장 1절에 이사야가 예언 활동한 시대의 왕들로 네 사람의 이름이 나오는데, 웃시야(주전 783~742년)는 6장 1절과 7장 1절에, 요담(742~735년)은 7장 1절에, 아하스(735~715년)는 7장 1, 3, 10, 12절과 14장 28절에, 히스기야(715~687/6년)는 36~39장에 다시 언급된다. 그렇지만, 40장부터는 이 네 왕의 이름과 이사야의 이름을 찾아볼 수 없다. 이리하여, 이 표제가 본디는 1~39장에만 해당된 것으로 추측할 수 있다. 다른 한편으로 바벨론의 이름은 40장 전후에 다 나온다(13:1, 19; 14:4, 22; 34:14; 47:1; 48:14, 20). 애굽과 앗수르의 이름은 40장 뒤에도 나오지만, 주로 40장 이전에 들어 있다.

2. 1~12장의 짜임새와 중심 내용

(1) 대칭 구조

표 31. 이사야 1:1~11:6의 대칭구조

구절	내용
1:1	표제
1:2~31	부패한 자식 '이스라엘', **'정의'**와 **'공의'**가 없는 시온(21절), 회복(27절)
2:1~5	열방의 시온 순례
2:6~22	*교만한 자들은 낮아지리라*
3:1~15	예루살렘 심판 - 혼란 상태
3:16~4:1	*교만한 여인들 심판하시리라*
4:2~5	시온의 구원
5:1~7	포도원의 노래 - **'정의'**와 **'공의'**가 없는 이스라엘(7절)
5:8~24	유다에 대한 "*화 있을진저*" 말씀 6가지
5:25~30	후렴(25절의 '여호와께서 펼치신 손') 붙은 시-자기 백성 심판
6장	이사야(일인칭)의 소명
7장	이사야(삼인칭)와 아하스-**임마누엘 예언**(7:10~17)
8장	이사야(일인칭) 아들 이름, 유다와 열방 심판, 말씀 봉인
9:1~7	**"한 아기가 났고"**
9:8~21	후렴(12,17,21절의 '여호와께서 펴신 손') 붙은 시-북왕국 심판
10:1~4	유다에 대한 "*화 있을진저*" 말씀 1가지(후렴 4절)
10:5~34	앗수르의 침입에서 시온을 지키실 여호와 (5절의 "*화 있을진저*")
11:1~16	**"이새의 줄기에서 한 싹이 나며"**
12장	구원받은 자들의 찬송

표제인 1장 1절과 마무리 찬송이 담긴 12장을 빼면, 1~12장은 1장 2절~5장 7절과 5장 8절~10장 4절과 10장 5절~11장 16절의 세 부분으로 나눌 수 있고, 그 첫 두 부분은 각각 3장 1~15절과 7장을 중심으로 내용상으로 어느 정도

대칭 구조를 이룬다. 곧 첫째 부분은 예루살렘에 일어날 혼란을 묘사하는 3장 1~15절을 가운데 두고, 교만한 자들에 대한 심판을 말하는 2장 6~22절과 3장 16절~4장 1절이, 시온의 회복에 대해 말하는 2장 1~5절과 4장 2~5절이, '정의'와 '공의'가 없는 하나님 백성에 대해 말하는 1장 2~31절과 5장 1~7절이 서로 마주 보고 있다.

둘째 부분은 이사야가 아하스에게 선포한 임마누엘 예언이 들어 있는 7장을 가운데 두고, 이사야 자신에 대한 이야기가 담긴 6장과 8장이, 후렴에 "여호와께서 펼치신 손"이 언급되는 심판의 말씀인 5장 25~30절과 9장 8~21절이, "화 있을진저" 형식의 말씀인 5장 8~24절이 서로 마주 보고 있다. 이 "화 있을진저" 형식의 말씀은 모두 일곱 개로 유다 사회 내부의 문제를 다룬다는 점에서, 앗수르에 대해 "화 있을진저"라고 하는 말씀으로 시작하는 10장 5~34절과 구별된다. 이 둘째 부분은, 다만 8장 바로 다음에 7장 10~17절과 마찬가지로 메시야 예언이라 불리는 단락인 9장 1~7절이 나오는 점에서 첫 부분과 다르다.

앗수르에 대해 "화 있을진저"라고 하는 10장 5절 이하의 말씀은 곧바로 시온 회복의 약속으로 나아가고, 마침내 11장에서는 셋째 메시야 예언(11:1~10)이 나온다.

(2) 교대 구조

표 32. 이사야 1:1~11:6의 교대구조

죄와 벌	(1) 1:2~20	(3) 1:29~31	(5) 2:6~4:1	(7) 5:1~8:22	(9) 9:8~10:4
구원과 회복	(2) 1:21~28	(4) 2:1~5	(6) 4:2~6	(8) 9:1~7	(10) 10:5~34; 11:1~16

다른 한편으로 1장 2절~11장 16절에서 시온의 죄 및 벌에 대한 내용(1:2~20, 29~31; 2:6~4:1; 5:1~8:22; 9:8~10:4)과 구원 및 회복에 대한 내용(1:21~28; 2:1~5; 4:2~6; 8:23~9:7; 10:5~34; 11:1~16)이 번갈아 나오는 점도 어렵지 않게 알아볼 수 있다.

3. 13~23장의 짜임새와 중요 내용

(1) '경고'(<맛사>, מַשָּׂא)라는 표제가 붙은 여러 본문을 모아 놓은 13~23장에는 주로 이방 나라들에 대한 말씀이 들어 있다. 곧 바벨론(13:1~14:23; 21:1~10), 앗수르(14:24~27), 블레셋(14:28~32), 모압(15~16장), 애굽(18~20장), 두마(21:11~12), 아라비아(21:13~17), 두로 및 시돈(23장)에 대한 심판의 말씀들인데, 이 가운데서 가장 큰 분량을 차지하는 것이 애굽에 대한 말씀이고, 바벨론에 대한 말씀이 두 차례 나누어져 나온다. 17장 12~14절에서는 이방 민족 일반에 대한 말씀이 들어 있다. 17장 12절과 18장 1절의 '슬프다'(<호이 >, הוֹי)가 히브리 말로는 '화 있을진저'와 같다.[73]

표 33. 이사야 13~23장의 짜임새

이사야 13~23장의 짜임새
13:1~14:23 바벨론
14:24~27 앗수르
14:28~31 블레셋
15~16장 모압
17:1~11 다메섹과 이스라엘
17:12~14 열방 퇴치("슬프다"로 시작함)
18장 구스("슬프다..."로 시작함)
19장 애굽(18~24절: 회복약속)
20장 애굽 및 구스 관련 예언자의 상징 행위
21:1~10 바벨론
21:11~12 두마
21:13~17 아라비아
22:1~14 예루살렘
22:15~25 예루살렘의 관리 셉나와 엘리아김(36:3,11,22;37:2참고)
23장 두로와 시돈

(2) 그렇지만, 17장 1~11절에는 북왕국 이스라엘에 대한 말씀이 다메섹에 대한 말씀과 한데 뒤섞여 나오고, 22장에는 예루살렘과 예루살렘의 두 관리(36:3, 11, 22; 37:2 참고)에 대한 말씀이 나온다.

[73] 아래 22과의 5를 참고하라.

(3) 또한 20장은 이사야에서 예언자의 상징 행위에 대해 알려 주는 유일한 장이다. 이 상징 행위[74]는 앗수르 왕 사르곤(주전 721~705년)의 군대가 블레셋의 아스돗을 치던 때의 상황과 관련되는데, 유다 백성에게는 애굽을 의지하지 말라는 경고의 뜻을 지닌다.

(4) 19장 18~24절에는 이방 나라인 애굽과 앗수르에 대한 회복의 말씀이 나온다.

4. 24~27장의 짜임새와 중심 내용

(1) 24~27장에서는 우선 '땅'(24:1, 3, 4, 5, 6, 11, 13, 16, 17, 18, 19, 20), 곧 세상 전체와 어떤 '성읍'(10~12절)에 대한 하나님의 심판(24:1~13; 27:1, 10~11)에 대해 말하지만, 이는 곧 여호와의 시온 왕권으로 이어져서(23절) 세계 심판이 하나님 백성의 구원(25:6~8; 26:20~21; 27:7~9, 12~13)과 밀접한 관계를 이룬다.

(2) 그뿐만 아니라, 이러한 하나님의 심판과 구원에 대해 하나님 백성이 찬송(25:1~5, 9~12; 26:1~6; 27:2~6)으로나 기도(26:7~19)로 응답하는 내용도 적지 않다. 이리하여 5장 1~7절에서 심판의 뜻을 드러내던 포도원의 노래가 27장 2~6절에서는 구원을 뜻하는 노래로 달라진다.

(3) 25장 8절에 여호와께서 "사망을 영원히 멸하실 것이라"는 말씀이 들어 있다.

표 34. 이사야 24~27장의 짜임새

'땅'과 '성읍' 심판	하나님 백성의 구원	하나님 백성의 노래, 기도
24:1~13전 '땅', '성읍' 심판	24:13후 시온의 왕 여호와	25:1~5 감사 찬송
	25:6~8 시온 산 위 연회	25:9~12 감사 찬송
		26:1~6 유다 땅의 노래
		26:7~19 '우리'의 기도
	26:20~21 권고	
27:1 리워야단 처벌		27:2~6 새 '포도원의 노래' (5:1~7 참고)
	27:7~9 우상 제거	
27:10~11 '성읍' 심판	27:12~13 성산에서 경배	

74 상징 행위에 대해서는 아래 17과의 2.(9), 18과의 6, 20과의 2를 참고하라.

5. 28~35장의 짜임새와 중심 내용

표 35. 이사야 28~35장의 짜임새

재난 예언		보호, 구원, 회복 예언	
28:1~4	에브라임 심판("화 있을진저")	28:5~6	남은 자 회복
28:7~22	예루살렘 지도층 심판	28:23~29	농삿일에 비긴 하나님의 지혜
29:1~4	아리엘 심판("슬프다")	29:5~8	아리엘 보호
29:9~14	깨닫지 못하는 백성 심판		
29:15~16	불신앙 심판("화 있을진저")	29:17~24	이스라엘의 놀라운 변화
30:1~7	잘못된 외교정책 심판 ("화 있을진저")		
30:8~17	말씀 싫어하는 자 심판	30:18~26	은혜를 베푸시고 복 주실 하나님
		30:27~33	앗수르 심판
31:1~3	잘못된 외교정책 심판 ("화 있을진저")	31:4~9	앗수르 심판
		32:1~8	의로운 임금이 다스릴 나라
32:9~14	안일한 여자들 심판	32:15~20	다시 복내리시리라
		33:1	학대자 심판("화 있을진저")
		33:2~6	'우리'의 기도와 회복 확신
		33:7~12	민족들 심판
		33:8~24	'우리'의 말, 구원과 회복 약속
		34장	에돔 심판
		35장	시온 백성의 구원과 회복

(1) 28~35장의 마지막 두 장인 34~35장에서는 에돔에 대한 심판과 시온 백성의 구원이라는 두 주제를 서로 이어서 다루고, "화 있을진저" 또는 "슬프다"[75]로 시작하는 여러 말씀의 모음인 28~33장은 대체로 보아서 재난예언(=심판예언)과 구원예언이 번갈아 나오는 식으로 이루어져 있다.

(2) 28장 1~6절이 북왕국에 대한 것이기는 하지만 그러한 모습을 마찬가지로 잘 보여 준다.

---

[75] 앞서 말한 바와 같이 "화 있을진저"와 "슬프다"는 한 히브리 낱말 <호이>(הוֹי)의 두 가지 번역이다.

6. 36~39장의 짜임새와 중심 내용

(1) 36~39장은 열왕기하 18~20장의 내용과 거의 같은데, 히스기야의 감사시는 이사야 38장 9~20절에만 나오고 열왕기하 20장에는 들어 있지 않다.

(2) 이사야 36~38장에 나타난 히스기야의 겸손하고도 사려 깊으며 믿음 좋은 태도는 한편으로 그 다음 39장에 드러난 그의 교만하고 경솔한 태도와, 다른 한편으로는 7~8장에서 볼 수 있었던 아하스의 믿음 없는 태도와 대조를 이룬다. 예언자 이사야도 그에 어울리게 36~38장에서는 구원 예언을, 39장에서는 재난 예언을 히스기야에게 선포한다. 이리하여 36~39장은 36~38장과 39장의 두 부분으로 크게 나눌 수 있다.

표 36. 이사야 36~39장의 짜임새(왕하 18~20장; 대하 32장 참고)

<table>
<tr><td>7~8장</td><td colspan="3">아하스의 불신앙과 재난예고</td></tr>
<tr><td rowspan="2">36~38장
히스기야의
신앙과 구원</td><td>36~37장
앗수르의
침공을
물리침</td><td>36:1~2 예루살렘 포위
36:3~10 랍사게의 조롱
36:12~20 랍사게의 항복 권유</td><td>36:11 엘리아김과 셉나의 반응
36:21~22 왕명에 따른 침묵 반응
37:1~4 히스기야의 기도
37:5~7 이사야의 구원예언
37:14~20 히스기야의 기도
37:21~35 이사야의 구원예언, 징조예고
37:36~38 위기 사라짐~예언 성취</td></tr>
<tr><td>38장
히스기야의
병 극복</td><td>38:1 히스기야의 죽음 통보</td><td>38:2~3 히스기야의 기도
38:4~8 이사야를 통한 응답, 징조예고
38:9~20 히스기야의 감사찬송
38:21~22 이사야의 치료 지시</td></tr>
<tr><td>39장
히스기야의
자만과
재난예고</td><td colspan="2">39:1~2 바벨론 사신들에게 보물 보임</td><td>39:3~7 이사야를 통한 재난 예고
39:8 히스기야의 반응</td></tr>
</table>

(3) 36~38장은 다시 앗수르가 예루살렘을 에워싼 위기 상황을 배경으로 하는 36~37장과 히스기야가 죽을 병에 걸린 위기 상황을 배경으로 하는 38장의 두 부분으로 이루어져 있다. 이 두 부분 사이에 공통된 내용으로 위기 상황에서 히스기야가 여호와께 기도한 사실(37:1~4, 14~20; 38:2~3)과 이사야를

통해서 구원이나 치유의 응답과 이를 확증하는 징조를 예고 받은 사실(37:5~7, 21~35; 38:4~8)을 찾아볼 수 있는데, 36~37장에는 기도와 응답이 각각 두 차례에 걸쳐 나온다.

(4) 앗수르 침공 때에 등장하는 엘리아김과 셉나는 이미 22장 15~25절에 나온 바 있다.

(5) 39장은 바벨론 왕 므로닥발라단(주전 721~710, 703~700년)이 히스기야에게 사신들을 보낸 상황과 관련된다.

7. 40~66장의 짜임새와 중심 내용

(1) 전체 얼개

표 37. 이사야 40~66장의 짜임새

40:1~55:13	"40:6말하는 자의 소리여 … 8 … 우리 하나님의 말씀은 영원히 서리라 하라" … … … … … … "55:10비와 눈이 하늘에서 … 11 … 내 입에서 나가는 말도 헛되이 내게로 … "
56:1~66:24	이방인과 고자도 여호와를 섬길 수 있다(56:1~8) … … … … … … 열방도 여호와를 섬기게 되리라(66:18~24)

본문 내용의 배경이 바벨론 시대 이후인 40~66장은 오로지 하나님 백성의 구원과 회복만을 다루고 있는 40~55장과 1~39장처럼 다시 심판의 말씀과 구원의 말씀이 뒤섞여 있는 56~66장의 둘로 크게 나눌 수 있다. 특히 40장 6~8절과 55장 10~11절에서 성취력 있는 하나님 말씀에 대해 말함으로써 40장 첫머리와 55장 끝 부분이 40~55장의 머릿말과 맺음말 구실을 한다. 마찬가지로 56장 1~8절과 66장 18~24절에서 이방인들이 여호와를 섬길 수 있다는 사실을 다룸으로써 56~66장의 바깥 틀을 이룬다.[76]

---

[76] 아래 7. (7)을 참고하라.

(2) 40~55장의 단락 구분 기준

표 38. 이사야 40~55장의 짜임새

40:1~11	머릿말: "내 백성을 위로하라!" (1) '우리 하나님의 말씀'(8)		
40:12 ~42:13	40:12~26	비길 데 없는 창조주 하나님	(40:18~20 우상 조롱)
	40:27~30	"새 힘을 얻으리라"	
	41:1~7	"그로 치리하게 하리라"	(41:6~7 우상 조롱)
	41:8~16	**'나의 종 이스라엘, 내가 택한 야곱'**에 대한 구원 예언	
	41:17~20	구원의 말씀	41:21~29 무력한 신들
	42:1~4	**'나의 종', 정의의 종**(첫 '**여호와의 종의 노래**')	
	42:5~9	"이방의 빛이 되게 하리니"	
	42:10~13	**"여호와께 노래하라!"**	
42:14 ~44:23	42:14~17	구원의 말씀	(42:17 우상 조롱)
	42:18~25	청각, 시각 장애자 같은 '내 종'	
	43:1~7	"나는 네 구원자"	
	43:8~13	"나 외에 구원자가 없느니라"	
	43:14~21	"내가 너희를 바벨론에서 이끌어내리라"	
	43:22~28	"네 죄를 기억하지 아니하리라"	
	44:1~5	'내 종 야곱'에 대한 구원 예언	
	44:6~8	"나 외에 다른 신이 없느니라"	44:9~20 우상 조롱
	44:21~22	"야곱아 너는 내 종, 너는 나에게 잊혀지지 아니하리라"	
	44:23	**"하늘아 노래할지어다!"**	
44:24 ~45:8	44:24~28	"고레스는 나의 목자"	
	45:1~6	'나의 기름 받은 고레스'와 '나의 종 야곱'	
	45:7	"나는 창조주"	
	45:8	**"하늘이여 ... 움돋게할지어다"**	
45:9 ~48:19	45:9~13	피조물은 창조주를 비난할 수 없다	
	45:14~15	구원의 말씀	(45:16 우상 조롱)
	45:18~25	"나 외에 다른 이가 없느니라"	46:1~2 무력한 신들
	46:3~4	구원의 말씀	46:5~7 우상 조롱
	46:9~13	구원의 말씀	
	47장	바벨론 심판	
	48:1~19	이스라엘의 구원	
	48:20~22	"너희는 바벨론에서 나오라! ...여호와께서 그 종 야곱을 구속하셨다 하라"	
49:1~13	49:1~6	**"나의 종 ... 이방의 빛"** (둘째 '**여호와의 종의 노래**')	
	49:7~12	구원의 말씀	
	49:13	"하늘이여 **노래하라!**"	
49:14 ~52:8	49:14~21	시온 회복	
	49:22~26	귀환 약속, "나는 네 구원자"	
	50:1~3	"불평하지 말라"	
	50:4~9	**여호와의 제자된 '나'** (셋째 '**여호와의 종의 노래**')	
	50:10~11	"종의 목소리를 들으라"	
	51:1~8	"내가 시온을 위로하니 들으라"	
	51:9~11	시온 백성의 탄원	
	51:12~16	"너희를 위로하는 자는 나"	
	51:17~52:3	"시온이여 깰지어다"	
	52:4~6	구원의 말씀	
	52:7~8	좋은 소식을 가져오는 자	
	52:9~10	"예루살렘의 황폐한 곳들아, **노래할지어다!** 여호와께서 그의 백성을 위로하셨고"	
52:11 ~54:3	52:11~12	"너희는 떠날지어다!"	
	52:13~53:12	**"내 종이 형통하리니"** (넷째 '**여호와의 종의 노래**')	
	54:1~3	"잉태하지 못하며 출산하지 못한 너는 **노래할지어다!**"	
54:4 ~55:7	54:4~10	구원 예언: "여호와는 네 남편"	
	54:11~17	화려한 치장, 안전 약속	
	55:1~5.6~7	하나님의 초대	
55:8~13	맺음말 - '내 말'(11), "기쁨으로 나아가며"		

40~55장에서 머릿말과 맺음말을 빼놓고 보면 그 가운데 곳곳에 찬양을 촉구하는 구절(43:10~13; 44:23; 45:8[,20~22]; 49:13; 52:9~10; 54:1~3)이 여러 종류의 구원 말씀을 그때 그때 마무리짓고 있어서, 이를 기준으로 삼아 단락을 나누어 볼 수 있다(40:12~42:13; 42:14~44:23; 44:24~45:8[;45:9~48:22]; 49:1~13; 49:14~52:10; 52:11~54:3).

(3) 40~55장의 흐름

40~55장의 흐름을 보면, 48장 20~22절에서 바벨론에서 나오라고 명령하는 것을 분기점으로 해서, 그 앞부분 40장 12절~48장 19절은 여호와의 '종', 야곱 또는 이스라엘이라 불리는 하나님 백성의 구원자되시는 여호와만이 창조주이시자 역사의 주로서 참 하나님이시고 이방 사람들이 섬기는 우상이나 신들은 한낱 우스갯거리밖에 안 된다는 내용이 중심을 이루고, 그 뒷부분인 49장 1절~55장 7절은 하나님 백성을 상징하는 시온 또는 예루살렘의 구원과 회복에 대해 말한다고 볼 수 있다.

(4) 고레스 본문

이 앞부분에서 독특한 것은 44장 24~28절과 45장 1~6절의 '고레스 본문'이다(41:2~3, 25; 42:6~7; 45:13; 46:11; 48:14~15도 참고). 43장 14~21절에서 여호와께서 이스라엘을 바벨론에서 이끌어내시겠다고 하신 것이 이 '고레스 본문'을 거친 다음에 47장에서는 바벨론에 대한 심판의 말씀으로, 48장 20~22절에서는 이스라엘 백성더러 바벨론에서 나오라고 명령하는 말씀으로 나아간다.

(5) '여호와의 종의 노래'

또한 40~55장에서 특별한 성격을 띠는 본문으로 42장 1~4절과 49장 1~6절과 50장 4~9절과 52장 13절~53장 12절, 곧 '여호와의 종의 노래' 넷을 들 수 있다. 이 네 본문에서는 이스라엘의 하나님 여호와의 부르심을 받아 여호와의 영으로 단단히 무장하여 세상에 공의를 세우며 세상의 빛이 되는 '종', 여호와의 '제자'로서 박해 가운데서도 꿋꿋이 말씀을 전하는 종, 하나님 백성 대신에 엄청난 고난을 겪지만 마침내 여호와께서 높이셔서 영화롭게 하시는 종의 모습이 드러난다.

(6) 56~66장의 얼개

표 39. 이사야 56~66장의 짜임새

56:1~63:6 여호와의 '구원'과 '의'-'너희'가지킬 '정의'와 '공의'	56~58장 여러 가지 권고	56:1~8	이방인과 고자도 안식일을 지키라
		56:9~12	몰각한 목자들
		57:1~13	우상 숭배와 음행의 죄 지적
		57:14~21	"길을 수축하라... 내가 고치리라"
		58:1~12	거짓 금식과 참 금식(2절 -'공의'와 '규례'[=공평])
		58:13~14	안식일 지킬 것 권고
	59장 백성의부르짖음과 하나님의응답	59:1~8	'너희'의 죄 지적
		59:9~14	백성의 범죄 고백(9, 14절-'정의'와 '공의')
		59:15~21	하나님의 개입, 언약(16절-'구원'과 '공의')
	60~62장 구원의 말씀들	60:1~22	시온의 장래 영광
		61:1~3	'주 여호와의 영이 내게 내리셨으니...'
		61:4~7	회복 -"너희는 여호와의 제사장"
		61:8~9	영원한 언약의 약속 -'여호와께 복 받은 자손'
		61:10~11	찬송의 응답
		62:1~12	시온의 장래 영광(4,12절 '새 이름', 10절 "큰 길을수축하라")
		63:1~6	에돔 심판
63:7~66:24 자기백성에게 어버이같으신 여호와	63:7~64:11	백성의 탄원(63:16; 64:8 '아버지')	
	65:1~16	패역한 백성은 물리치시고 여호와의 종은 도우시리라	
	65:17~25	"새 하늘과 새 땅 창조하리라"	
	66:1~4	여호와께서 돌아보실 사람과 물리치실 제사	
	66:5~17	장래 시온의 구원과 악인의 심판(13절 -'어머니')	
	66:18~24	여러 나라의 여호와 경배, 패역한 자들에게 내릴 영원한 벌	

56~66장은 여호와의 '구원'(<여슈아>, יְשׁוּעָה)과 '공의'(<츠다카>, צְדָקָה)가 드러나도록 하나님 백성이 '정의'(<미쉬팟>, מִשְׁפָּט)과 '의'(<츠다카>, צְדָקָה)를 행해야 한다(56:1)[77]는 큰 주제 아래 여러 가지 책망 및 권고의 말씀과 구원의 말씀이 뒤섞여 있는 56장 1절~63장 6절과 자기 백성에게 아버지(63:16; 64:8), 어머니(51:2; 66:13) 같으신 여호와께서 한편으로는 패역한 자들을 벌하시고 다른 한편으로는 자신에게 신실한 자들에게 은혜를 베푸신다는 주제를 여러모로 다루는 63장 7절~66장 24절의 둘로 크게 나눌 수 있다. 그 가운데 63장 7절~64장 11절에 나오는 시온 백성의 긴 탄원이 독특하다(51:9~11 참고).

77 개역한글판 56:1의 번역에 따르면, 여호와의 '구원'과 '의'가 드러나도록 하나님의 백성이 '공평'와 '의'를 행해야 한다.

(7) 이방인들에 대한 말씀

이방인들에 대한 말씀의 내용이 40~66장에서는 많이 달라진다. 이방 나라는 여호와께서 자기 백성을 벌하실 때 쓰시는 도구일 따름이어서(10:5~6), 이들에 대한 심판은 곧 하나님 백성의 구원이라는 식으로 이해할 수 있었던 것이 1~39장에 나오는 이방 관련 본문의 기본 내용이었다. 물론 이런 점이 바벨론 멸망과 이스라엘 구원을 연관시키는 40~48장에 여전히 남아 있기는 하나, 40~66장에서 이방 민족들은 여호와께서 이스라엘에게 베푸시는 구원의 도구나 증인이 되었고(44:24~ 45:6; 49:22~23; 53:8~9), 마침내 56~66장에서 이방 민족들은 시온의 구원에 동참하고(42:4; 49:6; 56:3~6; 60:1~3)이스라엘과 함께 여호와를 섬기게 된다(66:19~21).

8. 이사야 각 부분의 상응 관계

(1) 여러 부분으로 나누어지는 이사야 전체를 두고 보면, 우선 시온이 심판을 거쳐 구원받고 영화롭게 된다는 것이 이사야를 꿰뚫고 흘러내리는 주제라 할 수 있다.[78] 이사야의 각 부분은 한결같이 시온의 운명에 대해 다룬다.[79]

(2) 그런데 이러한 시온의 심판과 구원의 중심에는 두말할 나위 없이 이스라엘의 하나님 여호와가 서 계시는데, 이사야에서는 이 하나님을 가리켜 독특하게 '이스라엘의 거룩한 자'(<크도쉬 이스라엘>, קְדוֹשׁ יִשְׂרָאֵל)라고 한다(1:4; 5:19, 24; 10:20; 12:6; 17:7; 29:19; 30:11~12, 15; 31:1; 37:23; 41:14, 16, 20; 43:3, 14; 45:11; 48:17; 54:5; 55:5; 60:9, 14).

(3) 이 밖에도 '여호와의 영광', '위로(=안위)하다', '정의'와 '공의' 등의 낱말이나 개념이 이사야 각 부분을 서로 이어주고, 심판과 구원이 번갈아 나타나는 주제라는 점과 예언 모음을 마무리 짓는 찬송이 곳곳에 나타난다는 점도 이사야 전체에서 드러난다.

---

78 O. Kaiser, *Grundriß* ([문헌]5.40의 책) II, 29: "Als das Buch der Erlösung und Verherrlichung des Zion..."

79 Stolz, "צִיּוֹן Zion", *THAT*([문헌]0.7.3.3의 책) II, 543~551 가운데 544에 따르면, '시온'은 구약성경에 모두 154번 나오는데, 그 가운데서 이사야에 가장 많이, 47번 나온다고 한다.

표 40. 이사야 각 부분의 상응 관계에 대한 몇 가지 보기

1~12장	1:2	'자식'
	1:4	'이스라엘의 거룩한 자'
	1:8	시온
	1:21	'정의'와 '공의'
	2:2	시온으로 순례오는 열방
	5:1~7	'포도원의 노래'
	6:3	여호와의 영광
	11:6, 7, 9	낙원의 모습
	12:1	안위하시오니
13~23장	13~14장; 21장	바벨론
	14~17장; 23장	다른 민족들
	16:5	'정의'와 '공의'
	22:1~14	예루살렘 심판
	22:15~25	셉나와 엘리아김
24~27장	25장	시온
	27:2~6	새 '포도원의 노래'
28~35장	31:1	'이스라엘의 거룩한 이'
	35장	시온
	35:2	여호와의 영광
36~39장	36~39장	예루살렘
	36~37장	엘리아김과 셉나
40~66장	40:1	"내 백성을 위로하라"
	40:3	"길을 예비하라"
	40:5	여호와의 영광
	47장	바벨론 심판
	54:5	'이스라엘의 거룩한 이'
	57:14	"길을 수축하라"
	59:14	'정의'와 '공의'
	60:1	여호와의 영광
	60:14	'이스라엘의 거룩한 이'
	62:10	"큰 길을 수축하라"
	64:8	'아버지'
	65:25	낙원의 모습
	66:13	'어머니가 자식을 위로함 같이'
	66:18	하나님이 모으실 열방
	66:18	여호와의 영광
	66:20	나의 성산 예루살렘

17과 예레미야의 짜임새와 흐름과 중심 내용

1. 표제나 도입부를 중심으로 본 짜임새

(1) 표제, 도입부, 연대표시

예레미야에는 이사야의 경우와는 달리 새로운 단락을 시작한다는 사실을 알려 주는 일정한 형식의 문장이 중간 중간에 나온다. "여호와의 말씀이 내게(또는 예레미야에게) 임하니라"(1:4; 7:1 등)나 "...에 대하여 예레미야에게 임한 여호와의 말씀"(14:1; 46:1 등) 같은 것이 그 보기이다. 또 '아무개 왕 몇 년에'(25:1; 32:1 등)라는 식의 연대 표시[80]도 군데 군데 찾아볼 수 있다.

---

[80] 연대표시를 따라 같은 왕, 같은 때가 언급된 본문을 한데 묶어 차례대로 나열하면, 1:3~19; 3:6~?; 22:11, 15~16에서는 요시야를, 22:10~12에서는 여호아하스를, 26장(과 7장?)에서는 여호야김 즉위 초기를, 25장; 36:1~8; 45장; 46:2~12에서는 여호야김 4년을, 22:13~19; 35장에서는 여호야김 통치기 어느 때를, 22:24~28에서는 여호야긴을, 27장; 49:34~39; 24장(?); 29장(?)에서는 시드기야 즉위 초기를, 28장; 51:59~64에서는 시드기야 4년을, 21장; 32~34장; 37~39장에서는 시드기야 9~11년을, 40~44장에서는 유다 멸망 이후 시기를 언급하고 있다.

표 41. 표제나 도입부를 중심으로 본 예레미야의 짜임새

본문	표제/도입부	범위
1:1 ...예레미야의 말이라 2 ...**요시야**가...십 삼년에 여호와의 말씀이 예레미야에게 임하였고 3 ...**여호야김** 시대부터...**시드기야**의 **십일년** 말까지 곧 오월에 예루살렘이 사로잡혀 가기까지 임하니라	1~39장의 표제?	1~20장
1:4(11,18) 여호와의 말씀이 ... 내게 임하니라 이르시되	1:4~19의 도입부	
2:1 여호와의 말씀이 내게 임하니라 이르시되...	2~6장의 도입부?	
3:6 **요시야**왕 때에 여호와께서 또 내게 이르시되...	3:6~18의 도입부?	
7:1 여호와께로부터 예레미야에게 말씀이 임하니라[81]...	7~10장의 표제?	
11:1 여호와께로부터 예레미야에게 임한 말씀이라[82]...	11~13장의 표제?	
14:1 가뭄에 대하여 예레미야에게 임한 여호와의 말씀이라[83]	14~15장의 표제?	
16:1 여호와의 말씀이 또 내게 임하여 이르시되...	16~17장의 도입부?	
18:1 여호와께로부터 예레미야에게 임한 말씀에[84] 이르시되...	18~20장의 표제?	
21:1~2 여호와께로부터 예레미야에게 말씀이 임하니라 **시드기야** 왕이...	21:2~10의 표제(**시드기야**)	
21:11 유다 왕의 집에 대한 여호와의 말을 들으라	21:12~23:8의 표제	
23:9 선지자들에 대한 말씀이라	23:10~40의 표제	
24:1... 느부갓네살 왕이...**여고냐**와...들을...바벨론으로 옮긴 후에 여호와께서...무화과 두 광주리를 내게 보이셨는데	24장의 도입부(**시드기야 때**)	
25:1... **여호야김 넷째 해**...에 ... 말씀이 예레미야에게 임하니라	25장의도입부(***여호야김* 4년**)	
26:1... **여호야김**이 **다스리기 시작한 때에** 여호와께로부터 이 말씀이 임하여 이르시되	26장의 도입부(***여호야김* 초**)	
27:1... **여호야김**[85]이 **다스리기 시작할** 때에 여호와께서 말씀으로 예레미야에게 임하시니라	27장의도입부(**시드기야 초**)	
28:1 그 해...**시드기야**가 **다스리기 시작한 지 사 년** 다섯째 달...	28장의도입부(**시드기야 4년**)	
29:1... 예레미야가... 편지를 **느부갓네살**이 예루살렘에서 **바벨론으로 끌고 간** 포로 중 ... 모든 백성에게 보냈는데	29장의 도입부(**시드기야 때**)	
30:1 여호와께로부터 말씀이 예레미야에게 임하여 이르시니라[86]	30~31장의 표제	
32:1... **시드기야 왕 열째** 해 곧 느부갓네살 열여덟째 해에 여호와의 말씀이 예레미야에게 임하니라[87]	32장의표제(**시드기야 10년**)	
33:1 예레미야가 아직 시위대 뜰에 갇혀 있을 때에 여호와의 말씀이 그에게 두 번째로 임하니라 이르시되	33장의 표제(**시드기야 때**)	
34:1 **바벨론의 느부갓네살 왕**...이 예루살렘...**칠 때에** 말씀이 여호와께로부터 예레미야에게 임하여 이르시되[88]	34:1~7의 표제(**시드기야 때**)	
34:8 **시드기야** 왕이...자유를 선포한 후에 여호와께로부터 말씀이 예레미야에게 임하니라[89]	34:8~22의 표제(**시드기야**)	
35:1 ...**여호야김** 때에 여호와께로부터 말씀이 예레미야에게 임하여 이르시되[90]	35장의 표제(***여호야김***)	
36:1... **여호야김 제사년**에 여호와께로서 예레미야에게 말씀이 임하니라 이르시되	36장의 표제(***여호야김* 4년**)	
37:1... **시드기야**가 ...왕이 되었으니... 바벨론의 느부갓네살 왕이 그를 유다 땅의 왕을 삼음이었더라	37장의 도입부(**시드기야 때**)	
39:1... **시드기야 왕의 제구년 열째 달**에... 느부갓네살 왕과 그의 모든 군대가 와서... 2 시드기야의 **제십일년** 넷째 달 아홉째 날에 성이 함락되니라...	39:1~14의 도입부(**시드기야 11년**)	
39:15 예레미야가...갇혔을 때에 여호와의 말씀이 그에게 임하니라	39:15~18의 표제(**시드기야**)	

81 히브리어 표현을 직역하면, "여호와께로부터 예레미야에게 임한 말씀"이 된다.

82 바로 앞 주를 보라.

83 "예레미야에게 임한 여호와의 말씀이라"로 옮긴 히브리어 표현을 직역하면, "예레미야에게 여호와의 말씀으로 임한 바"가 된다.

84 앞의 주 79를 보라.

85 3절 이하를 보면 시드기야이어야 한다.

86 앞의 주 79를 보라.

87 "...에 여호와의 말씀이 예레미야에게 임하니라"로 옮긴 히브리어 표현은 "...에 여호와께로부터 예레미야에게 임한 말씀"으로 직역할 수 있다.

88 "말씀이 여호와께로서 예레미야에게 임하니라"로 옮긴 히브리어 표현은 "여호와께로부터 예레미야에게 임한 말씀"으로 직역할 수 있다.

89 "여호와께로서 말씀이 예레미야에게 임하니라"로 옮긴 히브리어 표현은 "여호와께로부터 예레미야에게 임한 말씀"으로 직역할 수 있다.

90 바로 앞의 주를 보라.

본문	구분	
40:1 ... 예레미야도 잡혀 사슬로 결박되어 가다가 라마에서 풀려난 후에 말씀이 여호와께로부터 예레미야에게 임하니라[91]	40:1~42:6의 도입부? (예루살렘 함락 후)	
42:7 십일 후에 여호와의 말씀이 예레미야에게 임하니	40:8~43:7의 도입부?	
43:8 다바네스에서 여호와의 말씀이 예레미야에게 임하여 이르시되	43:8~13의 표제	
44:1 애굽...유다인...에 대하여 말씀이 예레미야에게 임하니라[92]...	44장의 표제	
45:1 ... **여호야김 넷째 해에**...바룩이 ...책에 기록하니라...	45장의 도입부(***여호야김* 4년**)	
46:1 이방 나라들에 대하여 ...예레미야에게 임한 여호와의 말씀이라[93]	46~51장의 표제	열방예언
46:2 애굽에 관한 것이라[94]...**여호야김 넷째 해에**... 애굽의 왕 바로느고의 군대에 대한 말씀이라	46:3~12의 표제(***여호야김*** 4년?)	
46:13 ... 느부갓네살 왕이 와서 애굽 땅을 칠 일에 대하여 선지자 예레미야에게 이르신 여호와의 말씀이라[95]	46:13~28의 표제	
47:1 바로가 가사를 치기 전에 블레셋 사람에 대하여 선지자 예레미야에게 임한 여호와의 말씀이라[96]	47장의 표제(?)	
48:1 모압에 관한 것이라[97] ... 49:1 암몬 자손에 대한 말씀이라[98]...	48장; 49:1~6의 표제	
49:7 암몬- 자손에 대한 말씀이라[99]... 49:23 다메섹에 대한 말씀이라[100]...	49:7~22, 23~33의 표제	
49:34 ... **시드기야가 즉위한 지 오래지 아니하여서** 엘람에 대한 여호와의 말씀이 선지자 예레미야에게 임하여 이르시되[101]	49:35~29의 표제(**시드기야 초**)	
50:1 여호와께서 ...예레미야에게 바벨론...땅에 대하여 하신 말씀이라	50:2~51:58의 표제	
51:59 ... **시드기야 왕 제사년에**...스라야가 ... 바벨론으로 갈 때에 선지자 예레미야가 그에게 말씀을 명령하니	51:59~64의 도입부 (시드기야 4년)	
52:1 시드기야가 왕위에 오를 때에...	52장의 도입부(**시드기야** 이후)	

(2) 책 전체의 표제와 그 상응 부분

책 전체의 표제인 1장 1~3절에서는 예레미야가 요시야 13년(주전 627년)부터 시드기야 11년 예루살렘 멸망(주전 587년)에 이르는, 유다 왕국 마지막 40년과 관계되는 것으로 말하지만 실제로는 그 마지막 때에 대한 내용은 일단 39장으로 끝나고, 특히 40~44장은 그 이후에 관한 본문이다. 그러다가 45장과 46장 첫머리에서 다시 여호야김 시대를, 49장 뒷부분과 51장 마지막 부분에서 시드기야 시대를 언급하고 마지막 52장에서는 예루살렘 멸망 역사를 다시 한 번 다룬다. 결국 예레미야 각 장의 배열은 일정한 신학적 의도에 따른 것으로 보인다.

(3) 중요 연대: 여호야김 4년

---

91 "말씀이 여호와께로서 예레미야에게 임하니라"로 옮긴 히브리어 표현은 "여호와께로부터 예레미야에게 임한 말씀"으로 직역할 수 있다.
92 "말씀이 예레미야에게 임하니라"로 옮긴 히브리어 표현은 "예레미야에게 여호와의 말씀으로 임한 바"로 직역할 수 있다.
93 "예레미야에게 임한 여호와의 말씀이라"로 옮긴 히브리어 표현은 "예레미야에게 임한 말씀"으로 직역할 수 있다.
94 "애굽을 논한 것이니"로 옮긴 히브리어 표현은 "애굽에 대하여"로 직역할 수 있다.
95 "예레미야에게 이르신 여호와의 말씀이라"로 옮긴 히브리어 표현은 "여호와께서 예레미야에게 말씀하신 말씀"으로 직역할 수 있다.
96 "예레미야에게 임한 여호와의 말씀이라"로 옮긴 히브리어 표현은 "예레미야에게 여호와의 말씀으로 임한 바"로 직역할 수 있다.
97 직역하면, "모압에 대하여"가 된다.
98 직역하면, "암몬 자손에 대하여"가 된다.
99 직역하면, "에돔에 대하여"가 된다.
100 직역하면, "다메섹에 대하여"가 된다.
101 "엘람에 대한 여호와의 말씀이 선지자 예레미야에게 임하니라"로 옮긴 히브리어 표현은 "엘람에 대하여 선지자 예레미야에게 여호와의 이름으로 임한 바"로 직역할 수 있다.

표 42. 예레미야의 중요 연대

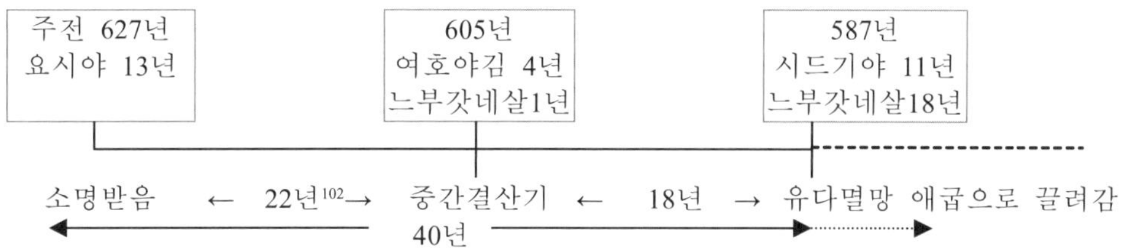

표시된 연대 가운데에서 여호야김 4년(주전 605년)이 25장 1절, 36장 2절, 45장 1절, 46장 2절에 나오면서, 이 해가 예레미야가 지난 23동안 예언한 바를 여호와의 명령을 받들어 결산하는 중간 시점임을 암시한다. 이 해의 여러 가지 사건을 알려 주는 25장, 36장, 45장, 46장을 중심해서 그 사이 사이에는 시드기야 때나 그 이후에 관한 본문이 배열되어 있다.

이 해는 바벨론 왕 느부갓네살의 즉위 원년(25:1)으로 느부갓네살이 갈그미스에서 애굽의 바로 느고를 격파함으로써 당시 중동 세계의 패권을 잡게 된 해로서 북쪽으로부터 유다에 재난이 닥치리라고 선포했던 예레미야의 예언이 바벨론 제국이라는 구체적인 세력에 의해 현실로 드러나게 된 때이다.

(4) 특별한 말씀 모음들

히브리어 본문으로 보면 21장 11절~23장 8절과 23장 9[103]~40절은 각각 유다 왕가와 예언자들에 대한 말씀의 모음이고, 또 46장 2절[104]~50장 38절까지는 이방 민족들에 대한 여러 가지 예언의 모음인 것을 어렵지 않게 알아차릴 수 있다.

---

102 렘 25:3에서 23년이라 할 때는 햇수를 만(滿)으로 치지 않기 때문인 것으로 보인다.

103 그 첫 히브리어 낱말을 직역하면, "예언자들에 대하여"가 된다.

104 히브리어 본문 46:2를 직역하면, "애굽에 대하여. 유다왕 요시야의 아들 여호야김 ... 바로느고의 군대에 관하여"가 된다.

2. 글의 형식, 내용, 흐름에 따라 본 짜임새와 중심 내용

(1) 전체 얼개

표 43. 예레미야의 짜임새

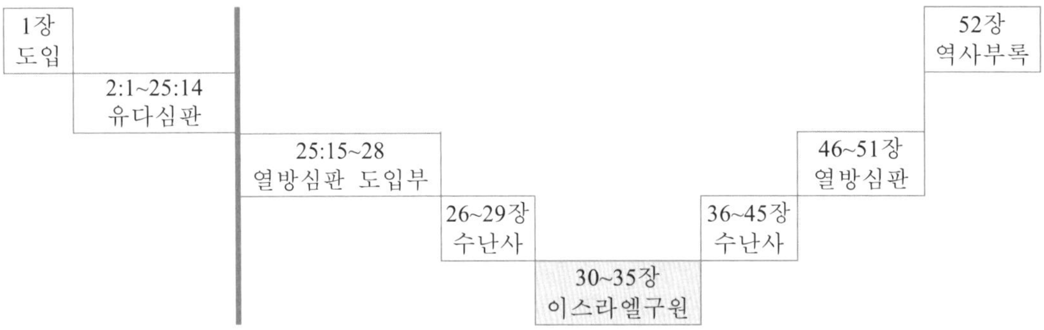

표제와 예언자의 소명에 관한 내용이 담긴 1장과 (이사야 36~39장과 같은 성격을 띠는 것으로 보이는) 마지막 장 52장을 제외하면, 예레미야는 25장 1~14절으로써 일단 앞 부분이 마무리되고, 25장 15절~51장 64절은 그 뒷부분으로 볼 수 있다. 25장 1~14절에서는 요시야 13년(주전 627년)부터 여호야김 4년(주전 605년)에 이르는 한 20년 동안 예레미야가 선포한 말씀의 내용을 간추리는 동시에 바벨론 포로살이를 내다보게 하기 때문이다.

앞부분인 2장 1절~25장 14절에서는 유다에 대한 심판의 말씀이 중심을 이루고, 뒷부분인 25장 15절~51장 64절은 열방에 대한 심판의 말씀(25:15~38; 46~51장)과 이른바 예레미야의 수난사(26~29장; 35~45장)와 하나님 백성에 대한 구원의 말씀(30~35장)으로 이루어진다.

(2) 앞 부분(2:1~25:14)의 첫 큰 단락(2:1~4:4)

표 44. 예레미야 1:1~4:4의 짜임새

1장 도입부	1:1~3	표제
	1:4~19	소명
2:1~4:4 배신과 처벌	2:2~3	좋았던 옛 시절
	2:4~37	유다의 배신과 범죄, 유다에 닥칠 재난
	3:1~5	깨닫지 못하는 하나님 백성
	3:6~10	북왕국 이스라엘 못지 않는 배신자 남왕국 유다
	3:11~18	구원의 약속
	3:19~20	배신
	3:21~4:4	돌아오라는 초청과 응답

이 앞 부분은 다시 아홉 개의 큰 단락(2:1~4:4, 4:5~6:30; 7~10장; 11~13장; 14~15장; 16~17장; 18~20장; 21~24장; 25:1~14)으로 나눌 수 있다.

첫머리 2장 1절~4장 4절에서 하나님 백성의 배신과 닥칠 재난에 대한 말씀과 또 그들이 돌아올 것을 초청하는 말씀을 총괄적으로 다룬 뒤에, 4장 5절~6장 30절에서 닥칠 재난을 북으로부터 몰고 올 적군에 대해 여러 번 자세히 묘사하는데, 이 적군이 바벨론 군대라는 점이 21장에서 똑똑히 드러나고, 25장 1~14절에서 다시 한번 분명해진다.

(3) 앞 부분의 둘째~일곱째 큰 단락(4:5~20:18)

4장 5절~20장 18절에서는 닥칠 심판에 대한 말씀이 한편으로는 예언자의 상징 행위(13:1~11; 19:1~13)나 상징적인 삶(16:1~13)이나 가뭄과 관련된 말씀(14:1~15:5)으로써, 다른 한편으로는 자주 나오는 예언자의 탄식 및 탄원[105]이나 하나님의 탄식으로써 더 강력하게 뒷받침된다.

표 45. 예레미야 4:5~20:18의 짜임새

4:5~6:30 북에서 닥칠 적군	4:5~18	적군 묘사와 권고		
	4:19~22	**예언자 및 하나님의 탄식**	4:23~31	**예언자의 탄식**
	5:1~14	피할 수 없는 재난, 이스라엘의 타락		
	5:15~19	적군 묘사	5:20~31	돌이킬 수 없이 타락한 백성
	6:1~15,16~21	예루살렘의 범죄와 닥칠 심판		
	6:22~23	적군 묘사	6:24~26	**탄식** 묘사, 촉구
	6:27~30	예언자의 책임		
7~10장	7:1~15	예언자에게 내린 성전 문 앞 선포 명령(26장 참고)		
	7:16~8: 7	유다의 범죄와 받을 심판		
	8:8~13	유다 지도층의 타락과 받을 심판	8:14~9:1	**예언자의 탄식**
	9:2~9	거짓되고 악한 백성에 대한 재난 예고		
	9:10~11	**예언자의 탄식**	9:12~22	**탄식 촉구**
	9:23~24	헛된 자랑과 올바른 자랑	9:25~26	세계 심판
	10:1~16	우상 심판, 여호와 하나님 찬양	10:17~18	재난 예고
	10:19~22	**예언자의 탄식**	10:23~25	기도(=시79:6~7)
11~13장	11:1~17	언약 파기 심판	11:18~12:6	첫 '예레미야의 고백'
	12:7~12	**당신의 소유에 대한 하나님의 탄식**		
	12:13~17	이웃 민족들에 대한 재난 예언		
	13:1~11	**예언자의 상징 행위** -썩어 못쓰게 된 허리띠		
	13:12~14	가득 찬 포도주 병의 비유 말씀	13:15~19	겸손 권고
	13:20~27	예루살렘에 대한 탄식조의 재난 예언		
14~15장	14:1~15:5	가뭄 때 예언자와 하나님에 벌어진 대화		
		14:2~6 **탄식조의 재난 묘사**	7~9	**예언자의 탄원**
		14:10~16 여호와의 말씀	17~22	**예언자의 탄원**
		15:1~4 여호와의 말씀		
	15:5~9	**예루살렘에 대한 하나님의 탄식**	15:10~21	둘째 '예레미야의 고백'
16~17장	16:1~13	**예언자의 상징적인 생활**-가정조직 금지, 경조사 참여 금지		
	16:14~15	구원 예언	16:16~18	심판 예언
	16:19~21	기도	17:1~4	유다에 대한 재난 예언
	17:5~11(13)	참으로 의지할 이	17:12(14)~ 18	셋째'예레미야의 고백'
	17:19~27	안식일 성수 권고		
18~20장 (수난)	18:1~12	토기장이의 비유 말씀		
	18:13~17	이해할 수 없는 배신	18:18~23	넷째 '예레미야의 고백'
	19:1~13	**예언자의 상징 행위**-오지병 깨뜨리기		
	19:14 ~20:6	예언자를 잡아 가둔 바스훌에 대한 재난 예언		
			20:7~18	다섯째 '예레미야의 고백'

[105] 탄원은 탄식뿐만 아니라 하나님께 아뢰는 기도가 포함된 경우를 가리킨다.

예언자의 탄식 및 탄원 가운데에서 11장 8절~12장 6절과 15장 10~21절과 17장 12(또는 14)~18절과 18장 18~23절과 20장 7~18절의 다섯 본문은 예언자 직책의 수행과 관련하여 예언자가 안팎으로 겪는 갈등과 고난의 문제를 두고서 예언자 스스로 하나님과 씨름하는 모습을 보여 주는 듯하다. 이리하여 학자들은 이 다섯 본문을 흔히 '예레미야의 고백'이라 부른다.

그런가 하면, 그에 앞서 나오기 시작하는 독백 형식의 탄식이나 탄식 묘사 및 촉구(4:19~21, 23~31; 6:24~26; 8:14~9:1; 9:10~22; 10:19~22; 14:2~6)는 도무지 깨닫지 못하는 동포에게 하나님의 심판을 선포해야 하는 예언자의 아픈 마음을 잘 드러내 주는데, 이는 궁극적으로, 하나님의 탄식(4:22; 12:7~12; 15:5~9)에서 나타나는 바처럼, 자기 백성을 벌하실 수밖에 없는 하나님의 안타까운 마음의 표현으로 이해할 수 있다.[106]

(4) 뒷 부분의 짜임새와 중심 내용

예레미야의 뒷 부분은 이방 민족들에 대한 예언(25:15~38과 46~51장)을 바깥 틀로 하고, 그 가운데인 26~45장에서는 기본적으로 예언자 예레미야의 수난 가운데 드러나는 말씀의 수난을 이야기식으로 다루고 있는데, 그 첫머리 26장 1~19절과 45장에서 각각 예레미야와 바룩의 목숨이 보존됨으로써 여호와의 말씀은 수난을 넘어선다는 점을 암시한다.

그뿐만 아니라 30~35장에는 구원예언을 한데 모아두었는데, 30~31장을 학자들은 '위로의 작은 책'이라 부르기도 하고, 그 가운데 유명한 것이 31장 31~34절에 나오는 새 언약에 대한 말씀이다. 이와 아울러, 32장에서 예레미야에게 아나돗의 밭을 사는 상징적인 행동을 하라고 여호와께서 명령하신 것도 하나님 백성의 구원과 연결된다. 곧 유다는 망하지만 그것으로써 여호와와 하나님 백성의 관계가 끝난 것이 아니라 여호와께서 정하신 때가 되면 회복의 역사가 시작되리라는 점은 이 상징 행위가 드러내 보여준다.

그뿐만 아니라, 39장 15~18절에 나오는 구스 사람 에벳멜렉에 대한 구원예언은 45장과 더불어, 말씀의 일꾼에 대해 충성스런 태도를 취하는 사람들에게는 재난 가운데서도 구원이 보장된다는 점을 깨우쳐 준다.

더 나아가서, 말씀의 일꾼이 괴로움을 겪는 가운데서도 그를 거스르는 사람들은 언젠가 재난을 당하고 만다는 점을 알려 주는 내용도 찾아 볼 수 있다. 이미 앞 부분에 속한 20장 1~6절에서 바스훌에게 재난예언이 선포된 데서 그랬지만, 28장에서 예레미야를 꺾으려 했던 구원예언자(6:13~15; 8:10~12 참고) 하나냐가 심판의 말씀을 듣고 얼마 되지 않아 죽은 것이 그러하며, 무엇보다도 39장과 52장의 두 곳에서 언급하는 시드기야의 결말이 이를 잘 말해 준다.

---

106 흔히 예레미야에 탄식이 자주 나오는 현상을 예언자 개인의 섬세하고 감성적인 품성에서 비롯된 것으로 이해하려고 하지만, 당시 시대 상황과 관련하여 하나님의 심정이 예레미야라는 한 인격체를 통해 드러난 것으로 이해하면 더 낫다.

표 46. 예레미야 25:15~52:34의 짜임새

25:15~38 열방예언 도입부	25:15~29	모든 나라가 마셔야 할 진노의 잔
	25:30~33	재난예언
	25:34~38	탄식 촉구
26~29장 수난사	26:1~19	성전 문 앞 설교로 벌어진 사태(7장 참고)
	26:20~24	목숨 잃은 예언자 우리야
	27장	바벨론 왕의 멍에를 메라는 예레미야가 권고함
	28장	구원 예언자 하나냐
	29:1~23	바벨론에 사로잡혀 간 자들에게 보낸 예레미야의 편지
	29:24~32	예언자 스마야에 대한 재난예언
30~35장 구원예언	**30~31장**	**'위로의 작은 책'** 30:1~3 예언 기록 명령 4~9 재난에서 구원으로 10~11 권고 30:12~17 "내 네 상처를 낫게 하리라" 30:18 ~31:1 "나 너희 하나님이 되리라" 31:2~14 시온 회복 31:15~22 라헬 에브라임,이스라엘 구원 31:23~30 이스라엘 회복 31:31~34 **새 언약의 약속** 31:35~40 시온 회복
	32장	**예언자의 상징 행위** - *아나돗의 밭 사기, 구원 예언*
	33:1~13	유다와 시온 회복 33:14~26 다윗언약을지키실하나님
	34:1~7	시드기야에 대한 재난 예언(21장 참고)
	34:8~22	노비 해방 약속 번복에 대한 재난예언
	35장	모범적인 레갑 족속에 대한 구원예언
36~45장 수난사	36장	여호야김이 예언 두루마리를 불태움(25장 참고)
	37:1~10	갈대아 군대가 다시 오리라는 예언
	37:11~16	요나단의 집에 갇힌 예레미야
	37:17~21	*시드기야와 예레미야의 은밀한 대화*
	38:1~6	구덩이에 던져진 예레미야
	38:7~13	에벳멜렉이 예레미야를 건져냄
	38:14~28	*시드기야와 예레미야의 두 번째 대화*
	39:1~14	*예루살렘 함락, 시드기야의 불행, 예레미야 석방됨*
	39:15~18	에벳멜렉에 대한 구원예언
	40:1~6	총독 그다랴와 함께 머무는 예레미야
	40:7~41:18	그다랴 암살 과정과 애굽 이주 직전까지 벌어진 일들
	42:1~22	애굽 이주를 말리는 예레미야
	43:1~7	예레미야를 끌고 애굽으로 달아나는 사람들
	43:8~13	다바네스에서 예레미야가 느부갓네살의 애굽 침공을 예언함
	44:1~30	애굽에서 우상 숭배하는 유대인들에 대한 재난예언
	45장	바룩에 대한 구원의 말씀
46~51장 열방 예언	46:1	표제
	46:2~28	애굽에 대한 재난예언 2~10 갈그미스 전투의 패배 11~26 느부갓네살이 침공 예고 27~28 이스라엘에 대한 위로
	47장	블레셋에대한 재난예언
	48장	모압에 대한 재난예언과 구원예언 **(48:30~39) 모압을 위한 하나님의 탄식)**
	49:1~6	암몬 자손에 대한 재난예언과 구원예언
	49:7~22	에돔에 대한 재난예언 23~27 다메섹에 대한 재난예언
	49:28~33	게달과 하솔 나라들에 대한 재난예언
	49:34~39	엘람에 대한 재난 예언과 구원예언
	50:1~51:58	바벨론의 멸망과 이스라엘의 구원
	51:59~64	예레미야가 스라야에게 시킨 **상징 행위** - 바벨론의 멸망
52장 역사기록	52:1~30	예루살렘 멸망기(렘 39장; 왕하 24:18~25:26; 대하 36:11~21 참고)
	52:31~34	*여호야김 사면*(왕하 25:27~30 참고)

예레미야의 박해자들이나 잘못된 구원예언자들에 대한 내용은 앞 부분에 나오는 '예레미야의 고백'과 예언자들에 대한 말씀을 모아둔 23장 9~40절과 바벨론에서 활동하는 거짓 예언자 아합과 시드기야와 스마야가 등장하는 29장 20~32절에도 들어 있다.

(5) 수난 본문과 열방 예언의 연결

예언자의 수난에서 드러나는 말씀의 수난은 39장에서 예루살렘이 바벨론 군대에게 함락된 다음에도 계속되고 심지어 애굽 땅에서도 이어진다. 42~44장이 이를 알려 주는데, 이 부분은 45장을 뛰어 넘어 46장에 나오는, 애굽에 대한 예언으로 연결됨으로써, 하나님 백성에 대한 예언이 자연스럽게 이방 민족들에 대한 예언으로 나아간다.

43장 8~13절에서는 예언자가 애굽 땅에서 상징 행위를 하며 말씀을 전하라는 명령을 받는다.

(6) 열방 예언

25장 15~38절이 46~51장의 서론 노릇을 한다는 것은 쉽게 알아차릴 수 있다. 개별적인 이방 민족들에 대한 예언 모음의 마지막 두 장(50~51장)에 바벨론을 등장시킴으로써 지금은 하나님 백성을 벌하는 심판의 도구로 바벨론이 쓰이지만 마침내는 하나님이 이 바벨론을 멸망시키시고 이스라엘을 자기 고향 땅으로 이끌어 들이시리라는 희망을 품게 한다.

이러한 열방 예언은 1장 4절에서 하나님이 예레미야를 '여러 나라의 선지자'[107]로 세우셨다는 사실과 잘 맞아떨어진다(25:13 참고). 심지어 51장 59~64절에서 예언자는 바벨론으로 가는 사신 스라야에게 바벨론에 도착해서 상징 행위를 하며 하나님의 말씀을 전하라고 부탁한다.

(7) 역사 기록: 52장

51장 64절 끝에서 "예레미야의 말이 이에 마치니라"고 한 데서, 52장은 나중에 덧붙은 것임을 알아차릴 수 있다. 열왕기하 및 역대하 마지막 부분을 생각나게 나는 예레미야 52장이 39장의 내용을 상당 부분 되풀이하고 있는 것은 사실이지만, 그 마지막 내용인 여호야긴의 사면은 39장에 나오는 예레미야의 석방을 떠올리게 한다.

---

107 개역한글판에서는 '열방의 선지자'로 옮겼다.

(8) 앞뒷 부분의 연결점들

예레미야의 앞부분과 뒷부분 사이에도 서로 연결되는 점들이 있다. 예레미야의 성전 설교와 관련된 내용이 7장과 26장에 나오고, 여호야김 4년까지 선포된 예레미야의 예언을 정리한다는 내용이 25장과 36장에 나오며, 예레미야가 시드기야에게 예루살렘이 느부갓네살의 손에 넘어갈 것을 알려주는 내용이 21장과 34장에 나온다.

(9) 상징 행위, 상징 생활

이미 위에서 여러 항목에서 언급한 바와 같이, 13장과 16장과 19장과 32장과 44장과 51장에서는 예언자 또는 예언자의 위탁을 받은 사람이 하는 독특한 행위나 생활을 통해 이를 보는 사람들에게 하나님의 뜻을 전하는 장면이 나온다. 이를 보통 예언자의 상징 행위나 상징 생활이라고 한다. 앞서 이사야 20장에 이미 예언자의 상징 행위가 한 번 언급된 바 있는데, 이러한 본문은 에스겔에 더 많이 들어 있다.[108]

(10) 예언을 책에 기록함에 관한 언급

예레미야에는 무엇을 책에 기록하라는 명령이나 기록했다는 말이 여러 번 나온다.

30장 2절에서는 하나님이 예레미야에게 “내가 네게 일러 준 모든 말을 책에 기록하라”고 하시고, 36장 2절에서는 요시야 시대부터 여호야김 사년까지 하나님이 예레미야에게 이스라엘과 유다와 열방에 대하여 말씀하신 모든 것을 두루마리 책에 기록하라고 명령하셨으며, 28장에서는 다른 두루마리에 다시 기록하라고 하신다.

25장 13절에서는 예레미야가 열방에 대하여 예언한 것을 책에 기록해 주었다고 하고, 51장 60절에서는 예레미야가 자신이 바벨론에 대하여 기록한 말씀을 한 책에 기록하여 바벨론으로 가는 관리 스마야에게 준다.

36장 4절과 18절과 32절과 45장 1절에서는 바룩이 예레미야가 불러주는 대로 말씀을 두루마리 책에 기록했다고 한다.

---

108 이에 대해서는 위 16과의 3.(3), 아래 18과의 6, 20과의 2를 보라.

18과
에스겔의 짜임새와 흐름과 중심 내용

1. 에스겔의 연대표시와 에스겔의 활동 연대

표 47. 에스겔에 들어 있는 연대표시

1:2	여호야긴 왕이 사로잡힌 지 오 년 그 달 초닷새라	주전 593년	
3:16	칠 일 후에 …		
8:1	여섯째 해 여섯째 달 초닷새에…		
20:1	일곱째 해 다섯째 달 열째 날에…		
24:1	아홉째 해 열째 달 열째 날에…		
26:1	열한째 해 어느 달 초하루에 …		
29:1	열째 해 열째 달 열두째 날에…		애굽에 관한 말씀
29:17	스물일곱째 해 첫째 달 초하루에 …	주전 571년	
30:20	열한째 해 첫째 달 일곱째 날에 …		
31:1	열한째 해 셋째 달 초하루에…		
32:1	열두째 해 열두째 달 초하루에…		
32:17	열두째 해 어느 달 열다섯째 날에…		
33:21	우리가 사로잡힌 지 열두째 해 열째 달 다섯째 날에…		
40:1	우리가 사로잡힌 지 스물다섯째 해,		
	성이 함락된 후 열넷째 해 첫째 달 열째 날에…	주전 573년	

(1) 이사야서와 예레미야서와는 달리 에스겔에는 첫머리에 책의 제목에 해당하는 말이 나오지 않고 곧바로 환상 가운데 소명 받은 이야기가 연대표시와 더불어 시작된다. 이런 연대표시가 책 전체에 모두 14번(1:2; 3:16; 8:1; 20:1; 24:1; 26:1; 29:1, 17; 30:20; 31:1; 32:1, 17; 33:21; 40:1) 나오는데, 일반적으로는 여호야긴이 바벨론으로 사로잡혀간 때(주전 597년)를 그 기산점으로 잡고 있다. 이는 바벨론이 세운 시드기야를 합법적인 유다 임금으로 인정하지 않는 관점을 암시한다.

(2) 이런 연대표시가 대체적으로 차례대로 되어 있지만, 29~32장에서는 그렇지 못하다. 이는 애굽에 관한 말씀을 거기에 한데 모아두었기 때문인 것으로 보인다.

(3) 이런 연대표시에 따르면 에스겔은 바벨론에 사로잡혀 와 사는 유다 사람들에게 주전 593년~571년에 하나님의 말씀을 전한 예언자인 것으로 보인다(1:2; 29:17). 이리하여 에스겔은 예루살렘이 멸망하기 5년 전부터 멸망한 뒤 17년까지 22년 동안 활동했다.

그렇지만 에스겔의 예언은 한편으로 유다 본국에 남아 있는 동포들에 대한 말씀도 포함한다. 8~11장에서 잘 알 수 있듯이 에스겔은 하나님의 영에 이끌리어 예루살렘의 상황을 환상 가운데 보는 놀라운 경험을 한다.[109]

2. 에스겔 전체의 얼개

표 48. 에스겔의 큰 틀 짜임새

1장~32장: 심판의 말씀		33장~48장: 구원의 말씀	
1장~24장: 유다 심판	25~32장: 이방 민족들 심판	33장~39장 유다 구원과 회복	40~48장: 새 성전, 새 나라

에스겔은 대강, 바벨론에 있던 에스겔이 예루살렘 함락 소식을 전해 듣는 시점(33:21~22)을 기준으로 하여 그 전에 선포된 심판을 내용으로 하는 1~32장과 그 후에 선포된 구원을 내용으로 하는 33~48장의 둘로 크게 나눌 수

[109] 아래 5를 참고하라.

있다. 심판의 내용은 다시 하나님의 백성 유다에 대한 말씀인 1~24장과 이방 민족들에 대한 말씀인 25~32장의 둘로 나누어지고, 구원의 내용은 말씀 중심의 33~39장과 환상 중심의 40~48장의 둘로 나누어진다.

3. 내부 상응 대조 요소

심판 부분과 구원 부분 사이에는 상응 대조되는 요소들이 더러 있다. 에스겔의 파수꾼 직무(3:12~21과 33:1~20), 말문이 막혔다가 열리는 에스겔(3:22~27; 33:21~22), 이스라엘의 산들에 대한 예언(6:1~7과 36:1~5), 성전을 떠났다가 다시 성전 안으로 돌아오는 여호와의 영광(10:18~19; 11:22~25와 43:1~5)이 그러하다. 좀 넓게 보면, 8~11장의 환상과 40~48장의 환상이 대조를 이룬다고 할 수 있다. 또 마른 뼈들이 살아나는 환상이 담긴 37장 1~14절은 '뼈'라는 낱말이 여러 번 나오는 단락인 24장 1~14절과 대조된다(4, 5, 5, 10절). 이뿐만 아니라 11장 14~21절에서 사로잡혀 간 사람들에게 한 약속의 말씀은 33장 23~29절에 나오는 유다 땅에 남은 자들에 대한 말씀과 상응한다. 더 나아가서 36장 16~18절은 20장에 나오는 역사 회상의 속편이라 할 수 있다.

표 49. 에스겔 안의 내부 상응 요소

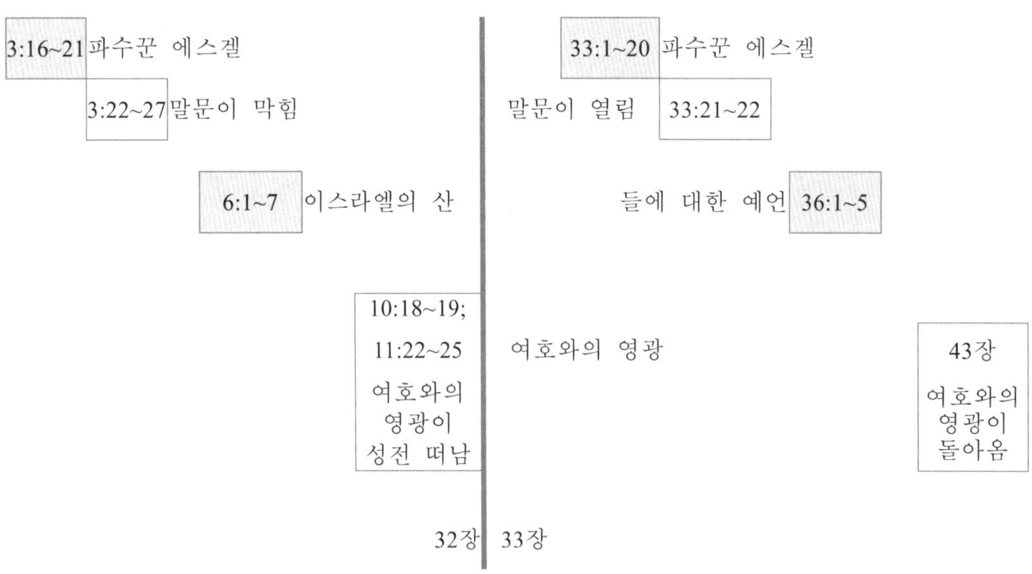

표 50. 에스겔 1~24장의 세부 짜임새

1~3장 소명	1장	네 생물과 여호와의 영광의 형상을 봄
	2장	소명과 파송: "내 너를 패역한 백성에게 보내노라"
	3:1~11	두루마리 받아 먹음 - "사로잡힌 네 민족에게로 가라"
	3:12~21	파수꾼 에스겔
	3:22~27	말문 막힌 에스겔
4~7장 상징 행위와 심판의 말씀	4장	예루살렘 포위, 좌우로 눕기, 인분에 떡 구워먹기
	5장	머리털과 수염 깎아 세 가지 방식으로 처리하기
	6:1~7	이스라엘의 산들에 대한 재난 예언
	6:8~10	남은 자 있으리라
	6:11~14	손뼉치고 발 구르는 상징 행위
	7장	이스라엘 땅에 대한 재난예언 - "끝났도다"
8~11장 환상 (우상숭배 심판)	8장	투기의 우상, 곤충 짐승 우상, 담무스, 태양 숭배
	9장	살륙 기계 잡은 자들, 베옷 입은 사람
	10장	숯불, 성전 동문으로 옮겨가는 여호와의 영광
	11:1~21	지도자들 심판, 사로잡혀간 자 모으리
	11:22~25	예루살렘 동쪽 산으로 옮겨가는 여호와의 영광
12~14장	12장	이사가는 상징 행위, 떨며 먹기, 묵시가 이루어지리라
	13:1~14:11	거짓 예언자들, 우상 섬기며 선지자 찾는 자들
15~24장 비유와 상징 행위	15장	쓸모 없는 포도나무(=예루살렘 거민)
	16장	배신한 여인(=예루살렘), 영원한 언약
	17장	백향목 높은 가지와 포도나무(=여호야긴과 시드기야)
	18장	멸망과 구원은 개인 책임이다
	19장	새끼 잃은 암사자, 불탄 포도나무(=왕가)의 비유
	20:1~44	역사 회상과 미래 전망
	20:45~49	불타는 삼림(=심판)의 비유
	21장	심판의 말씀(1~5, 8~17: 예루살렘을 칠 칼)과 상징 행위(6~7: 탄식, 18~32: 두 길 그리기)
	22장	예루살렘과 유다 지도층의 죄, 멸망의 원인
	23장	오홀라 오홀리바 자매의 비유(=사마리아와 예루살렘)
	24:1~14	녹슨 가마(=예루살렘)와 그 속의 고기 비유
	24:15~27	아내의 죽음과 상례 금지, 말문 열리리

표 51. 에스겔 25~48장의 세부 짜임새

25~32장 이방 민족들에 대한 심판의 말씀	25:1~7	암몬 족속에 대한 심판의 말씀
	25:8~11	모압과 세일에 대한 심판의 말씀
	25:12~14	에돔에 대한 심판의 말씀
	25:15~17	블레셋에 대한 심판의 말씀
	26:1~28:24	두로와 시돈에 대한 심판의 말씀 (27장; 28:11~14 두로에 대한 애가)
	28:25~26	이스라엘의 회복에 대한 말씀
	29장~32장	애굽에 대한 심판의 말씀
		29:1~16 악어 애굽의 고난과 제한된 회복
		29:17~21 느부갓네살의 침공
		30:1~1 9 애굽이 당할 재난
		30:20~26바로를 꺾을 바벨론 왕
		31장 꺾여 버림받은 백향목 바로
		32:1~16 애가: 악어 바로
		32:17~32애가: 음부에 이른 애굽의 무리
33~39장 유다의 구원과 회복에 대한 말씀	33:1~20	파수꾼 에스겔
	33:21~22	*예루살렘 함락 소식*, 말문 열린 에스겔
	33:23~29	유다 땅에 남은 자들에 대한 말씀
	33:30~33	예언이 응하면 예언자 있은 줄 알리라(2:5 참고)
	34장	이스라엘의 목자들과 양들, 회복 약속
	35장	에돔에 대한 심판의 말씀
	36장	이스라엘의 산들, 땅, 백성에 대한 구원예언
	37:1~14	마른 뼈들이 살아나는 환상
	37:15~28	두 막대기를 하나로 묶는 상징 행위
	38장~39장	곡과 마곡을 쳐부수시는 하나님
	40장~42장	새 성전 환상
40~48장 새 성전, 새 나라	43장	다시 성전으로 돌아오는 여호와의 영광, 제단 봉헌
	44장	성전 동문, 제사장 관련 규정
	45장~46장	구역 나누기, 통치자, 예물, 절기 관련 규정
	47장~48장	성전 문지방에서 흘러나는 물, 새 땅 나누기, 새 예루살렘

4. 예언의 표현 형식

(1) 예언자가 일인칭으로 말하는 본문과 삼인칭으로 말하는 본문이 뒤섞여 나오는 이사야서나 예레미야서와는 달리 에스겔에서는 거의 한결같이 예언자가 일인칭으로 등장한다.

(2) 그렇지만 예언자 자신에 대한 내용보다는 예언자에게 하나님이 주시는 말씀이 중심을 이룬다. 그리하여 "여호와의 말씀이 내게 임하였다"(52번),[110] "(주) 여호와의 말씀이 이러하시다" 또는 "주 여호와께서 이와 같이 이르셨다"[111]와 "(주) 여호와의 말씀"[112]이 매우 자주 나온다.

(3) 한편, 하나님은 에스겔을 '인자'(='사람의 아들')[113]라고 부르신다(93번). 이 호칭은 다음 3.3.5에서 말하는 환상에서 알 수 있듯이 영화로우시고 위엄 차신 여호와 하나님 앞에 서 있는 예언자가 인간으로서 지니는 유약함과 한계성을 표현하는 것으로 보인다.

(4) 또한 여호와의 말씀 가운데 "내가 여호와인 줄 너희가(또는 그들이) 알리라" 또는 이와 비슷한 표현이 자주 나오는데(65번),[114] 이는 역사 가운데 행동하심으로써 여호와께서 자기 백성과 세상에 자신이 누구이신지를 똑똑히 드러내신다는 점을 뜻한다고 하겠다.

5. 환상

(1) 에스겔에는 환상에 대한 내용이 상당히 큰 부분을 차지한다. 우선 소명 본문인 1~3장이 그러하고 다음으로는 예루살렘의 여러 가지 우상 숭배를 다루는 8~11장과 그에 대조되는 새 성전 새 나라 환상이 들어 있는 40~48장

---

110 1:3; 3:16; 6:1; 7:1; 11:14; 12:1, 8, 21,26; 13:1; 14:12; 15:1; 16:1; 17:1; 20:45; 21:1,8; 22:1, 17, 23; 23:1; 24:1, 15; 26:1; 27:1; 28:1, 11, 20; 29:1, 17; 30:1, 20; 31:1; 32:1, 17; 33:1, 23; 34:1; 36:16; 37:15; 38:1 등.

111 이를테면, 2:4; 3:11, 27에 나오는 <코 아마르 [아도나이] 야훼>(כֹּה־אָמַר [אֲדֹנָי] יְהוָה)가 그러하다. 개역한글판 5:5; 6:11; 7:5 등에서는 이 어구를 "주 여호와께서 가라사대"로, 5:7, 8; 11:7; 14:4, 21 등에서는 "나 주 여호와가 말하노라"로, 11:5, 16, 17; 12:10, 23, 28; 14:6 등에서는 "[주] 여호와의 말씀에"로 옮겼다.

112 히브리어로는 <느움 [아도나이] 야훼>(נְאֻם [אֲדֹנָי] יְהוָה) 개역한글판 11:21; 12:25, 28; 13:8, 16,58; 14:11, 14, 16; 37:14 등에서는 "나[주] 여호와의 말이니라"로, 5:11; 11:8 등에서는 "나[주] 여호와가 말하노라"로, 13:7에서는 "여호와의 말씀이라"로 옮겼다.

113 히브리어로는 <벤 아담>(בֶּן־אָדָם).

114 6:7, 10, 13, 14; 7:4, 9; 11:10, 12; 12:15, 16; 13:9, 15, 21, 23; 14:8; 15:7; 17:21; 20:26, 39, 42, 44; 22:16; 24:24, 27; 25:7, 17; 26:6; 28:23, 24, 26; 29:6, 9, 16, 21; 30:8, 19, 25, 26; 32:15; 33:29; 35:4, 9, 12, 15; 36:11, 23, 38; 37:6, 14, 15, 28; 38:23; 39:6, 7, 22, 28 등.

이 그러하다. 그 밖에는 37장 1~14절에 나오는, 마른 뼈들이 되살아나는 유명한 환상이 있다.

(2) 에스겔에게 환상을 보게 하는 것은 '여호와의 손'(1:3; 3:14, 22; 8:1; 37:1; 40:1. 개역에서는 '여호와의 권능'이라고 옮겼다) 또는 '(여호와의) 영'(2:2; 3:12, 14, 24; 8:3; 11:1, 5, 24; 37:1; 43:5. 개역 한글판에서는 '(여호와의) 신'이라고 옮겼다)이다.

6. 예언자의 상징 행위

(1) 이사야의 경우에 한 번(사 20장), 예레미야의 경우에 여러 번 나왔던(렘 13:1~11; 16:1~13; 19:1~13; 32장; 43:8~13; 51:59~64) 예언자의 상징 행위나 상징 생활에 관한 본문[115]이 에스겔에는 더 많이 나온다.

에스겔은 4~5장에서 예루살렘의 멸망을 뜻하는 일련의 이상한 행동들에 뒤이어 6장 11~14절에서는 유다 백성에 대한 하나님의 진노를 상징하는 손뼉치기와 발 구르기, 12장에서는 유다 사람들이 사로잡혀 올 것을 상징하는 이사 행동과 예루살렘 사람들의 운명을 뜻하는 떨면서 음식 먹기, 21장에서는 재난이 닥칠 것을 알려 주는 탄식하기와 느부갓네살이 예루살렘 쪽으로 쳐들어 올 것을 뜻하는 두 길 그리기, 24장에서는 예루살렘 주민들의 한심한 상황과 당할 재난을 상징하여 녹슨 가마에 고기 삶기와 아내가 죽어도 제대로 상례(喪禮)를 지키지 않기, 37장에서는 남북왕국의 하나 됨을 보이기 위해서 두 막대기를 한 손에서 합하는 행동을 하라는 명령을 받는다. 이런 이상한 행동은 보는 사람들의 호기심을 자극하여 스스로 그 뜻을 묻게 하고, 그에 대해 예언자는 다시 하나님의 말씀을 전할 기회를 얻게 된다. 이처럼 예언자의 상징 행위는 재난예언이나 구원예언을 더욱 더 인상 깊게 만든다. 이처럼 예언자는 하나님의 말씀을 말로 전할 뿐만 아니라, 행동과 삶으로도 증거한다.

115 위 16과의 3.(3)과 17과의 2.(9)를 보라. 또 아래 20과의 2도 참고하라.

(2) 예언자의 이러한 상징 행위는 이스라엘 백성에게 '징조'가 된다(4:3).[116] 더 나아가서, 하나님은 예언자 에스겔 자체를 이스라엘 백성에게 '징조'(12:6) 또는 '표징'(24:24, 27)[117]으로 삼으신다. 그리하여, 에스겔도 자신을 그들의 '징조'(12:11)로 이해한다.

7. 비유

에스겔에는 또한 하나님 백성이나 이방 민족의 상황이나 운명을 표현할 때 식물 세계나 동물 세계에서 뽑은 비유를 자주 쓴다. 예루살렘을 15장에서는 '쓸모 없는 포도나무'로, 16장에서는 '배신한 여인'에 빗대어 말하고, 17장에서는 유다 임금 여호야김과 시드기야를 각각 '백향목 높은 가지'와 '포도나무'에 견준다. 19장에서는 유다 왕가를 '새끼 잃은 암사자'와 '불탄 포도나무'에 비기고, 20장 45~49절에서는 '심판을 삼림을 태우는 불'에 빗댄다. 23장에서는 북왕국과 남왕국의 타락을 '오홀라 오홀리바 자매'의 이야기로 바꾸어 다루고, 27장에서는 두로를 배에 비기고, 29장과 32장에서는 애굽 또는 애굽 임금을 '큰 악어'에 견준다. 31장에서는 '백향목 비유'를 바로에게 쓰기도 한다.

8. 목자의 장(章): 34장

유다 구원의 말씀 가운데 34장은 시편 23편과 아울러 목자에 관한 중요한 구약 본문인데, 여기에서는 지난날 이스라엘 통치자들을 '잘못된 목자들'이라 한 다음, 여호와께서 친히 '이스라엘의 목자'가 되어 자기 양떼를 돌보실 뿐만 아니라, 한 목자 다윗을 세우셔서 하나님 백성이 번영하게 되리라고 한다.

9. 40~48장

40~48장은 하나님이 이스라엘을 회복시키실 때 세워질 새 성전, 새 예루살

116 사 20:3에서 이사야의 상징 행위를 가리켜 말하는 히브리어 명사 <오트>(אוֹת)와 <모펫>(מוֹפֵת)을 개역한글판에서는 '예표'와 '기적'이라 번역했었는데, 이를 개역개정판에서는 각각 '징조'와 '예표"로 옮기고 있다. 거기 쓰인 히브리 명사 <옷>(אוֹת)이 겔 4:3에서는 '징조'로 번역되었다.

117 개역 겔 12:6, 11의 '징조'와 24:24, 27의 '표징'은 같은 히브리 명사 <모펫> (מוֹפֵת)의 번역이다. 사 8:18에서는 이사야의 자녀들이 이스라엘 중에 '예표'가 되었다고 할 때, 이 히브리 낱말을 쓴다.

렘, 새 종교 의식, 새 나라의 모습을 그려 보여 준다.

10. 묵시문학의 요소

에스겔에는 나중 묵시문학[118]적인 본문에 나오는 요소들이 상당히 들어 있다. 1장의 '네 생물', 3장의 '두루마리', 9장의 '이마에 하는 표', 28~29장의 '곡과 마곡', 40~42장의 '새 성전과 새 예루살렘'은 요한계시록에서도 찾아볼 수 있는 내용이다.

---

118 묵시문학에 대해서는『해설관주성경전서 독일성서공회해설』(서울: 대한성서공회, 1997) 구약 부분의 1363~1365를 참고하라.

V

십이 소예언서

19과
표제를 따라 살펴 본 십이 소예언서의 상호 관련성

1. 이름

‘십이 소예언서’라는 이름은 라틴어 불가타 성경에서 비롯된 것이다.

2. 십이 소예언서의 배열 순서

표 **52.** 표제의 연대 표시에 따른 십이 소예언서의 상호 관련성

<table>
<tr><td>호세아</td><td>1:1 *웃시야*와 **요담과 아하스와 히스기야**가 이어 유다 왕이 된 시대 곧 요아스의 아들 **여로보암**이 이스라엘 왕이 된 시대에…
(연대 표시가 없음)</td><td rowspan="6">남북
왕국
시대
(주전
8세기)</td></tr>
<tr><td>요엘</td><td>(연대 표시가 없음)</td></tr>
<tr><td>아모스</td><td>1:1 유다 왕 *웃시야*의 시대 곧 이스라엘 왕 요아스의 아들 **여로보암**의 시대 지진 전 이년에…</td></tr>
<tr><td>오바댜</td><td>(연대 표시가 없음)</td></tr>
<tr><td>요나</td><td>(연대 표시가 없지만, 열왕기하 14장25절에 따르면, **여로보암** 때)</td></tr>
<tr><td>미가</td><td>1:1 유다의 왕들 **요담과 아하스와 히스기야** 시대에…</td></tr>
<tr><td>나훔</td><td>(연대 표시가 없음)</td><td rowspan="3">남왕국
잔존기
(7세기
후반)</td></tr>
<tr><td>하박국</td><td>(연대 표시가 없음)</td></tr>
<tr><td>스바냐</td><td>1:1 아몬의 아들 유다 왕 **요시야**의 시대에 …</td></tr>
<tr><td>학개</td><td>1:1 *다리오 왕* 제이년 여섯째 달 곧 그 달 초하루에…
2:1 일곱째 달 곧 그 달 이십일일에 …
2:10 *다리오 왕* 제이년 아홉째 달 이십사일에…
2:20 그 달 이십사일에…</td><td rowspan="3">포로기
이후
시대
(주전
6세기말)</td></tr>
<tr><td>스가랴</td><td>1:1 *다리오 왕* 제이년 여덟째 달에…
1:7 *다리오 왕* 제이년 열한째 달 곧 스밧월 이십사일에…
7:1 *다리오 왕* 제사년 아홉째 달 곧 기슬래월 사일에…</td></tr>
<tr><td>말라기</td><td>(연대 표시가 없음)</td></tr>
</table>

(1) 십이 소예언서에 들어 있는 표제에 나오는 연대 표시로 미루어 생각해 보면, 12권의 작은 예언서를 주전 8세기, 7세기, 6세기의 순서로 각각 6권, 3권, 3권의 분량으로 배열한 듯하다. 물론 이러한 순서가 실제 각 예언서가 생겨난 순서와 반드시 들어맞는 것은 아니다.

(2) 남왕국의 웃시야 왕 시대(주전 783~742년)이자 북왕국의 여로보암 왕 시대(786~746년)와 관련된 책은 호세아와 아모스이고, 미가는 남왕국의 웃시야 왕 다음의 세 왕인 요담(742~735년)과 아하스(735~715년)와 히스기야(715~687/6년) 시대를 배경으로 하는 점에서 부분적으로 호세아와 공통된다. 이리하여, 호세아, 아모스, 미가는 아직 남왕국과 북왕국이 나란히 존재하던 주전 8세기에 활동하는 예언자들인 것을 알 수 있다.

다른 한편으로 요나의 이름이 나오는 열왕기하 14장 25절에 따르면, 요나도 북왕국 여로보암 시대의 사람이어서 주전 8세기 인물로 볼 수 있다. 요엘과 오바댜의 표제에는 남북왕국의 왕 이름이 전혀 나오지 않지만, 이 두 사람의 이름이 각각 호세아와 요엘 사이에, 아모스와 요나 사이에 나옴으로써, 이들도 마찬가지로 주전 8세기 예언자로 이해하게 한다.

(3) 스바냐의 표제에서는 유다의 요시야 왕(640~609년)을 언급함으로써 스바냐가 북왕국은 이미 망하고 남왕국만 남아 있던 주전 7세기 후반기에 활동한 인물을 알려준다. 그 앞에 있는 나훔과 하박국의 표제에서는 연대를 추정할 만한 내용이 없으나, 이 두 책이 스바냐 앞에 놓임으로써 스바냐와 같은 시대에 활동한 인물로 보게 한다.[119]

(4) 학개 1장 1절과 스가랴 1장 1절의 표제는 각 책 전체의 표제라기보다는 각 책의 첫 부분의 표제인 것으로 보인다. 스가랴 앞부분인 1~8장은 '다리오 왕'(522~486년)이라는 연대 표시를 통해서 앞에 나온 학개와 이어진다(슥 1:1, 7; 7:1; 학 1:1; 2:10). 이리하여, 학개와 스가랴 1~8장은 바벨론 포로기가 끝난 주전 6세기 말기의 상황을 배경으로 하고 있음을 알려 준다.

스가랴 뒷부분인 9~14장은 "경고, ... 여호와의 말씀"이라는 표제를 통해서 뒤에 나오는 말라기와 이어진다(슥 9:1; 12:1; 말 1:1).

---

119 아래 26과의 5와 27과의 6을 참고하라.

3. '여호와의 말씀', '묵시', '경고'

(1) 뒤이어 나올 내용이 예언서에 따라 표제에서 여러 가지 히브리 낱말로 표현되어 있다. 곧 호세아, 요엘, 미가, 스바냐, 말라기의 경우에는 '여호와의 말씀'(<드바르 야훼>[דְּבַר יְהוָה])으로, 오바댜의 경우에는 '묵시'(<하존>[חָזוֹן], '본 것')로, 하박국의 경우에는 '경고'(<맛사>[מַשָּׂא], '말씀', '짐')로 되어 있다.

표 53. 십이 소예언서 표제에 들어 있는 '여호와의 말씀', '묵시', '경고'

호세아	1:1 ...브에리의 아들 호세아에게 임한 여호와의 말씀이라
요엘	1:1 브두엘의 아들 요엘에게 임한 여호와의 말씀이라
아모스	1:1 ...드고아 목자 중 아모스가 이스라엘에 대하여 이상으로 받은[120] 말씀이라
오바댜	1:1 오바댜의 묵시[121]라
요나	1:1 여호와의 말씀이 아밋대의 아들 요나에게 임하니라 이르시되
미가	1:1 ... 모레셋 사람 미가에게 임한 여호와의 말씀 곧 사마리아와 예루살렘에 관한 묵시라
나훔	1:1 니느웨에 대한 **경고** 곧 엘고스 사람 나훔의 묵시의 글이라
하박국	1:1 선지자 하박국의 묵시로 받은[122] **경고**라
스바냐	1:1 ... 스바냐에게 임한 여호와의 말씀이라...
학개	1:1 ... 여호와의 말씀이 선지자 학개로 말미암아 스알디엘의 아들 유다 총독 스룹바벨과 여호사닥의 아들 대제사장 여호수아에게 임하니라
	2:1 ... 여호와의 말씀이 선지자 학개에게 임하니라 ... 2:10 ... 여호와의 말씀이 선지자 학개에게 임하니라 ... 2:20 ... 여호와의 말씀이 다시 학개에게 임하니라 ...
스가랴	1:1 ... 여호와의 말씀이 잇도의 손자 베레갸의 아들 선지자 스가랴에게 임하니라 1:7 ...잇도의 손자 베레갸의 아들 선지자 스가랴에게 여호와의 말씀이 임하니라. 7:1 ... 여호와의 말씀이 스가랴에게 임하니라 9:1 여호와의 말씀이 하드락 땅에 내리매.. (히브리 본문 직역: **경고**, 하드락 땅에 대한 여호와의 말씀[123]..) 12:1 이스라엘에 관한 여호와의 말씀이라... (히브리 본문 직역: **경고**, 이스라엘에 관한 여호와의 말씀[124]..)
말라기	1:1 여호와께서 말라기를 통하여 이스라엘에게 말씀하신 경고라 (히브리 본문 직역: **경고**, 말라기를 통한 이스라엘을 향한 여호와의 말씀[125])

---

120 개역한글판에서 '묵시'로 옮긴 히브리 동사를 쉽게 번역하면, '본'이 된다.
121 '묵시'로 옮긴 히브리 낱말은 본디 '본 것'을 뜻한다.
122 '묵시로 받은'으로 옮긴 히브리 낱말을 쉽게 옮기면, '본'이 된다.
123 개역한글판에는 "여호와의 말씀의 경고가 하드락 땅에 임하여..."로 되어 있다.
124 개역한글판에는 "이스라엘에 관한 여호와의 말씀의 경고라"로 되어 있다.
125 개역한글판에는 "여호와의 말씀의 말라기로 이스라엘에게 말씀하신 경고라"로 되어 있다.

(2) 두 가지 낱말이 함께 쓰이는 경우도 있다. 곧 나훔은 '경고'이면서 '묵시'이고, 말라기와 스가랴 9~11장과 12~14장은 '경고'이면서 '여호와의 말씀'이고, 미가는 예언자가 본('묵시로 받은') '여호와의 말씀'이고, 하박국은 하박국이 본('묵시로 받은') '경고'이며, 아모스는 아모스가 본('이상으로 받은') '말씀'이다.

4. 십이 소예언서의 상호관련성

십이 소예언서에 속한 각 책은 중요 주제나 낱말을 통해서 앞 뒤 다른 책들과 연결되기도 한다. 이러한 점에 대해서는 각 책에 대해 살펴 볼 때 개별적으로 알아보기로 한다.

20과
호세아의
짜임새와 흐름과
중심 내용

1. 전체 얼개

표 54. 호세아의 짜임새

1:1	표제		
1:2 ~3:5	1:2~9	호세아의 혼인과 세 아이의 출생	
	1:10~2:1		구원예언
	2:2~13	신실하지 못한 이스라엘	
	2:14~23 3:1~5		신실하신 하나님의 사랑 호세아의 음부 사랑
4:1 ~11:11	4:1~3	이스라엘의 불신실함과 받을 벌	
	4:4~11	제사장들 심판	
	4:12~19	이스라엘의 음행	
	5:1~7	이스라엘 지도자들 심판	
	5:8~15	이스라엘 심판 예고	
	6:1~6	백성의 경박한 참회와 여호와의 답변	
	6:7~7:2	이스라엘의 악행	
	7:3~7	이스라엘의 그릇된 왕정	
	7:8~16	이스라엘의 그릇된 동맹 정책	
	8:1~14	이스라엘의 여러 가지 죄 (언약 파기, 왕정, 우상 숭배)	
	9:1~6	절기의 기쁨을 못 누릴 이스라엘	
	9:7~9	조롱받고 박해받는 예언자	
	9:10~17	버림받을 이스라엘	역사회상
	10:1~15	이스라엘 왕정 멸망 예고	
	11:1~11		하나님의 크신 사랑
11:12 ~14:8	11:12~12:14	조상 야곱처럼 거짓된 에브라임	
	13:1~16	에브라임에 대한 심판 예고	
	14:1~8		회개 권고와 구원 약속
14:9	맺음말		

1장 1절의 표제와 마지막 절 14장 9절의 맺음말을 제쳐놓고 보면, 호세아서는 예언자의 상징적인 결혼 이야기가 중심을 이루는 1~3장과 여러 가지 예언의 두 개의 묶음으로 볼 수 있는 4장 1절~11장 11절과 11장 12절~14장 8절의 세 부분으로 크게 나누어 볼 수 있다. 가운데 부분은 4장 1절의 "여호와의 말씀을 들으라"로 시작하여 11장 11절의 "나 여호와의 말이니라"[126]로 끝난다.

각 부분은 먼저 심판에 관한 내용(1:2~2:13; 4:1~10:15; 11:12~13:6)으로 시작하여 구원에 관한 내용(2:14~3:5; 11:1~11; 14:1~8)으로 끝나는 일정한 틀을 보여 준다.

그렇지만 호세아의 중심 부분인 둘째 부분의 실제 내용은 죄의 지적과 재난의 예고이다.

2. 1장과 3장

호세아의 혼인에 대한 본문인 1장 2~9절과 3장 1~5절은 우선 형식상으로 각각 예언자가 삼인칭과 일인칭으로 등장하는 차이가 있다. 이 두 본문은 각각 심판과 구원을 내용으로 하는 상징 행위를 다룬다고 볼 수 있다.[127] 1장에서 태어난 맏아들의 이름인 이스르엘(יִזְרְעֶאל)은 호세아 당시 임금인 여로보암 2세의 증조부 예후가 일으킨 정변(왕하 9~10장)과 관련된 장소의 이름(왕하 9:15~17, 25, 30, 36~37; 10:1, 6~7, 11)을 떠올리게 한다. 그리고 그 다음에 태어난 딸의 이름인 로루하마(לֹא רֻחָמָה)는 "(그는) 긍휼히 여김을 받지 못했다"를 뜻하고, 셋째 아이이자 둘째 아들의 이름인 로암미(לֹא עַמִּי)는 "내 백성이 아니다"를 의미한다. 이처럼, 이 세 자녀의 이름은 신실하지 못한 이스라엘을 여호와께서 심판하신다는 뜻을 드러낸다. 이와는 달리, 3장의 명령은 신실하지 못한 이스라엘을 여호와께서 다시 사랑하신다는 점을 분명히 한다.

3. 음행, 음란, 쟁론, 쟁변

호세아서에 가장 자주 쓰이는 개념은 '음행(하다)' 또는 '음란(하다)'인데

---

126 <느움 야훼>(נְאֻם יְהוָה)의 번역인데, 이에 대해서는 위 18과의 4를 참고하라.
127 위 16과의 3.(3), 17과의 2.(9), 18과의 6을 참고하라.

(1:2, 2, 2, 2; 2:2, 4, 5; 3:3; 4:11, 12, 13, 14, 15; 5:4; 6:10; 9:1), 이는 우선 이스라엘이 여호와를 배신하고 가나안의 우상들을 섬기는 것을 가리킨다.

이러한 이스라엘에 대해 여호와께서는 소송을 제기하시는 방식으로 자기 백성의 죄를 따지고 심판을 선포하시는데, 이를 표현하는 낱말이 '논쟁하다'[128](<립>, רִיב, 2:2; 4:1; 12:2)이다.

4. 북왕국에 모자라는 인애, 하나님 아는 것

호세아가 선포한 말씀의 대상은 에브라임이라고도 불리는 북왕국이다. 에브라임 지파는 여호수아(민 13:8)와 사무엘(삼상 1장)과 여로보암 일세(왕상 11:26)의 출신 지파로 북왕국의 중심을 이루었던 것으로 보인다.

이 북왕국 백성에게 결정적으로 부족한 바를 요약하는 중심 개념으로는 4장 1절에서 말하는 '인애'(<헤셋>, חֶסֶד)와 '하나님을 아는 것' (<다앗 엘로힘>, דַּעַת אֱלֹהִים)을 들 수 있다. 6장 1~3절에서 백성이 여호와를 '알자'(3절)고 하면서 내뱉는 참회의 말을 여호와께서는 4절에서 '아침 구름이나 쉬 없어지는 이슬' 같은 '인애'라고 하시면서 6절에서는 '인애'와 '하나님 아는 것'을 원한다고 하신다. 이와는 대조적으로 14장 2~3절에서는 예언자가 직접 백성이 고백해야 할 참회의 말을 가르치고(렘 3:22~25도 참고), 뒤이어 4~8절에 이에 대한 응답으로 하나님이 사랑에 가득 찬 음성으로 들려주시는 구원의 말씀이 나온다.

북왕국 이스라엘이 하나님의 심판을 받게 된 데에는 무엇보다도 문란하고 불안정한 왕정(7:3~7; 10:15; 13:10~11 등)과 잘못된 외교 정책(7:8~16; 8:9~10 등)과 타락한 제사장(4:4~11)들 같은 지도층의 책임이 크다.

5. 역사 회상(9:10~11:11)

9장 10절~11장 11절에서는 지난날의 역사에 대해 여러 번 언급하면서 하나님의 신실하심과 이스라엘의 신실하지 못함을 대조시킨다. 여기서 드러나는 것은 호세아 당시까지 끊임없이 하나님을 거스르는 이스라엘을 살리시려

---

128 개역한글판에서는 '쟁론(또는 쟁변)하다'로 옮겼다.

고 끝까지 이들과 씨름하시는 하나님의 모습이다. 이는 예레미야(렘 31:15~20 등)를 거쳐 신약의 누가복음 15장에 나타나는 사랑 많으신 아버지 하나님의 모습으로 이어진다.

6. 마지막 부분(11:12~14:8)

셋째 부분에서는 북왕국의 불신실함이 이미 조상 야곱에게 뿌리를 두고 있다는 점을 밝히면서(11:12~12:14) 심판을 선언하지만(13:1~16), 마침내는 이를 넘어서는, 하나님의 무한한 사랑에 대한 말씀(14:1~8)으로 호세아서를 마무리한다.

21과
요엘의
짜임새와 흐름과
중심 내용

1. 전체 얼개

표 55. 요엘의 짜임새

<table>
<tr><td>1:1</td><td>표제</td><td></td><td></td><td></td></tr>
<tr><td rowspan="8">1:2
~2:17</td><td>1:2~4</td><td>**이미 닥친 메뚜기 재난**</td><td rowspan="4">현재</td><td rowspan="8">재난상황</td></tr>
<tr><td>1:5~14</td><td>애곡과 금식 촉구</td></tr>
<tr><td>1:15~18</td><td>재앙을 묘사하는 탄식(15: 여호와의 날)</td></tr>
<tr><td>1:19~20</td><td>*기도*</td></tr>
<tr><td>2:1~11</td><td>여호와의 날의 **재난 상황 묘사**</td><td rowspan="4">장래</td></tr>
<tr><td>2:12~14</td><td>회개 촉구</td></tr>
<tr><td>2:15~16</td><td>금식, 애곡 촉구</td></tr>
<tr><td>2:17</td><td>*기도 권고*</td></tr>
<tr><td rowspan="4">2:18
~3:17</td><td>2:18</td><td colspan="2">백성을 향한 하나님의 사랑의 심정</td><td rowspan="4">구원의 말씀</td></tr>
<tr><td>2:19~27</td><td colspan="2">*구원을 약속하시는 응답의 말씀*
(27: “내가 ... 너희가 알 것이라”)</td></tr>
<tr><td>2:28~32</td><td colspan="2">영을 부어주신다는 약속
여호와의 날(31) 전의 징조와 구원</td></tr>
<tr><td>3:1~17</td><td colspan="2">여호와의 날(14)의 이방 심판과 이스라엘 구원
(17: “너희가 나는 .... 여호와인 줄 알 것이라”)</td></tr>
<tr><td>3:18~21</td><td>맺음말</td><td></td><td></td><td></td></tr>
</table>

(1) 요엘에는 표제인 1장 1절에 뒤이어, 재난 상황과 관련되는 1장 2절~2장 17절과 구원을 알려주는 2장 18절~3장 17절이 나오고, 3장 18~21절은 앞서 나온 두 부분의 내용을 간추리면서 책을 마무리한다.

(2) 하나님 백성의 운명이 재난에서 구원으로 달라지는 전격적인 계기는 2장 18절[129]에 묘사된 하나님의 심정 변화이다. 이리하여 2장 18절이 요엘의 흐름에서 전환점이 된다.

2. 재난 상황을 알려주는 부분(1:2~2:17)

(1) 1장 2절~2장 17절 가운데서 1장 부분은 현재 닥쳐와 있는 메뚜기 재난과 가뭄에 직면한 상황을 다룬다면 2장 부분은 장래 닥칠 재난, 곧 아마도 적군의 침입에 대해 말하는데, 이 두 부분은 각기 재난 상황 묘사(1:2~4; 2:1~11), 애곡 및 금식 촉구(1:5~14; 2:15~16), 기도 또는 기도 권고(1:19~20; 2:17)라는 요소로 이루어져 있고 또 상응한다.

(2) 또한 재난의 때를 '여호와의 날'로 부르고 있는 점도 공통된다(1:15; 2:1~11).

(3) 이밖에도 1장에는 재앙을 묘사하는 탄식인 15~18절과, 2장에는 회개를 권고하는 12~14절이 들어 있다.

3. 구원의 말씀(2:18~3:17)

(1) 요엘의 흐름으로 보아, 2장 18절~3장 17절에 나오는 구원의 말씀은 2장 12~17절에서 권고하는 회개와 기도에 대한 응답처럼 보이기도 하지만, 18절에서 알 수 있듯이, 이는 원칙적으로 하나님의 자유로운 결단에서 비롯된 것이다.

(2) 2장 28절의 '만민'(난외주: '모든 육체')은 뒤이어 나오는 '너희 자녀들'과 '너희 늙은이'와 '너희 젊은이'에 비추어 볼 때, 유다 백성 전체를 가리키는데, 사도행전 2장 17~21절에서 요엘 2장 28~32절을 인용할 때는 예수를 그리스도로 믿게 된 모든 사람들을 뜻하게 된다.

---

129 개역한글판에서는 "그 때에 여호와께서 자기 땅을 위하여 중심이 뜨거우시며…"로, 개역개정판에서는 "그 때에 여호와께서 자기의 땅을 극진히 사랑하시어…"로, 표준새번역에서는 "그 때에 주께서 땅이 당한 일로 마음 아파하시고, …"로, 공동번역에서는 "야훼께서는 당신의 땅 생각에 가슴이 타고…"로 번역했다.

4. 두 부분의 상응 대조 관계

(1) 이제 2장 19절~3장 17절에서 선포하는 구원의 내용은 앞에 나온 재난 상황과 정반대이다. 2장 19, 21~27절에서 이스라엘은 1장 4~20절에 묘사된 경제적인 어려움으로부터 완전히 회복되고, 2장 1~11절에서 위협적인 세력으로 등장한 적군도 2장 20절과 3장 1~17절에서 완전히 멸망하며, 돌아오라는 2장 12~17절의 권고는 영을 부어 주신다는 2장 28~32절의 약속과 관련시켜 볼 수 있다.

(2) 그뿐만 아니라, 앞에서는 재난의 날이었던 '여호와의 날'이 이제는 구원의 날이 된다(2:31; 3:14).

22과
아모스의 짜임새와 흐름과 중심 내용

1. 전체 얼개

아모스는 표제 1장 1~2절을 제외하면, 민족들에 대한 재난예언 모음인 1장 3절~2장 16절과 북왕국 이스라엘에 대한 재난예언 모음인 3~6장과 예언자의 환상을 주로 다루는 7장 1절~9장 6절과 온 이스라엘에 대한 구원예언인 9장 7~15절의 네 부분으로 크게 나눌 수 있다.

표 56. 아모스의 네 부분

1:1~2	1:3~2:16	3~6장	7:1~9:6	9:7~15
표제	민족들에 대한 재난예언	북왕국 이스라엘에 대한 재난예언	예언자가 본 다섯 가지 환상	온 이스라엘에 대한 구원예언

2. 민족들에 대한 재난예언(1:3~2:16)

표 57. 민족들에 대한 재난예언의 짜임새

1:3~5	1:6~8	1:9~10	1:11~12	1:13~15	2:1~3	2:4~5	2:6~16
아람	블레셋	두로	에돔	암몬	모압	유다	이스라엘

민족들에 대한 재난예언은 그 마지막 부분에서 유다와 이스라엘(2:4~16)을 다룸으로써, 이방 민족들에 대한 심판은 곧 하나님 백성의 구원이라는 식의 전통적인 기대를 깨뜨리고, 본디 겨냥한 바를 드러낸다. 일정한 틀을 따라 이방 민족들의 죄를 지적하는 내용을 보면, 하나님 백성에 대해 그들이 저지른 잘못(1:3) 뿐만 아니라, 다른 이방 민족을 비인간적으로 다룬 것(1:6, 9, 11, 13; 2:1)까지 포함하고 있다.

표 58. 아모스의 짜임새

요엘 ↑ (욜 3:16 ↑) (욜 3:19 ↗)

구분	본문	내용	본문	내용
1:1~2	표제		(2절)	
1:3~2:16 민족들에 대한 재난예언	1:3~5	아람	1:6~8	블레셋
	1:9~10	두로	1:11~12	에돔
	1:13~15	암몬	2:1~3	모압
	2:4~5	유다	2:6~16	이스라엘
3:1~6:14 북왕국 이스라엘에 대한 심판예언	3:1~2	선민의 책임 심판		
	3:3~8	침묵할 수 없는 예언자		
	3:9~12	사마리아의 악행 심판		
	4:1~3	사마리아 여인들의 죄 심판		
	4:4~5	잘못된 순례를 비꼬는 말		
	4:6~12	돌이킬 줄 모르는 백성		
	4:13	송영		
	5:1~3	**이스라엘에 대한 애가**		
	5:4~6	*여호와를 찾으라는 권고*		
	5:7	*사회적 불의의 죄 지적*		
	5:8~9	송영		
	5:10~13	*사회적 불의의 죄 지적*		
	5:14~15	*여호와를 찾으라는 권고*		
	5:16~17	**전국에 울려퍼질 애곡**		
	5:18~20	여호와의 날을 사모하는 자에게 "화 있을진저"		
	5:21~24	까닭: 잘못된 종교 의식("내가 미워하여")		
	5:25	*여호와의 교육적 질문*		
	5:26~27	'내'가 심판하리		
	6:1~7	안일과 방탕에 빠진 자에게 "화 있을진저"		
	6:8~11	까닭('내가 싫어하며')과 심판		
	6:12	*여호와의 교육적 질문*		
	6:13~14	'내'가 심판하리		
7:1~9:6 예언자의 환상	7:1~3	환상(1) - 메뚜기	7:4~6	환상(2) - 불
	7:7~9	환상(3) - 다림줄		
	7:10~17	아모스와 아마샤		
	8:1~3	환상(4) - 실과 광주리	8:4~14	이스라엘의 죄와 심판
	9:1~4	환상(5) - 제단 곁의 하나님	9:5~6	송영
9:7~15	온 이스라엘 구원예언		(12: 에돔 얻으리)	

↓ 옵 15절 ↓ 오바댜 ↓ 옵 19절

3. 북왕국 이스라엘에 대한 재난예언(3~6장)

(1) 이스라엘에 대한 재난예언은 다시 크게 3~4장과 5~6장의 둘로 나누어 진다.

(2) 뒷부분에서 5장 1~17절은 이스라엘의 하나님을 찬양하는 내용의 8~9절을 중심으로 사회적 불의의 죄에 대한 지적(7절과 10~13절)과 여호와를 찾으라는 권고(4~6절과 14~15절)와 애가의 주제(1~3절과 16~17절)가 대칭을 이루고 있다.

(3) 5장 18절~6장 14절은 "화 있을진저" 형식의 말씀(5:18~20과 6:1~7)과 그 까닭을 밝히는 하나님이 일인칭으로 하시는 말씀(5:21~24와 6:8~11)과 여호와의 교육적인 질문(5:25와 6:12)과 하나님이 일인칭으로 하시는 심판의 예고(5:26~27과 6:13~14)가 차례대로 되풀이되는 구조로 되어 있다.

표 59. 아모스 3:1~6:14의 짜임새

구절	내용
3:1~2	선민의 책임과 심판
3:3~8	침묵할 수 없는 예언자
3:9~12	사마리아의 악행 심판
4:1~3	사마리아 여인들의 죄 심판
4:4~5	잘못된 순례를 비꼬는 말
4:6~12	돌이킬 줄 모르는 백성
4:13	송영
5:1~3	**이스라엘에 대한 애가**
5:4~6	여호와를 찾으라는 권고
5:7	*사회적 불의의 죄 지적*
5:8	송영
5:10~13	*사회적 불의의 죄 지적*
5:14~15	여호와를 찾으라는 권고
5:16~17	**전국에 울려퍼질 애곡**
5:18~20	여호와의 날을 사모하는 자에게 "화 있을진저"
5:21~24	*까닭: 잘못된 종교의식("내가 미워하여")*
5:25	여호와의 교육적 질문
5:26~27	'내'가 심판하리
6:1~7	안일과 방탕에 빠진 자에게 "화 있을진저"
6:8~11	*까닭("내가 싫어하며")과 심판*
6:12	여호와의 교육적 질문
6:13~14	'내'가 심판하리

4. 이스라엘의 죄

이스라엘의 주된 죄는, 이미 2장 6~16절에서 지적한 것처럼, 공의를 지키고 가꾸어야 할 곳인 '성문'(5:1~17, 특히 10,12절)과 성소(5:18~27)와 왕궁(6:1~14)이 오히려 그 힘으로써 사회 경제적 약자를 짓누르고 괴롭히는 것인데, 이러한 불의를 고발할 때 아모스는 '정의'와 '공의'라는 두 낱말[130]을 나란히 쓴다(5:7, 24; 6:12).

5. 애가(哀歌)

죽은 사람을 애도하며 내지르는 외마디 소리인 <호이>(הוֹי, 예언서에서는 흔히 "화 있을진저"로 옮기지만, 본디는 "슬프다"[사 1:4; 렘 22:18]나 "오호라" 등으로 옮기는 것이 더 낫다)나 그럴 때 부르는 애가나 그와 관련된 주제가 5장 1~3, 16~17, 18~20절, 6장 1~7절에 나온다.

이 외마디 소리를 예언 선포에 쓸 때 이는 한 공동체를 이미 죽은 한 인격체로 여기는 셈이어서 심판을 피할 수 없다는 점을 두드러지게 한다. 이렇게 일상 생활 상의 애가를 예언에 쓴 첫 인물이 아모스이지만, 다른 예언서(사 5:8~24; 10:1~4; 렘 9:12~22; 겔 27장; 32장 등)에서도 비슷한 보기를 찾아볼 수 있다.

6. 환상

표 60. 아모스 7:1~9:6의 짜임새

7:1~3 첫째 환상 메뚜기	7:4~6 둘째 환상 불	7:7~9 셋째 환상 다림줄		8:1~3 넷째 환상 과일광주리		9:1~4 다섯째 환상 제단곁하나님	
			7:10~17 아마샤와 아모스		8:4~14 이스라엘의 죄와 심판		9:5~6 송영

130 개역한글판에서는 이 두 낱말을 '공법'과 '정의'로 옮겼다.

(1) 7~9장에서는 예언자의 소명과 관계가 있었을 다섯 가지 환상이 중심을 이루는데, 첫째 둘째 환상인 메뚜기와 불의 환상(7:1~3, 4~6)에서는 아모스의 기도를 하나님이 들으시고 본디 뜻하셨던 재앙을 이스라엘에게 내리지 않기로 하시지만, 셋째 넷째 다섯째 환상인 다림줄과 실과 광주리와 제단 곁의 하나님에 대한 환상(7:7~9; 8:1~3; 9:1~4)에서는 하나님의 심판 의지가 분명히 드러나면서 매번 환상에 대한 본문에 뒤이어 재난 예고의 근거가 되는 죄를 여러 가지 방식으로 밝히는 부분이 덧붙는다(7:10~17; 8:4~14; 9:1~4).

(2) 그 한 가운데인 7장 10~17절에서는 벧엘의 제사장 아마샤가 예언자 아모스의 예언을 막으려 하다가 재난예언의 대상이 된다.

7. 송영(頌榮)

아모스의 본론 부분이라 할 수 있는 3장 1절~9장 6절의 세 곳에 송영, 곧 여호와 하나님을 찬양하는 짤막한 말이 세 군데 나온다(4:13; 5:8~9; 9:5~6). "그 이름은 여호와시니라"가 그 공통된 요소인데, 이는 재난예언이 나중에 예배 가운데 낭독되었으리라는 추측을 하게 한다.

8. 구원 예언(9:7~15)

마지막 부분인 9장 7~15절의 구원 예언에서는 북왕국뿐만 아니라 온 이스라엘이 장래 회복될 것을 다윗의 이름과 관련하여 말하는데, 12절에서 이 회복의 때에 하나님의 백성이 에돔을 차지하게 된다고 함으로써 이 부분이 한편으로는 1장 11~12절에 나오는 에돔에 대한 심판 예언과 이어지고, 다른 한편으로는 아모스 다음에 오는 오바댜(특히 19절) 및 아모스 앞에 있는 요엘 3장 19절과 이어진다.

9. '여호와의 날'

에돔이라는 주제 말고도 5장 18~20절의 나오는 '여호와의 날'이 아모스를 그 앞의 요엘 및 그 뒤의 오바댜(15절)와 이어준다. 또 1장 2절은 요엘 3장 16절과 연결된다.

10. 예언자 아모스

아모스가 드고아 사람이라고 할 때(1:1), 이는 그가 남왕국 출신임을 말한다. 7장 14~15절의 내용으로 보면 아모스는 가난한 농사꾼이라기보다는 오히려 어느 정도 재력이 있는 사람으로 당시 국내외 상황에 상당한 견식을 지니고 있었던 것으로 보인다.

아모스의 재난예언은 원칙적으로 북왕국 이스라엘에 대한 것으로 그가 마지막으로 활동한 곳은 벧엘이었을 것이다(7:12~13 참고). 그렇지만, 아모스에는 유다에 관한 내용도 몇 군데 들어 있다(특히 2:4~5).

11. 아모스의 시대

1장 1절에 따르면, 아모스는 여로보암이 북왕국의 왕이었을 때 활동한 예언자이다. 이 여로보암 2세에 대해서는 열왕기하 14장 23~29절에서 간결하게 다루고 있을 뿐이어서, 그 자세한 시대 상황은 오히려 아모스의 내용에서 짐작할 수 있다. 여로보암 2세는 건축 사업에 힘썼고(3:15; 5:11; 6:8) 그 내부를 화려하게 장식하였으며(3:10, 12, 15; 6:4), 이 때에 북왕국에서는 농업(5:11)과 상업(8:5)과 음악(6:5)이 발달했고, 왕립 성소를 중심으로(7:13) 종교 의식을 성대히 치렀지만(4:4~5; 5:21~23), 다른 한편으로는 성적인 타락을 비롯하여 방탕한 생활이 유행했고(2:7후), 연대의식이 결핍되어(6:6) 속임수(8:5)와 약자를 억압하는 등의 사회 불의(2:7전; 4:1; 5:11, 12; 8:4)가 성행했다.

23과
오바댜의 짜임새와 흐름과 중심 내용

1. 주제와 전체 얼개

구약성경에서 가장 짧은 책인 오바댜의 주제는 에돔 심판과 시온 회복인데, 이에 어울리게 표제인 1절을 제외한 나머지 부분은 2~15절과 16~21절의 둘로 나눌 수 있다.

2. 앞 부분(2~15절)

앞 부분에서는 에돔의 교만(2~3절)과 형제 민족 이스라엘이 망할 때 보인 몰인정한 태도(10~14절)를 지적하면서 여호와께서 심판하여 멸망시키신다는 내용을 15절에서는 여호와의 날에 있을 만국 처벌과 관련시켜 분명히 한다.[131]

3. 뒷 부분(16~21절)

여호와께서 이스라엘을 '너희'로 부르시면서 말씀하시는 구절로 시작하는 뒷부분에서는 15절에서 말한 바를 더 구체적으로 설명하는데, 여호와께서 시온에서 민족들을 심판하실 때 에돔이 대표적인 심판 대상이 되고 야곱이라는 이름으로 불리는 하나님 백성이 에돔을 차지하고 심판하리라고 한다(19, 21절).

---

131 개역개정판 15절에서, "여호와께서 만국을 벌할 날"로 옮긴 히브리어 표현을 직역하면, "모든 나라들을 거스르는, 여호와의 날"이 된다.

4. 오바댜와 다른 예언서의 관계

(1) '에돔'과 '여호와의 날'이라는 주제로 오바댜가 아모스 뿐만 아니라 요엘에까지 이어진다는 점에 대해서는 이미 위에서 알아본 바 있다.[132]

(2) 그렇지만 오바댜 다음에 나오는 요나서와는 대조가 된다. 요나서는 이방 민족의 성읍 니느웨에 대한 이스라엘 하나님 여호와의 사랑을 말하기 때문이다.

(3) 또 오바댜 1~5절은 예레미야 49장 7~22절과 견주어 볼 만하다.

5. 예언자 오바댜

앞서 나온 세 예언서와는 달리 오바댜는 예언자 오바댜가 누구이며 어떠한 사람인지에 대해서 표제에서나 본문 어디에서도 아무런 내용도 알려주지 않고 그저 예언의 내용만 담고 있을 뿐이다.

표 61. 오바댜의 짜임새

요엘
암 5:18~20

욜 3:19
암 1:11~12

절	내용
1	표제 / 에돔심판 (암 9:12)
2~4	에돔의 교만과 여호와의 조치 예고(4:"내가 너를 끌어내리리라")
5~7	사람들을 통한 에돔 처벌 묘사
8~9	여호와의 심판 예고(8:"내가 멸하며")
10~14	에돔의 죄 지적
15전반절	여호와의 날에 있을 만국 처벌
15후반절	여호와의 날에 있을 에돔 처벌
16	민족들 심판 예고
17~21	시온 산에서 벌어질 야곱의 회복과 에돔 심판

17	18	19~20	21
야곱 회복	에돔 심판	야곱 회복	에돔 심판

19절

---

132 위 22과의 8, 또 9를 참고하라.

24과
요나의
짜임새와 흐름과
중심 내용

1. 전체 얼개

표 62. 요나의 짜임새

1:1~2	**요나에게 임한 여호와의 말씀**
1:3	요나의 반응: 불순종, 다시스로 떠남
1:4	여호와의 개입: 풍랑
1:5~16	이방인들과 요나:
	5전 애쓰는 사공들과
	5후 잠자는 요나
	6 선장의 기도 부탁
	7 제비 뽑힌 요나
	8 요나에게 묻는 무리
	9 요나를 살리려는 노력
	10~11 요나를 살리려고 애쓰는 사람들
	12 자기를 바다에 던지라 하는 요나
	13~14 요나를 살리려고 애쓰는 사람들(14: 기도)
	15~16 ***요나를 던진 뒤 여호와를 두려워하는 사람들***
1:17	여호와의 조치: 물고기 예비
2:1~9	**물고기 뱃속의 요나: 감사 기도**
2:10	여호와의 조치: 물고기로 토하게

3:1~3	**요나에게 임한 여호와의 말씀**: 니느웨로 가서 선포하라
3:4	요나의 반응: 순종, 니느웨로 감
3:5~9	***니느웨의 반응: 회개*** ([9] "하나님이 뜻을 돌이키시고...", 욜 3:14 참고)
3:10	하나님의 조치: 구원
4:1~4	**요나의 불평과 여호와의 질문**([2] "주께서는 은혜로우시며...", 욜 3:13 참고)
4:5	요나의 반응: 니느웨 상황을 살핌
4:6~7	하나님의 조치: 박넝쿨을 주셨다가 빼앗으심
4:8~11	**요나의 불평과 여호와의 질문**

요나는 이미 1장 1~2절과 3장 1~2절에서 잘 알 수 있듯이 1~2장과 3~4장의 두 부분으로 크게 나눌 수 있다. 앞부분은 요나가 자기에게 임한 여호와의 말씀에 불순종하여 다시스로 가는 도중에 벌어진 사건을 다루고, 뒷부분은 요나가 다시 임한 여호와의 말씀에 순종하여 니느웨로 가면서부터 벌어진 사건을 다룬다.

2. 앞뒷 부분의 공통점과 대조점

(1) 이 두 부분 사이에는 공통된 점과 대조되는 점이 여럿 있다. 근본적으로 공통되는 것으로는 우선 이방 사람들이 이스라엘의 하나님 여호와를 두려워하고(1:10, 14, 16; 3:5, 9) 그 하나님께 기도하고(1:14; 3:5~9) 낯선 사람의 생명이라도 아끼는 반면, 예언자 요나는 오히려 하나님께 여러 모로 짐스러운 존재로 나타나는 점을 들 수 있다. 그리하여 요나서에서 하나님이 적극적으로 취하시는 여러 가지 조치(1:4,17; 2:10; 4:6~7)의 대상은 요나이다. 앞부분에서는 요나가 심판에서 구원에 이르는 과정을 묘사한다면, 뒷부분에서는 니느웨가 심판에서 구원으로 이르는 과정을 보여 준다고 할 수도 있지만, 뒷부분에서 요나는 아직도 하나님의 뜻에 완전히 굴복하지 못하고 있다.

(2) 하나님이 취하시는 조치를 표현하는 중요한 낱말로는 '예비하다'(1:17; 4:6, 7, 8)와 '던지다'(1:5, 12, 15)를 들 수 있다. 1장 4절의 '내리다'도 히브리어로는 '던지다'로 옮긴 낱말과 같다.

3. 중심 주제

요나를 편협한 선민 사상에 빠진 유대인들에게 보편적인 하나님의 사랑을 일깨워주려는 책으로 이해하기보다는 은혜로우신 하나님(4:2)이 선포하신 재난예언이 취소될 수 있는가 하는 문제에서 출발하여 하나님께는 한 번 선포된 재난예언의 성취보다 회개하는 죄인들(과 심지어는 동물들)의 생명 살리는 것이 더 중요하다(렘 18:7~8; 겔 18:23~24 참고)는 결론에 이르렀다고 보는 것이 더 낫다. 요나 전체가 말하고자 하는 바는 마지막 부분 4장 10~11절에서 하나님이 요나에게 두 번째로 하시는 질문에서 잘 드러나는데, 이는 곧 하나님의 백성이 아닌 이방 사람들과 심지어 동물에 이르기까지 모든 창조물에 대해 창조주 하나님이 베푸시는 사랑이다.

4. 형식의 특징

요나는 다른 예언서들과는 달리 예언 모음이 아니라 예언자에 대한 이야기로 되어 있다. 예언은 3장 4절에 들어 있는 "사십 일이 지나면 니느웨가 무너지리라"라는 짤막한 말 한 마디뿐이다. 이 점에서 요나는 열왕기상하에 나오는 예언자들에 대한 이야기, 특히 엘리야 엘리사 이야기(왕상 17장~왕하 9장)와 견주어 볼 만하다.

5. 요나의 감사 기도(2장)

2장의 기도문은 구원받은 자의 감사 찬송으로서 시편에서 이와 비슷한 요소들을 더러 찾아 볼 수 있다. 얼핏 생각해 보면, 2~9절이 10절 다음에 오면 좋을 것 같지만,[133] 본문은 요나가 이미 물고기 뱃속에서 감사 기도 및 찬송을 드린 것으로 읽게 한다.

6. 요나와 나훔

이방 민족 앗수르의 운명에 관한 한 요나는 뒤에 나오는 나훔과 반대의 내용을 담고 있다. 나훔에서는 니느웨의 멸망을 선포하고 있기 때문이다.

7. 요나와 요엘 및 복음서

요나 3장 9절과 4장 2절은 각각 요엘 2장 14절과 13절과 이어진다. 예수께서는 마태복음 12장 39~41절(누가복음 11장 29~32절)에서 한편으로는 요나가 물고기 뱃속에 있었던 기간에 빗대어 자신이 돌아가셨다가 다시 사실 때까지의 기간에 대해 말씀하시고, 다른 한편으로는 즉각적으로 회개한 니느웨 사람들의 본보기에 비추어, 회개하지 않는 유대인들의 각성을 촉구하신다.

---

133 공동번역에서는 2장 1절, 10절, 2~9절(히브리어 성경의 절수로 적으면 각각 2장 2절, 11절, 3~10절)의 순서로 번역해 놓았다.

25과 미가의 짜임새와 흐름과 중심 내용

1. 전체 얼개

표 63. 미가의 짜임새

1:1 표제	
재난예언	구원예언
1:2~4 *여호와께서 나타나심* 1:5~7 *이스라엘의 허물과 벌* 1:8~16 *닥칠 재난에 대한 예언자의 탄식* 2:1~5 "화 있을진저" - 부유한 압제자들 2:6~11 예언을 둘러싼 논쟁	
	2:12~13 '내'가 이스라엘을 모으리라
3:1~4 이스라엘 지도층에 대한 심판 3:5~7 거짓 예언자들에 대한 심판 3:8 예언자 미가의 자기 이해 3:9~12 이스라엘 지도층 심판 12 시온 멸망 예고(렘26:17~19 참고)	
	4:1~5 민족들의 시온 순례(사2:2~5 참고) 무기를 없애리라 4:6~8 남은 자의 구원 4:9~13 *바벨론에서 해방되리라* 이방의 시온 공격은 허사 5:1~4 베들레헴에서 날 메시야 5:5~6 *앗수르로부터 구원받으리라* 5:7~9 구원받은 남은 자와 민족들 5:10~15 무기와 우상을 멸하리라
6:1~8 자기 백성과 쟁변하시는 여호와 6:9~16 예루살렘 심판 7:1~6 불의한 현실에 대한 탄식 7:7 하나님에 대한 희망 고백	
	7:8~10 신뢰의 고백 7:11~13 예루살렘 회복의 약속 7:14~20 *회복의 기도와 용서의 확신*

표제를 빼면 미가는 1장 2절~3장 12절의 재난예언, 4~5장의 구원예언, 6장 1절~7장 7절의 재난예언, 7장 8~20절의 구원예언의 네 부분으로 크게 나눌 수 있다.

첫 부분은 그 한 가운데인 2장 12~13절에 짧은 구원예언이 있지만 전체적으로 보면 재난예언의 성격을 띤다.

2. 바깥 틀(1:2~16과 7:14~20)

1장 2~4절에서는 자기 백성과 다투시려 나타나시는 여호와의 모습을 묘사하고 5~7절에서 이스라엘의 허물과 벌을 밝힌 다음에 8~16절에서는 닥칠 재난을 앞두고 예언자가 길게 탄식하는데, 이 1장은 마지막 7장 14~20절에서 회복을 빌면서 용서의 확신을 고백하는 긴 기도와 대조를 이루면서 이 둘이 미가의 바깥 틀을 이룬다.

3. 2~3장의 재난예언

본격적인 재난예언은 2장 첫머리 부유한 압제자들에게 “화 있을진저”라는 말씀(1~5절)으로 시작하여, 예언을 듣지 않으려 하는 이들과 논쟁을 벌인(6~11절) 뒤, 짤막한 구원의 말씀(12~13절)을 거쳐서 백성의 두령들 및 치리자들(3:1~4, 9~11)과 거짓 선지자들(3:5~7)과 잘못된 제사장들(3:11)의 죄 때문에 시온이 심판을 받아 폐허가 되리라는 말씀(3:12)으로 나아간다. 이 가운데서 미가는 자신이 재난예언자로서 할 일을 담대히 고백한다(3:8).

4. 4~5장의 구원예언

뒤이어 4~5장에 나오는 구원의 말씀은 베들레헴에서 새 통치자가 날 것을 예고하는 5장 1~4절을 중심으로 이방 압제자에게서 벗어나리라는 약속(4:9~13; 5:5~6)과 남은 자에 대한 구원의 말씀(4:6~8; 5:7~9)과 무기를 없애게 되리라는 말씀(4:1~5; 5:10~15)이 대칭을 이루면서 나온다.

5. 6:1~7:7의 재난예언

6장에서는 다시 1장과 비슷하게 여호와께서 창조 세계를 증인으로 삼아 자기 백성과 다투시는('변론하다'[134]) 형식으로(2절) 자신에게 잘못이 없음을 밝히신 다음(3~5절) 종교 의식을 통해서 하나님의 마음을 얻으려고 하는 백성(6~7절)에게 이스라엘이 따라야 할 종교적이고 윤리적인 삶을 간추려 말씀하신다(8절). 뒤이어 9~16절에서는 다시 한 번 예루살렘 사람들이 저지르는 죄와 그에 대한 벌을 말씀하시고, 이 불의한 현실에 대한 탄식이 7장1~6절에 나온다. 그렇지만 7절에서는 하나님에 대한 희망을 고백한다.

6. 7:8~20의 구원예언

마지막 부분은 예루살렘 회복을 약속하시는 말씀(7:11~13)을 가운데 두고 그 앞뒤로 구원과 용서의 하나님에 대한 굳센 신뢰의 고백으로 밑받침되는 기도가 나온다(7:8~10, 14~20).

7. 미가와 다른 주전 8세기 예언자

표제 1장 1절에서 미가의 시대를 "유다의 왕들 요담과 아하스와 히스기야 시대"[135]라고 하는 것을 보면, 예언자 미가는 아모스, 호세아, 이사야와 마찬가지로 주전 8세기에 예언 활동을 한 사람이다.[136] 더러는 6장 8절에서 나오는 '정의', '인자', '하나님과 함께 행하는 것'을 각각 아모스, 호세아, 이사야가 전한 예언의 핵심 주제로 보면서, 미가서에서 이 셋이 종합되고 있다고 보기도 한다. 아무튼 미가는 아모스의 경우처럼 사회적 약자의 처지를 잘 알고 이들을 괴롭히고 억누르는 지도층을 상대로 심판 예언을 했다고 볼 수 있다. 이 점에서 미가는 예루살렘의 상류층을 대상으로 주로 외교 동맹 정책에 관련된 예언 활동을 했던 이사야와 조금 다르다.

8. 예레미야와 복음서의 미가 인용

3장 12절은 백여 년 뒤 예레미야가 시온에 재난이 닥치리라고 예언하다가

134 개역한글판에서는 '쟁변하다'로 옮겼다.

135 유다 왕 요담(주전 742~735년)에 대해서는 왕하 15:5, 7, 32~37; 대하 26:21~23; 27:1~9에, 아하스(735~715년)에 대해서는 왕하 15:32~16:20; 대하 28장; 사 7장이, 히스기야 (715~687/686년)에 대해서는 왕하 16:20; 18~19장; 대하 29~32장; 사 36~39장이 알려준다.

136 보통 아모스는 주전 760년대에, 호세아는 750년 쯤에 예언 활동을 했고, 이사야는 740년 이후 수십 년 동안, 미가는 이사야와 비슷한 시기에 활동한 것으로 본다.

곤경에 빠졌을 때 그가 한 예언의 진실성을 입증하는 데 쓰인다(렘 26:17~19). 또 5장 2절은 마태복음 2장 5~6절에 인용된다.

26과
나훔의
짜임새와 흐름과
중심 내용

1. 전체 얼개

표 64. 나훔의 짜임새

<table>
<tr><td>1:1 표제</td><td colspan="4">“니느웨에 대한 경고 ... 나훔의 묵시의 글이라”</td></tr>
<tr><td rowspan="5">1:2~8
심판하실
여호와</td><td>1:2~3전</td><td colspan="3">벌하시면서도 은혜로우신 여호와</td></tr>
<tr><td>1:3후~5</td><td colspan="3">세계를 움직이시는 창조주 여호와</td></tr>
<tr><td>1:6</td><td colspan="3">그 진노를 아무도 당할 수 없는 여호와</td></tr>
<tr><td>1:7</td><td colspan="3">자기를 의뢰하는 자들에게는 산성이신 여호와</td></tr>
<tr><td>1:8</td><td colspan="3">대적들을 진멸하시는 여호와</td></tr>
<tr><td rowspan="7">1:9~2:2
대적 심판
유다 구원</td><td>1:9~10</td><td colspan="3">유다에게 하는 예언자의 말씀: “그가 온전히 멸하시리니”</td></tr>
<tr><td>1:11</td><td colspan="3">대적들에게 하는 예언자의 말씀</td></tr>
<tr><td>1:12~13</td><td colspan="3">유다에게 하신 여호와의 말씀: “결박을 끊으리라”</td></tr>
<tr><td>1:14</td><td colspan="3">대적들에게 하신 여호와의 말씀: “우상 멸절하리라”</td></tr>
<tr><td>1:15</td><td colspan="3">유다에게 하는 예언자의 말씀(사52:7 참고)</td></tr>
<tr><td>2:1</td><td colspan="3">대적들에게 하는 예언자의 말씀: “파괴자 올라왔나니”</td></tr>
<tr><td>2:2</td><td colspan="3">유다에게 하는 예언자의 말씀: 야곱의 영광 회복</td></tr>
<tr><td rowspan="8">2:3~3:19
니느웨에
대한
심판의
말씀</td><td rowspan="3">2:3~13</td><td rowspan="3">첫째 말씀</td><td>2:3~10</td><td>적군 묘사, 니느웨(8)의 곤경 묘사</td></tr>
<tr><td>2:11~12</td><td>조롱의 노래</td></tr>
<tr><td>2:13</td><td>대적 여호와의 말씀</td></tr>
<tr><td rowspan="3">3:1~7</td><td rowspan="3">둘째 말씀</td><td>3:1~4</td><td>적군 묘사, 니느웨(7)의 곤경 묘사</td></tr>
<tr><td>3:5</td><td>대적 여호와의 말씀</td></tr>
<tr><td>3:7</td><td>조롱의 노래</td></tr>
<tr><td rowspan="2">3:8~19</td><td rowspan="2">셋째 말씀</td><td>3:8~17</td><td>니느웨의 곤경 묘사</td></tr>
<tr><td>3:18~19</td><td>앗수르 왕(18)에 대한 조롱의 노래</td></tr>
</table>

나훔은 표제 1장 1절을 제외할 경우, 총론 역할을 하는 1장 2~8절과 대적에 대한 심판과 유다의 구원을 다루는 1장 9절~2장 2절과 니느웨에 대한 본격적인 심판의 말씀을 모아 둔 2장 3절~3장 19절의 세 부분으로 이루어져 있다.

2. 첫 부분(1:2~8)과 둘째 부분(1:9~2:2)

첫 부분에서는 여호와의 세계 통치권을 전제로 하여 세계 심판의 큰 틀 안에서 여호와께서 자기를 의뢰하는 자들은 구원하시고(1:7), 대적들은 멸망시키신다(1:8)는 점을 예언자가 밝히는데, 그것을 둘째 부분에서는 유다의 구원과 대적의 심판이라는 두 주제를 번갈아 내세우는 식으로 구체화한다.

표 65. 나훔 1:7~2:2에 나타난 유다의 구원과 대적의 심판

유다	(1:7)		1:9~10		1:12~13		1:15		2:2
대적자들		(1:8)		1:11		1:14		2:1	

3. 니느웨에 대한 심판의 말씀(2:3~3:19)

셋째 부분에 이르러서야 표제에서 밝힌 니느웨의 이름이 나오면서(2:8; 3:7[137]) 니느웨에 대한 심판의 말씀이 셋 나오는데, 셋 모두에서 길게 묘사하는 것은 니느웨를 쳐부술 적군의 모습과 적군의 침입을 받아 니느웨가 겪는 곤경 상황이다(2:3~10; 3:1~6, 8~17. 2:1도 참고). 그에 뒤이어서는 니느웨나 앗수르 왕에 대한 조롱의 노래가 뒤따른다(2:11~13; 3:7, 18~19). 또한 "만군의 여호와의 말씀에 내가 네 대적이 되어"로 시작하는 말씀이 2장 13절과 3장 5절에 나와서 첫 두 심판의 말씀을 이어준다. 이리하여 1장 9절~2장 2절에서 말하는 '대적'이 곧 니느웨라는 점이 분명해지고, 이 니느웨가 1장 8절에서 하나님을 거스르다가 망할 세력의 본보기로 드러난다.

137 개역에는 2:10에도 '니느웨'라는 이름이 나오지만, 이 구절에 상응하는 히브리어 본문 2:11에는 이 이름이 없다. '앗수르'라는 나라 이름은 3:18에만 나온다.

표 66. 나훔 2:3~3:19의 짜임새

니느웨의 곤경	2:3~10	3:1~4	3:8~17
조롱의 노래	2:11~12	3:7	3:18~19
여호와의 말씀	2:13	3:5~6	

4. 재난예언의 특징

이처럼 나훔서는 니느웨가 구원의 대상이 되는 요나서와는 달리 니느웨 심판을 중심 내용으로 하면서 하나님 백성 유다의 구원에 대한 말씀도 곁들이고 있는데, 보통 재난예언과는 달리 앗수르가 받는 심판의 내용이 심판의 까닭(여호와를 거스르는 악을 꾀함[1:11], 하나님 백성을 괴롭힘[1:12], 거짓과 포악과 탈취[3:1][138], 음행과 마술[3:4])보다 더 자세히 묘사되어 있다. 하나님 백성의 잘못에 대한 말씀은 한 마디도 없다.

5. 시대 배경

3장 8절에서는 노아몬, 곧 애굽의 테베(오늘의 룩소르)가 주전 660년대에 앗수르의 손에 떨어진 사실을 암시하고, 나훔서 전체에서 또 612년에 있은 니느웨의 멸망이 아주 가까운 것으로 묘사하는 것으로 보아서, 나훔은 주전 7세기 후반에 예언 활동을 한 것으로 보인다.

138 개역한글판에서는 3:1을 "...궤휼과 강포와 늑탈..."로 번역하였다.

27과
하박국의 짜임새와 흐름과 중심 내용

1. 전체 얼개

표 67. 하박국의 짜임새

구분	본문	내용
1~2장 예언자와 여호와의 대화	1:1	표제 "선지자 하박국이 묵시로 받은 경고라"
	1:2~4	*예언자의 탄원*(1): 악인의 강포하고 공의가 없는 현실
	1:5~11	**여호와의 답변**(1): 갈대아 사람(6)이 오리라
	1:12~17	*예언자의 탄원*(2): "악인이 자기보다 의로운 사람을 삼키는데도 잠잠하시나이까"
	2:1~20	**여호와의 답변**(2): 악인은 망하리라, "의인은 믿음으로 말미암아 살리라"
		2:1 예언자의 기다림
		2:2~20 **여호와의 답변**
		2:2 "이 묵시를 기록하여 판에 새기라"
		2:3 "정한 때가 있나니 ... 반드시 응하리라"
		2:4 "... 의인은 그의 믿음으로 말미암아 살리라"
		2:5~20 그는 망하리라
		2:5~6전 그는 망하고 그를 조롱하는 시로 그를 풍자하리라
		2:6후~20 조롱하는 시의 내용
		2:6후~8 "화 있을진저" 말씀(1) - 소유
		2:9~11 "화 있을진저" 말씀(2) - 집 건축
		2:12~13 "화 있을진저" 말씀(3) - 성읍 건축
		(사11:9 참고) ← 2:14 세상에 가득할 여호와의 영광 인정
		2:15~17 "화 있을진저" 말씀(4) - 강포
		2:18~19 "화 있을진저" 말씀(5) - 우상
		2:20 "여호와는 성전에 계시니..."

구분	본문	내용
3:1~19 하박국의 기도	3:1	표제 "시기오놋에 맞춘 선지자 하박국의 기도라"
	3:2	*예언자의 기도*: "부흥케 하옵소서", "긍휼을 잊지 마옵소서" (2:2~5 참고)
	3:3~15	세계를 심판하시고 자기 백성을 구원하려 나타나시는 하나님
	3:16~19전	*예언자의 반응* - 놀람, 확신의 고백
	3:19하	맺음말: "이 노래는 지휘하는 사람을 위하여 내 수금에 맞춘 것이니라"

하박국은 1장 1절과 3장 1절의 표제에 비추어 볼 때, 예언자와 하나님 사이에 벌어진 대화 형식을 취하는 1~2장과 하박국의 기도인 3장의 두 부분으로 크게 나눌 수 있다. 곧, 1장 1절은 1장 2절~2장 20절의 표제로, 3장 1절은 3장 2~19절의 표제로 볼 수 있다. 또 3장 19절 후반절이 3장의 맺음말이듯이, 2장 20절도 1~2장의 맺음말로 볼 만하다.

2. 1~2장의 짜임새

1~2장은 다시 두 차례에 걸쳐서 예언자가 여호와께 탄원의 말씀을 아뢰고, 그에 대해 여호와께서 답하신 형식으로 되어 있는데, 특히 여호와의 두 번째 답변에는 "화 있을진저" 형식의 말씀 다섯 가지가 이어진다.

3. 탄원과 응답

(1) 첫 번째 탄원에서 예언자는 유다 사회에 '강포', '죄악',[139] '패역', '겁탈', '변론'과 '분쟁'이 넘치고 '정의'[140]가 통하지 않는다고 여호와께 울부짖는데(1:2~4), 여호와께서는 이에 대해 갈대아 사람, 곧 바벨론 군대를 일으켜서 그들 나름대로 '당당함'[141](1:7)과 '강포'(1:9)를 행하게 하시겠다고 하신다.

(2) 두 번째 탄원에서 예언자는 하나님 백성을 벌하는 도구로 온 바벨론 사람들이 제 본분을 넘어서서 폭력을 행사하는 것을 두고서 "악인이 자기보다 의로운 사람을 삼"킨다(13절)고 하면서 이를 어찌 하나님이 그냥 두고만 보시느냐고 울부짖는다. 이에 대해서 한편으로 하나님은 '묵시'(2:2)[142]를 판에 기록하라 하시면서 때가 되면 교만하고 포악한 자들은 망하고 그 때까지 신실하게 하나님을 섬기는 자는 살게 되리라(2:4)[143]고 답하신 다음, 그 때 망할 악인을 두고 부를 조롱의 노래를 소개하신다(2:6전).

---

139 개역한글판에서는 '간악'이라고 옮겼다. 히브리어로는 <아웬>(אָוֶן)이다.

140 개역한글판에서는 '공의'라고 옮겼다. 히브리어로는 <미쉬팟>(מִשְׁפָּט)이다.

141 개역한글판에서는 '심판'으로, 표준새번역에서는 '정의'로, *NIV*에서는 law로, *NJPST*에서는 laws로 옮겼다. 히브리어로는 <미쉬팟>(מִשְׁפָּט)이다.

142 히브리 명사 <하존>(חָזוֹן)의 번역인데, 이 히브리 낱말을 직역하면, '본 바'가 된다. 이에 대해서는 또 위 19과의 3.(1)을 참고하라.

143 "의인은 그 믿음으로 살리라"로 개역한글판이 옮긴 히브리 문장이 개역개정판에서는 "의인은 그의 믿음으로 말미암아 살리라"로, 공동번역에서는 "의로운 사람은 그의 신실함으로써 살리라"로, 표준새번역에서는 "의인은 믿음으로 산다"로, *NJPST*에서는 the righteous man is rewarded with life for his fidelity("의인은 그의 성실함에 대해 목숨으로 보상받는다")로 번역해 놓았다.

4. 조롱의 노래

그 조롱의 노래는 다섯 가지 “화 있을진저” 형식의 말씀(2:6후~8, 9~11, 12~13, 15~17, 18~19)과 송영의 성격을 띠는 두 구절(14, 20절)로 이루어져 있는데, 여기서 지적하는 죄의 내용은 불의로 부를 쌓은 것, 부당한 이득을 취한 것, 비양심적으로 집을 짓고 성읍을 세운 것, 방탕하게 술마신 것, 우상을 숭배한 것이다. 온 천하가 여호와 앞에 잠잠할 것을 말하는 마지막 20절은 우상의 무력함을 드러내는 18~19절과 잘 대조된다

5. 하박국의 기도(3장)

3장은 마치 두 번에 걸쳐 하나님이 하신 답변을 듣고 한 하박국의 응답처럼 보인다. 표제인 1절에 이어 2절에서는 여호와께서 빨리 개입하실 것을 간구하고 곧바로 3절부터 15절까지에서는 세계를 심판하시고 자기 백성을 구원하려 나타나시는 하나님을 처음에는 삼인칭으로(3~7절), 다음에는 이인칭으로(8~15절) 찬송한다. 마지막 16~19절에서는 하나님이 개입하실 때까지 굳센 믿음으로 기다리겠다는 고백이 담겨 있다.

6. 시대 배경

1장 6절에 갈대아 사람이 언급되는 것으로 보아, 보통은 예언자 하박국이 신 바벨론 제국이 수리아와 이스라엘 지역을 본격적으로 압박하게 된 주전 7세기 말에 활동하였으리라고 생각한다.

7. 신약의 하박국 인용

신약 로마서 1장 17절, 갈라디아서 3장 11절에서는 하박국 2장 4절 하반절을 본문의 역사적인 맥락을 떠나 기독교 진리에 대한 한 가지 일반적인 진술로 바꾸어 인용한다. 또 히브리서 10장 38절에서는 박해받는 그리스도인들에게 인내를 권고하는 말로 쓴다.

28과
스바냐의 짜임새와 흐름과 중심 내용

1. 전체 얼개

표 68. 스바냐의 짜임새

		[세계, 이방]	[유다, 예루살렘]
1:1	표제		
1:2~3	*온누리에 대한 여호와의 심판 선포: "내가 진멸하리라"*	세계 심판	
1:4~6	유다와 예루살렘의 우상 숭배자들에 대한 심판 선포:		유다, 예루살렘 심판
1:7	"여호와의 날이 가까왔도다"		
1:8~9	지도층 심판 선포: "내가 벌하리라" (8:'여호와의 희생의 날')		
1:10~11	'그 날'에 있을 애곡, 애곡 촉구		
1:12~13	안일한 예루살렘 사람들 심판 선포: "내가 벌하리라"		
1:14~16	"여호와의 큰 날이 가깝도다"		
1:17~18	*모든 거민 심판 선포: "내가 멸절하리라"*	세계 심판	
2:1~3	**겸손한 자들에게 하는, 여호와를 찾으라는 권고**		예루살렘 구원
2:4~7	블레셋(서쪽 이웃)에 대한 심판 선포	이방 심판	
2:8~10	모압과 암몬(동쪽 이웃)에 대한 심판 선포		
2:11	세상 신들의 쇠진, 이방 모든 해변 사람들의 여호와 경배	이방 구원	
2:12	구스(남쪽 이웃)에 대한 심판 선포	이방 심판	
2:13~15	앗수르(북쪽 이웃)에 대한 심판 선포		
3:1~5	**회개하지 않는 성읍 지도층에 대한 심판 선포**		예루살렘 심판
3:6~8	하나님의 예루살렘 심판 도구인 열국 심판	이방 심판	
3:9~10	"*열국이* ***여호와의 이름***을 *부르리라*"	이방 구원	
3:11	교만한 자를 제하리		예루살렘 구원
3:12~13	*곤고하고 가난한 백성* ***여호와의 이름***을 *의탁하리*		
3:14~20	예루살렘과 이스라엘이 누릴 영광		
	3:14~15 찬양 촉구와 그 까닭		
	3:16~17 사람들의 말		
	3:18~20 "만민 가운데서 명성과 칭찬을 얻게 하리라"		

스바냐서는, 각 부분의 대칭 구조를 기준으로 볼 때, 표제인 1장 1절을 제외하면 1장 2절~18절과 2장 1절~3장 5절과 3장 6~20절의 세 부분으로 나눌 수 있다. 또 심판과 구원, 또 그 대상이 누구냐에 따라 살펴보면, 세계 심판(1:2~3, 17~18)과 하나님 백성 심판(1:4~16; 3:1~5)과 이방 심판(2:4~10, 12~15; 3:6~8), 또 하나님 백성 구원(2:1~3; 3:11~20)과 이방 구원(2:11; 3:9~10)이 여러 번 엇갈려 나온다.[144]

2. 첫 부분(1:2~18)

첫 부분에서는 온 누리에 대한 심판의 말씀(1:2~3, 17~18)이 바깥 뜰을 이루고, 그 안에서 유다와 예루살렘에 대한 심판 선포(1:4~6, 8~9, 12~13)에 뒤이어 '여호와의 날'에 대한 해설(1:7, 10~11, 14~16)이 나오는 형식이 세 번 되풀이되는데, 대칭 구조로 보면 특히 1장 8~11절에서 묘사는 지도층에 대한 심판의 말씀이 중심을 이룬다.

표 69. 스바냐 1:2~18의 짜임새

<table>
<tr><td>2~3
온 누리 심판</td><td colspan="3"></td><td>17~18
모든 거민 심판</td></tr>
<tr><td></td><td colspan="3">유다와 예루살렘 심판</td><td></td></tr>
<tr><td></td><td>4~6
우상숭배자</td><td>8~9
지도층</td><td>12~13
안일한 사람들 심판</td><td></td></tr>
<tr><td></td><td>7</td><td>10~11</td><td>14~16</td><td></td></tr>
<tr><td></td><td colspan="3">여호와의 날</td><td></td></tr>
</table>

3. 둘째 부분(2:1~3:5)

(1) 둘째 부분에서는 첫 머리의 '겸손한 자들'(2:1~3)과 마지막의 '회개하지 않는 지도층'(3:1~5)이 대조를 이룬다. 이는 곧 예루살렘 사람들이 구원받는 계층과 심판받는 계층의 둘로 나누어지는 것을 암시하는데, 이는 뒤에 3장 11~13절에서 다시 분명해진다.

---

144 하나님의 백성과 이방 백성들을 합하면 이 세상 모든 사람들이 되므로, 결국 이스라엘의 하나님은 온 누리의 주로서 이 땅 모든 민족의 역사를 움직여 가시는 하나님이심이 이 점에서도 똑똑히 드러난다.

(2) 둘째 부분의 한 가운데인 2장 11절에서는 멀리 있는 이방 사람들이 이스라엘의 하나님 여호와를 섬기게 되리라는 말씀이 들어 있어서, 이 구절을 둘러싸고 있는, 가까운 이웃 이방 족속들에 대한 심판의 말씀과 대조를 이루고 있다.

표 70. 스바냐 2:1~3:5의 짜임새

	2:4~7 블레셋(서) 심판		2:13~15 앗수르(북) 심판	
	2:8~10 모압, 암몬(동) 심판		2:12 구스(남) 심판	3:1~5 예루살렘 회개않는 지도층 심판
2:1~3 예루살렘 겸손한 자들 구원		2:11 이방구원		

4. 셋째 부분(3:6~20)

셋째 부분에서는 예루살렘의 구원이 중심을 이룬다. '교만한 자들' 곧 앞에서 예루살렘이 심판받도록 한 지도층(1:8~9; 3:1~5)은 없애고, '곤고하고 가난한 백성'(3:12)을 남겨 두어 이들이 여호와의 이름을 의탁하여 보호받게 하실 터인데, 이들은 곧 2장 1~3절에서 여호와를 찾으라는 권고를 받았던 '겸손한 자들'이라 볼 수 있다. 이제 구원을 받은 예루살렘은 찬양할 수 있다. 그를 보는 사람들이 예루살렘의 구원을 증거하고, 하나님 몸소 예루살렘이 만민 중에서 명성과 칭찬을 얻게 하실 것이다.

5. 하나님 백성의 죄

스바냐서에서 지적하는 하나님 백성의 죄는 우상을 숭배하면서 여호와를 찾지 않은 것(1:4~6), 이방 습속을 따르는 것(1:8), 포악과 거짓(1:9)[145], 여호와의 통치를 부인한 것(1:12), 패역과 더러움과 포학과 불순종과 불의(3:1~5)인데, 특히 지도층에 속하는 방백들과 왕자들과 재판장들과 선지자들과 제사장들의 잘못이 크다(1:8~9; 3:1~5).

---

145 개역한글판에서는 1:9을 "... 강포와 궤휼..."라고 번역하고 있다.

6. '여호와의 날'

1장 7절~2장 3절에 여러 번 나오는 '여호와의 날'은 하나님을 거스른 하나님 백성이 벌받는 날이지 구원의 날이 아니다. 그렇지만 3장 8절에서는 하나님이 심판 도구로 쓰신 이방 나라들을 벌하시려 하나님이 일어나시는 날이 된다.

7. 예언자 스바냐

표제 1장 1절에 따르면, 스바냐는 요시야 시대 사람이어서 예레미야(렘 1:1~3 참고), 하박국,[146] 나훔[147]과 같은 시대 사람으로 볼 수 있다.

---

[146] 위 27과의 6을 참고하라.
[147] 위 26과의 5를 참고하라.

29과
학개의
짜임새와 흐름과
중심 내용

1. 전체 얼개

표 71. 학개의 짜임새

1:1	"**다리오 왕 제이년 여섯째 달 곧 그 달 초하루**에 여호와의 말씀이 ... 학개로 말미암아... 유다 총독 스룹바벨과...대제사장 여호수아에게 임하니라 이르시되"
1:2~11	성전 건축을 둘러싼 논쟁과 여호와의 건축 명령(10~11: 곡식 문제)
1:12~14	백성의 순종, 학개의 격려, 건축 시작
1:15	"그 때는 다리오 왕 제이년 여섯째 달 이십사일이었더라"
2:1	"**일곱째 달 곧 그 달 이십일일**에 여호와의 말씀이 선지자 학개에게 임하니라 이르시되"
2:2~9	스룹바벨과 여호수아와 남은 백성에게 새 성전의 영광에 대해 말하라 (6~7: *내가 하늘과 땅..를 진동시킬 것이요 또한 모든 나라를 진동시킬 것이며*...)
2:10	"**다리오 왕 제이년 아홉째 달 이십사일**에 여호와의 말씀이 선지자 학개에게 임하니라..."
2:11~14	성물과 부정에 대한 제사장과 학개의 문답
2:15~19	건축 공사 시작의 의미 - 곡식 문제
2:20	"**그 달 이십사일**에 여호와의 말씀이 다시 학개에게 임하니라 이르시되"
2:21~22	"...스룹바벨에게 말하여 이르라 내가 *하늘과 땅을 진동시킬 것이요 여러 왕국들의 보좌를 엎을 것이요* ..."
2:23	"... 스룹바벨아...내가 너를 취하고 너로 인장으로 삼으리니..."

(1) 학개서는 날짜 표시가 들어 있는 곳을 기준으로 보면 1장 1~11절, 12~15절, 2장 1~9절, 10~19절, 20~23절의 다섯 부분으로 나눌 수 있다.

(2) 이 가운데 둘째 부분을 뺀 나머지 넷은 학개에게, 또는 학개를 통해 스룹바벨[148]과 여호수아[149]와 백성에게 임한 여호와의 말씀이란 형식을 띤다. 학개와 스가랴는 에스라 3장 2절과 5장 2절에도 언급된다. 그렇지만, 에스라 1~6장에 들어 있는 성전 재건 관련 부분이 역사 기록의 성격을 띤다면, 학개와 스가랴의 초점은 선포된 예언 모음에 있다.

(3) 그런데, 1장 1절, 2장1 절, 10절, 20절에 적힌 날짜로 보면 학개는 모두 같은 해, 곧 페르시아 왕 다리오 2년(주전 520년)에 길게 잡아야 넉 달 안(6월 1일, 7월 21일, 9월 24일)에 네 번에 걸쳐 예언한 것으로 나타난다. 마지막 두 부분은 같은 날에 임한 말씀이라고 표시되어 있다.

2. 각 부분의 상호 관련성

다섯 부분 가운데 첫째 부분과 넷째 부분은 성전 재건과 관련하여 양식 문제를 언급하고 있는 점에서, 셋째 부분과 다섯째 부분은 하나님이 "하늘과 땅을 진동시키"시리라는 점에서 서로 이어진다.

3. 중심 내용

학개서의 중심 내용은 포로기 이후에 경제 사정이 어려운 가운데서라도 성전을 다시 짓는 것인데, 여기서 성전 재건은 종교 의식상의 깨끗함을 회복한다는 뜻을 지닐 뿐만 아니라 여호와께서 이방을 물리치시고 시온을 영화롭게 하실 새로운 구원의 때가 동트는 조건으로 간주된다.

그뿐만 아니라 다윗의 후손으로서 페르시아 제국이 유다 총독으로 세운 스룹바벨과 대제사장 여호수아가 포로 후기 유다 공동체에서 각각 다윗 왕국과 레위 제사장직의 연속성을 드러내는 중요한 인물로 등장한다.

---

148 학 1:1, 12, 14; 2:2, 4에 따르면, 스룹바벨의 아버지는 스알디엘이다. 이와는 달리 대상 3:17~19에서는 스룹바벨을 스알디엘의 형제인 브다야의 아들이라고 하는데, 스알디엘과 브다야의 아버지가 여호야긴이므로 스룹바벨은 바벨론으로 사로잡혀간 이 비운의 임금의 손자이다. 아마 스알디엘이 자식 없이 일찍 죽고, 그 아내가 시동생 브나야와 결혼하여 낳은 스룹바벨을 스알디엘의 아들로 여긴 듯하다.

149 학개서에서 대제사장 여호수아의 아버지로 밝히고 있는 여호사닥은, 대상 6:14; 왕하 25:18에 따르면, 느부갓네살에 의해 그의 아버지 대제사장 스라야와 함께 바벨론으로 사로잡혀간 사람이다.

4. 제사장의 <토라> (2:12~13)

2장 12~13절에서는 옛 이스라엘 사람들이 종교 의식에 대해 구체적인 질문이 있을 때 이에 대해 제사장에게 묻고 제사장은 그에 대해 권위있는 답을 해 주곤 했으리라는 추측을 할 수 있다. 이런 경우 제사장의 지시를 학자들은 제사장의 <토라>라고 한다.

30과
스가랴의
짜임새와 흐름과
중심 내용

1. 전체 얼개

(1) 페르시아 왕 다리오의 이름이 들어 있는 스가랴 1장 1절과 7절과 7장 1절의 표제를 통해서 스가랴서의 첫 여덟 장은 마찬가지로 다리오의 이름이 표제에 나오는 학개서(1:1, 15; 2:1, 10, 20)와 이어진다.

표 72. 표제에 따른 학개와 스가랴와 말라기의 관계

학개	1:1	다리오 2년 6월 1일
	1:15	다리오 2년 6월 24일
	2:1	다리오 2년 7월 21일
스가랴	1:1	다리오 2년 8월
학개	2:10, 20	다리오 2년 9월 24일
스가랴	1:7	다리오 2년 11월 24일
스가랴	7:1	다리오 4년 9월 4일

스가랴	9:1	... 경고라[150]
스가랴	12:1	... 경고라
말라기	1:1	... 경고라

(2) 다른 한편으로 스가랴의 나머지 여섯 장은 말라기서와 이어진다는 점에 대해서는 19과 '3. 여호와의 말씀, 묵시, 경고'에서 이미 언급한 바 있다.

(3) 예언자 스가랴의 이름은 1장 1절, 7절과 7장 1절, 8절에 나오고, 이밖에

150 스가랴 9:1을 개역한글판은 "여호와의 말씀의 경고가 하드락 땅에 임하며..."로 번역하고, 개역개정판에서는 "여호와의 말씀이 하드락 땅에 내리며"로 번역하였으나, 히브리 본문을 직역하면, "**경고**, 하드락 땅에 대한 **여호와의 말씀**..."이다.

"여호와의 말씀이 내게 임하니라"는 6장 9절과 8장 18절에 나온다. 이리하여 스가랴의 이름이나 그를 가리키는 대명사가 9장 이후에는 나타나지 않는다.

2. 1~8장의 짜임새

1~8장은 지난날 예언자들이 외친 여호와의 말씀을 듣지 않았던 선조를 본받지 말고 "내게로 돌아오라"고 부르시는 여호와의 말씀이 나오는 1장 1~6절과 여덟 가지 환상이 몇 가지 구원의 말씀과 섞여 있는 1장 7절~6장 15절과 금식 문제를 중심으로 구성된 구원의 말씀인 7~8장의 세 부분으로 크게 나눌 수 있다.

표 73. 스가랴 1~8장의 짜임새

구분	본문	내용	
1:1~6 들어가는 말	1:1	"**다리오 왕 제이년 여덟째 달에** 여호와의 말씀이 스가랴에게 임하니라"	
	1:2~6	"조상 본받지 말고 돌아오라!"	
		1:2 "여호와가 너희의 조상들에게 심히 진노하였느니라" (5, 6)	
		1:4 "옛적 선지자들이 그들에게 외쳐..." (5, 6)	
1:7~6:15 환상	1:7	"**다리오 왕 제이년 열한째 달 곧 스밧월 이십사일**에... 스가랴에게 여호와의 말씀이 임하니라"	
	1:8~17	환상(1): 말 탄 사람들	**하나님의 세계 통치 선포**
		1:16~17 예루살렘 구원의 말씀	
	1:18~21	환상(2): 네 뿔, 네 대장장이	**외적인 위협에서 해방될 예루살렘**
	2:1~13	환상(3): 측량 줄 잡은 사람	
		2:6~13 시온 회복의 말씀	
	3:1~10	환상(4~1): 여호와 앞에 선 여호수아	새시대의 지도자들
		3:8~10 여호수아에 대한 구원의 말씀	
	4:1~14	환상(4~2): 등대와 두 감람나무	
		4:6~10전 스룹바벨에 대한 구원의 말씀	
	5:1~4	환상(5): 날아가는 두루마리	**내적인 위협에서 해방될 예루살렘**
	5:5~11	환상(6): 에바 안의 여인	
	6:1~15	환상(7): 네 병거(1:8~17 참고)	**하나님의 세계 통치 시작**
		6:9~15 여호수아에게 면류관을 씌우라는 **상징 행위** 명령	
7:1~8:23 구원의 맥락에서 본 금식문제	7:1	"**다리오 왕 제사년 아홉째 달 곧 기슬래월 사일**에 여호와의 말씀이 스가랴에게 임하니라"	
	7:2~3	금식에 대한 사람들의 물음	
	7:4~7	여호와의 비판적인 대답	
	7:8~14	의롭게 살라는 명령에 불순종하여 심판받은 역사 회고	
		7:7 "여호와가 옛 선지자들을 통하여 외친 말씀..."	
		7:9~10 하신 말씀: "진실한 재판을 행하며",... "해하지 말라"	
	8:1~15	구원의 말씀: 예루살렘과 유다의 회복	
		8:14 "너희 조상들이 나를 격노하게 하였을 때에..."	
	8:16~17	이제 행할 일: "진실하라", "해하지 말라"	
	8:18~19	금식 문제에 대한 여호와의 적극적인 대답	
	8:20~23	구원의 말씀: 만국의 중심이 될 예루살렘	

3. 환상

환상에 대한 여러 본문은 일반적으로 예언자가 환상을 보고 그 뜻을 물으면 천사[151]가 풀이해 주는 식으로 되어 있는데, 3장 1~7절은 이에서 벗어난다.

그렇지만, 첫째 환상인 말 탄 사람들의 환상(1:8~17)과 마지막 환상인 네 병거의 환상(6:1~15)은 이 땅의 역사를 여호와 하나님이 움직이신다는 것을 뜻하고, 둘째 셋째 환상인 네 뿔 및 네 대장장이 환상(1:18~21)과 측량줄 잡은 사람의 환상(2:1~13)은 예루살렘이 외적인 위협에서 벗어날 것을 알려 주는가 하면, 끝에서 둘째 셋째 환상인 날아가는 두루마리의 환상(5:1~4)과 에바 안의 여인 환상(5:5~11)은 예루살렘이 내적인 위협에서 벗어날 것을 말하는 식으로, 여호수아에 대한 환상(3:1~10)과 등대 및 두 감람나무의 환상(4:1~14)을 중심으로 나머지 환상들이 대칭을 이룬다.

이처럼 예언자가 본 환상을 풀이해 주는 천사가 나오고 말 탄 사람들 등의 환상 내용은 요한계시록을 떠올리게 한다.

4. 7~8장

7~8장은 금식에 대한 사람들의 물음으로 시작하여(7:2~3) 그에 대한 여호와의 비판적인 대답(7:4~7)이 불순종과 심판의 역사에 대한 회상으로 넘어갔다가(7:8~14) 예루살렘과 유다의 회복을 약속하시는 말씀(8:1~15)으로 바뀌면서 이제 행할 바(8:16~17)를 말한 뒤에, 다시 금식 문제에 대해 금식이 변하여 기쁨의 절기가 되리라는, 여호와의 적극적인 답변(8:18~19)으로 이어지고 예루살렘이 만국의 중심이 되리라는 약속의 말씀(8:20~23)으로 끝난다.

---

151 1:9, 18; 2:3; 4:1; 5:5의 '내게 말하는 천사'.

5. 9~11장의 짜임새

표 74. 스가랴 9~11장의 짜임새

본문		내용
9:1전		"경고, 하드락 땅에 대한 여호와의 말씀"[152]
9:1후~8		이웃 나라들에 대한 심판과 회복의 말씀
9:9~17		시온을 회복시키시는 하나님
	9:9~10	*시온의 임금이 임하리라*
	9:11~12	하나님 백성이 돌아오리라
	9:13~15	헬라를 치게 하시리라
	9:16~17	**자기 백성을 구원하실 여호와, 생산의 회복**
10:1~12		자기 백성을 이끌고 돌아오시는 하나님
	10:1	**생산의 회복**
	10:2~3전	*거짓 목자들과 수 염소 심판*
	10:3후~5	적과 싸워 이기게 하리라
	10:6~12	하나님 백성을 돌아오게 하시리라
11:1~3		*멸망당한 자들은 곡하라*(3: '목자')
11:4~17		양 먹이는 **상징 행위**(4~15) *여호와께서 일으키실 못된 목자*(15~17)

9~11장은 이방 나라들(9:1~8)이나 이방 지도자들(11:1~3, 4~17의 '목자들')에 대한 심판의 내용을 담은 단락을 바깥 틀로 하고, 그 가운데 시온을 회복시키시는 하나님(9:9~17)과 자기 백성을 이끌고 돌아오시는 하나님(10:1~12)에 대한 단락이 들어 있는데, 이 두 단락 사이에는 상응되는 요소들이 있다.

표 75. 스가랴 9~11장의 상응 요소들

9장	상응 요소	10장
9:9~10	시온의 임금 ↔ 거짓목자	10:2~3전
9:11~12	돌아오는 백성	10:6~12
9:13~15	적 공격	10:3후~5
9:16~17	생산회복	10:1

---

152 이는 히브리어 본문 9장 1절 첫부분을 직역한 것이다.

6. 12~14장의 짜임새

표 76. 스가랴 12~14장의 짜임새

12:1전	"경고, 이스라엘에 관한 여호와의 말씀[153]..."	
12:1후~9	열국의 공격에서 예루살렘을 지키실 여호와	
12:10~14	'찔린 바 그'(10)를 위한 통곡	
13:1~6	깨끗해질 하나님 백성	
	13:1	죄와 더러움을 씻는 샘
	13:2전	우상 제거
	13:2후~6	거짓 예언자 제거
	13:7~9	불 가운데 연단받을 남은 자
14:1~21	예루살렘의 고난과 회복	
	14:1~2	열국이 예루살렘을 약탈하리라
	14:3~5	여호와께서 열국을 치시리라
	14:6~11	예루살렘의 회복, 왕이신 여호와
	14:12~15	예루살렘을 친 자들에게 내릴 심판
	14:16~21	이방 백성들의 시온 순례

(1) 12~14장에서는 다시 시온의 구원 및 회복에 대한 여러 가지 말씀이 들어 있는데, 먼저 12장에서는 적들이 예루살렘으로 쳐들어와도 여호와께서 지켜주시고(12:1~9) '은총과 간구하는 심령'(10절)을 부어주셔서 '그 찌른 바 그를 바라보고"[154] 온 예루살렘이 애통하리라(12:10~14) 한다.

(2) 뒤이어 13장에서는 하나님 백성 가운데서 우상과 거짓 예언자들을 없애서 깨끗하게 하고 불 가운데 연단 받아 남은 자가 있게 하리라 한다.

(3) 14장에서는 다시 한 번 열국의 예루살렘 약탈, 여호와의 개입, 예루살렘 및 여호와의 왕권의 회복, 적들에 대한 심판, 이방 백성들의 시온 순례(14:16~21. 8:20~23 참고)라는 여러 가지 주제가 한데 어우러져 나타난다.

---

153 이는 히브리어 본문 12장 1절 첫부분을 직역한 것이다.

154 개역에서 "그들이 그 찌른 바 그를 바라보고"로 옮긴 히브리 문장은 경우에 따라 "그들이 찌른 자와 관련해서 나를 바라보고"로 옮길 수도 있다. *NIV*에서는 They will look on me, the one they have pierced로, *NJPST*에서는 they shall lament to Me about those who are slain으로 번역해 놓았다.

7. 중심 주제

(1) 스가랴의 중심 주제는 시온의 구원과 회복(1:18~2:13; 9:9~17; 12:1~9; 14:3~11)인데, 이는 이방 민족의 멸망과 긴밀히 연관되어 있다. 이러한 흐름은 뒤로 갈수록 더 세어지는데, 마침내는 시온이 여호와께서 온 누리를 다스리시고, 생수가 흘러나는 중심지가 된다(14:8~9).

(2) 그 과정에서 무기를 없이하고서도 온 누리에 평화를 주는 임금이 시온에 임하시리라는 말씀(9:9~10)과 온 예루살렘이 '그 찌른바 그'를 위해 애통한다는 본문(12:10~14)이 나오는데, 이것이 각각 마태복음 21장 5절과 요한복음 19장 37절에서 예수 그리스도에게 적용된다.

8. 예언자 스가랴

(1) 스가랴 1장 1절의 '다리오 왕 2년 8월'과 7절의 '다리오 왕 2년 11월 24일'과과 7장 1절의 '다리오 왕 4년 9월 4일'의 날짜표시와 학개서에 나오는 가장 이른 날짜인 '다리오 왕 2년 6월 1일'(학 1:1)과 가장 늦은 날짜인 '다리오 왕 2년 9월 24일'(학 2:20)를 서로 견주어 보면, 스가랴는 학개보다 두 달 늦게 예언자 노릇하기 시작하여 한 석 달 함께 일하다가 나중에는 다시 혼자 여러 해 활동한 것으로 보인다.

(2) 스가랴와 학개 두 예언자 모두 성전 재건에 관여했지만, 스가랴는 학개보다 더 폭넓게 종말론적인 희망을 묘사한다. 선배 예언자 학개가 겨우 성전 재건 공사가 시작되는 것만 보고 물러간 뒤에, 후배 예언자 스가랴는 그 공사가 진척됨에 따라 종말론적인 기대가 날로 더 뜨거워지는 것을 경험하게 되었을 것이다. 이 과정에서 스룹바벨과 여호수아에 대한 기대도 더 커졌을 것이다.

31과
말라기의
짜임새와 흐름과
중심 내용

1. 전체 얼개

표 77. 말라기의 짜임새

1:1	표제: "경고, 말라기를 통한 이스라엘을 향한 여호와의 말씀[155]"			
	[진술, 물음, 요구]	[되물음]	[대답]	[주제]
1:2~5 첫 논쟁	"내가 너희를 사랑하였노라" (2전상)	"주께서 어떻게 우리를 사랑 하셨나이까?" (2전하)	야곱 택하심(2), 에돔에 대한 심판 선포 (3~4)	여호와의 사랑에 대한 이스라엘의 의심
1:6~2:9 둘째 논쟁	"…제사장들아…나를 공경함이 어디있느냐?" (1:6전)	"우리가 어떻게 주의 이름을 멸시하였나이까?" (1:6후)	흠있는 제물(1:7전,8~14), 뻔뻔스런 말(1:7, 12), 심판선포(2:1~9)	무성의한 제사, 무성의한 직무수행 (2:6~9율법 가르침)
2:10~16 셋째 논쟁	"우리 조상들의 언약을 욕되게 하느냐?" (10)		이방 혼인한 자들에게 대한 심판선포(11~12)	이방혼인
	"여호와께서 너희의 봉헌물을 받지 아니하시거늘" (13)	"어찌됨이니까?" (14전)	불성실한 혼인생활 (14~16)	불성실한 혼인생활
2:17~3:5 넷째 논쟁	"너희가 말로 여호와를 괴로우시게 하였다" (2:17전)	"우리가 어떻게 여호와를 괴로우시게 하였나?" (2:17전)	잘못된 말: "모든 행악자는 여호와의 눈에 선히 보이며…", "정의의 하나님이 어디 계시냐?"	행악자들에 대한 하나님의 조치가 없어 보임
3:6~12 다섯째 논쟁	"야곱의 자손들아… 내게로 돌아오라!" (6~7전)	"우리가 어떻게 하여야 돌아가리이까?" (7후)		실천적 회개
	"사람이 어떻게 하나님의 것을 도적질하겠느냐?" (8전)	"우리가 어떻게 주의 것을 도적질 하였나이까?" (8전)	"십일조와 봉헌물이라" (8후), 조건부 약속(10)	십일조,봉헌물
3:13~4:3 여섯째 논쟁	"너희가 완악한 말로 나를 대적하였다" (3:13전)	"우리가 무슨 말로 주를 대적하였나이까?" (3:13후)	잘못된 말: "하나님을 섬기는 것이 헛되고, 교만한 자가 복되다" (3:14~15) 심판의 날 예고(3:17~4:3)	악인의 번영과 의인의 불행
4:4~6 맺음말	4:4 "모세의 율법을 기억하라"[156] (수1:7,13; 시1:2 참고) 4:5~6 "여호와의 크고 두려운 날이 이르기 전에 내가 선지자 엘리야를 보내리라" "어버이 자식 사이에 서로 마음을 돌이키게 하리라"			

155 히브리어 본문을 직역한 것이다.

156 히브리어 본문 3:22(개역한글판의 4:4) 첫 부분을 직역한 것이다. 개역개정판은 "…내 종 모세에게 명령한 법 곧 율례와 법도를 기억하라"로 번역하였다.

말라기는 표제 1장 1절과 여섯 단락의 논쟁인 1장 2절~4장 3절과 맺음말 4장 4~6절으로 이루어져 있다.

2. 스가랴 9~14장과 말라기

표제가 스가랴 9장 11절과 11장 1절과 비슷한 형식인 점으로 미루어 생각해보면, 정경 형성의 과정에서 말라기가 스가랴 9~14장과 함께 묶여진 것으로 보인다.

3. 논쟁 형식

논쟁은 보통 이스라엘 백성 전체 또는 제사장들이나 낙심한 의인들에게 예언자나 하나님이 친히 말씀하시거나 물으시거나 요구하시는 것으로 시작하여, 이런 말씀에 대해서 대화의 상대방이 되묻는 형식으로 이의를 제기하면, 다시 예언자나 하나님이 그들의 잘못을 지적하고 재난을 선포하시는 형식으로 끝맺는다. 이러한 논쟁 형식은 이미 이사야 40장 27~31절과 학개 1장 2~6절에서 볼 수 있었던 형식이다.

4. 논쟁 주제

여섯 번에 걸친 논쟁의 주제 또는 동기는 여호와의 사랑에 대한 이스라엘의 의심(1:2~5), 제사장들의 성의 없는 제사 행위와 직무 수행(1:6~2:9), 이방 혼인과 불성실한 혼인 생활(2:10~16), 악인들의 지속적인 번영에 따른 하나님의 공의에 대한 회의(2:17~3:5), 십일조와 헌물을 바르게 드리지 않는 것(3:6~12), 악인이 번영하고 의인이 고난 당하는 불의한 현실(3:13~4:3)이다.

그 가운데 특히 마지막 논쟁은 하나님이 의인과 악인을 구별하여 각각 심판과 구원을 베푸실 여호와의 '정한 날'이 이르리라는 말씀으로 끝남으로써, 하나님 백성 안에서 악인과 의인을 구별한다.

5. 시대 배경

이런 내용은 포로기 이후 하나님 백성이 직면한 종교적이고 정신적인 상황을 반영한다. 예언자 말라기가 어떠한 사람인가에 대해서는 본문에 아무런 말이 없다.

6. 마무리 부분

모세의 율법을 기억하라는 명령과 아울러 '여호와의 크고 두려운 날'(4:5)이 이르기 전에 세대 간의 갈등을 해결할 엘리야를 보내시리라는 약속의 말씀으로 이루어진 맺음말은, 말라기서를 마무리하는 동시에 열두 작은 예언서, 더 나아가서는 예언서 전체를 마무리하는 것으로 보인다.

칠십인경에서 말라기가 구약성경의 마지막 책이 되면서 말라기 4장 5~6절은 누가복음 1장 17절과, 말라기 4장 5절은 마태복음 11장 14절과 마가복음 9장 11절과 잘 이어진다는 점에 대해서는 이미 앞에서 알아본 바 있다.[157]

---

157 위 3과의 7.(5)를 보라.

VI
성문서

32과
성문서 전체의 짜임새와 흐름과 중심 내용

1. 성문서의 범위, 각 책의 배열 순서

(1) 히브리어 성경에서 율법서와 예언서에 들지 못한 책들을 한데 모아 둔 것이 성문서이다.

(2) 각 책의 배열순서조차 오랫동안 확정되지 않았으나, 인쇄본에서는 보통 시편, 욥기, 잠언에 뒤이어 룻기, 아가, 전도서, 예레미야애가, 에스더가 나오고, 마지막에 다니엘, 에스라, 느헤미야, 역대상하가 자리잡고 있다.

2. 내용에 따른 분류

칠십인경의 전통에 따라 성문서를 더러 시가서, 지혜서, 역사서, 예언서로 나누기도 한다. 이 경우에 시편과 아가와 예레미야애가는 시가서로, 욥기와 잠언과 전도서는 지혜서로, 룻기와 에스더와 에스라 느헤미야와 역대상하는 역사서로, 다니엘은 예언서로 분류한다. 그렇지만, 이는 정확한 분류라 하기 힘들다. 이를테면, 지혜 전통은 시편과 다니엘에서도 중요한 역할을 하고, 심지어 역대상하도 지혜 전통과 연결시켜 이해할 수 있기 때문이다.

3. 각 책의 관련 인물

(1) 각 책에서 볼 수 있는 표제 또는 그와 비슷한 구절들을 통틀어 보면, 욥기에서는 시편 첫머리에서 칭송하는 '복 있는 사람'의 대표적인 인물로 욥을 소개한다고 생각할 수 있다.

(2) 나머지 책들 가운데서 시편과 잠언과 룻기와 아가와 전도서와 역대상하는 다윗 또는 다윗의 아들 솔로몬과 관련되는 책이고, 에스더와 다니엘과 에스라 느헤미야는 외국에 사로잡혀 가는 살던 유대인들과 관련되는 책으로 볼 수 있다.

(3) 역대상하의 경우에는 끝부분에서 고레스를 언급함으로써 앞서 나온 메소보다미아 관련 여러 책들과 이어진다.

4. 주인공들의 활동 장소

(1) 주인공들의 활동 장소를 두고 생각하면, 잠언과 아가와 전도서와 예레미야애가는 예루살렘과 관련된 책들이다.

(2) 에스더와 다니엘은 메소보다미아를 중심으로 한다.

(3) 에스라 느헤미야는 두 곳과 다 관련된다.

(4) 룻기는 베들레헴을 배경으로 한다.

표 78. 단락 시작 표시에 비추어 본 성문서 전체의 짜임새와 내부 상응 관계

시편	1:1 복 있는 사람은 **악인들의 꾀를 따르지 아니하며**... 1:2 오직 여호와의 율법을 즐거워하여 그의 율법을 주야로 묵상하는도다 150:6 호흡이 있는 자마다 여호와를 찬양할지어다할렐루야	
욥기	1:1 우스 땅에 욥이라 불리는 사람이 있었는데 그 사람은 온전하고 정직하여 하나님을 경외하며 **악에서 떠난 자**더라 42:16~17 그 후에 욥이 .... 늙어 나이가 차서 죽었더라	

잠언	1:1 **다윗**의 아들 이스라엘 왕 **솔로몬**의 잠언이라 10:1 **솔로몬**의 잠언이라 ... 22:17 너는 귀를 기울여 들어라 지혜자들의 말씀을[히브리 본문에서 직역] 24:23 이것들도 지혜자들의 것이라[히브리 본문에서 직역] 25:1 이것도 **솔로몬**의 잠언이요 유다 왕 히스기야의 신하들이 편집한 것이니라 30:1 이 말씀은 야게의 아들 아굴의 잠언이니... 31:1 르무엘 왕이 말씀한 바 곧 그 어머니가 그를 훈계한 잠언이라	예루살렘

룻기	1:1 사사들이 치리하던 때에 그 땅에 흉년이 드니라 4:22 오벳은 이새를 낳았고 이새는 **다윗**을 낳았더라	베들레헴

아가	1:1 **솔로몬**의 아가라	예루살렘
전도서	1:1 **다윗의 아들** ***예루살렘*** 왕 전도자의 말씀이라	
애가	1:1 슬프다 ***이 성***이여 ... 2:1 슬프다 주께서 어찌 그리 진노하사... 3:1 여호와의 분노의 매로 말미암아 고난 당한 자는 나로다 4:1 슬프다 어찌 그리 금이 빛을 잃고... 5:1 여호와여 우리가 당한 것을 기억하시고 우리가 받은 치욕을 살펴보옵소서 5:22 주께서 우리를 아주 버리셨사오며 우리에게 진노하심이 참으로 크시니이다	

에스더	1:1 이 일은 **아하수에로** 왕 때에 있었던 일이니...[2]당시에 아하수에로 왕이 수산 궁에서 즉위하고 10:3 유다인 모르드개가 아하수에로 왕의 다음이 되고 유다인 중에 크게 존경받고 그의 허다한 형제에게 사랑을 받고 그의 백성의 이익을 도모하며 그의 모든 종족을 안위하였더라	(페르시아의 수산)
다니엘	1:1 유다 왕 여호야김이 다스린 지 삼 년이 되는 해에 바벨론 왕 **느부갓네살**이 ***예루살렘***에 이르러 성을 에워쌌더니 5:1 벨사살 왕이 그의 귀족 천 명을 위하여 큰 잔치를 베풀고... 6:1 다리오가 자기의 뜻대로 고관 백이십 명을 세워 전국을 통치하게 하고 7:1 바벨론 벨사살 왕 원년에 다니엘이 그의 침상에서 꿈을 꾸며... 8:1 나 다니엘에게 처음에 나타난 환상 후 벨사살 왕 제삼년에 다시 한 환상이 나타나니라 9:1 메대 족속 아하수에로의 아들 **다리오**가 갈대아 나라 왕으로 세움을 받던 첫 해 10:1 바사 왕 **고레스** 제삼년에 한 일이 벨드사살이라 이름한 다니엘에게 나타났는데 12:13 너는 가서 마지막을 기다리라 이는 네가 평안히 쉬다가 끝날에는 네 몫을 누릴 것임이라	메소보다미아 바벨론, 페르시아
에스라	1:1 바사 왕 **고레스** 원년에 여호와께서 예레미야의 입을 통하여 하신 말씀을 이루게 하시려고... 6:1 이에 **다리오**왕이 조서를 내려 ... 7:1 이 일 후에 바사 왕 **아닥사스다**가 왕위에 있을 때에 에스라라 하는 자가 있으니라... 7:7 **아닥사스다** 왕 제칠년에 ...[8]이 에스라가 올라왔으니 왕의 제칠년 다섯째 달이라 10:44 이상은 모두 이방 여인을 아내로 맞이한 자라 ...자녀를 낳은 여인도 있었더라	(예루살렘)
느헤미야	1:1 하가랴의 아들 느헤미야의 말이라. **아닥사스다** 왕 제이십년 기슬르월에 내가 수산 궁에 있는데 13:31 ... 내 하나님이여 나를 기억하사 복을 주옵소서	(페르시아의 수산, 예루살렘)

역대상	1:1 아담, 셋, 에노스 29:30 또 그(=**다윗**)의 왕 된 일과 ... 지난 날의 역사가 다 기록되어 있느니라	
역대하	1:1 **다윗의 아들 솔로몬**의 왕위가 견고하여 가며 그의 하나님 여호와께서 그와 함께 하사 심히 창대하게 하시니라 36:23 바사 왕 **고레스**가 이같이 말하노니... 너희 하나님 여호와께서 함께 하시기를 원하노라 하였더라	

33과
시편의
짜임새와 흐름과
중심 내용

1. 전체 얼개

표 79. 시편의 전체 얼개

제1권(1~41) 41편	제2권(42~72) 31편	제3권(73~89) 17편	제4권(90~106) 17편	제5권(107~150) 44편
'다윗의 기도'(72:19)				
전체 72편(다윗시편: 55편)		전체 78편 (다윗 시편: 18편)		

(1) 시편은 5권(1~41편, 42~72편, 73~89편, 90~106편, 107~150편)으로 이루어져 있는데, 처음 네 권의 마지막 부분(41:13; 72:18~19; 89:52; 106:48)에는 "여호와 를 찬송할지어다"라는 말이 들어 있는 송영(頌榮)과 '아멘'이 한결같이 나온다. 마지막 권의 경우에는 150편, 심지어는 '할렐루야'로 시작하여 '할렐루야'로 끝나는 시들의 모음인 146~150편 전체가 송영 구실을 한다.

(2) 각 권에 들어 있는 시편의 분량을 보면, 바깥 틀을 이루는 제1권이 41편으로 44편이 들어 있는 제5권과 비슷하고, 그 안쪽으로는 31편을 묶어 놓은 제2권이 각각 17편씩으로 이루어져 있는 제3권과 제4권을 합한 것과 비슷하다.

2. 72편 19절과 제1, 2권

제2권의 끝인 72편 20절에 나오는 “이새의 아들 다윗의 기도가 끝나니라”라는 말은 제1권과 제2권에 들어 있는 전체 시편을 다윗의 기도로 읽게 한다. 실제로 다윗이 이름이 들어 있는 표제를 지닌 73편의 시[158] 가운데 55개의 시편이 제1권과 제2권에 들어 있다.[159] 제1권과 제2권을 합한 분량이 전체 시편의 반쯤 된다.

3. 표제

표 80. 표제에 나타난 사람 이름을 중심으로 살펴본 시편의 짜임새

	다윗	고라자손	아삽	다른 사람들	표제에 사람 이름이 없거나(*) 아예 표제가 없는 경우
제1권 1~41편	3~9 11~32 34~41				1~2 10[160] 33
제2권 42~72편	51~65 68~70	42 44~49	50	72(솔로몬)	43[161] 66*~67* 71 72:20 “이새의 아들 다윗의 기도가 끝나니라”
제3권 73~89편	86	84~85 87~88	73~83	88(헤만)[162] 89(에단)	
제4권 90~106편	101 103			90(모세)	91, 92*,93~97,98*,99, 100* 102* 104~106
제5권 107~150편	108~110 122 124 131 133 138~145			127(솔로몬)	107* 111~119 120*~121* 123* 125*~126* 128*,129*,130* 132* 134* (120~134: 성전에 올라가는 노래) 135~137 146~150(“할렐루야...할렐루야”)
갯수	73	11	12	5	50

---

158 가장 흔히 나오는 ‘다윗의 시’(4, 5, 6편 등) 말고도 ‘다윗의 식가욘’(7편), ‘다윗의 믹담’(16편), ‘다윗의 믹담 시’(56~59편), ‘다윗의 기도’(17, 86편), ‘다윗의 마스길’(31, 52~55편), ‘다윗의 찬송시’(108편) 등이 있다.

159 표 82에서 나타나듯이, 1~72편에서 1, 2, 10, 33, 43, 71편에만 표제가 없고, 나머지 시에는 다 표제가 있다. 표제가 있는 시편 가운데서 42, 44~50, 66, 67, 72편을 빼고는 한결같이 다윗이라는 이름이 표제에 나온다.

160 히브리 본문으로보면, 9편과 10편을 하나의 ‘알파벳 시편’으로 볼 수 있다.

161 42편 5절과 11절과 43편 5절에 같은 말 “내 영혼아 네가 어찌하여 낙심하며 어찌하여 내 속에서 불안해 하는가 너는 하나님께 소망을 두라 나는 그가 나타나 도우심으로 말미암아 내... 여전히 찬송하리로다”이 거듭 나오는 것으로 보아 42편과 43편은 본디 하나의 시편이었던 것으로 보인다.

162 88편의 표제에는 고라 자손과 헤만, 두 이름이 나란히 나온다.

(1) 첫 머리에 표제가 붙어 있는 시편이 모두 118편인데, 그런 표제에 사람의 이름이 들어 있는 경우가 가장 많다. 가장 자주 나오는 이름은 다윗(73번: 3~9, 11~32, 34~41, 51~71, 86, 101, 103, 108~110, 122, 124, 131, 133, 138~145편) 이다. 그밖에 아삽[163](12번: 50, 73~83편), 고라 자손[164](11번: 42, 44~49, 84~85, 87~88편), 솔로몬(72, 127편), 헤만[165](88편), 에단[166](89편), 모세(90편)의 이름이 나온다.[167] 이리하여 오늘의 시편집이 있기에 앞서서 적어도 다윗 시편과 고라 자손의 시편과 아삽의 시편을 먼저 모아두었으리라는 점을 알 수 있다. 14편이 53편과 거의 같고, 40편 13~17절이 70편과 거의 같고, 108편은 57편 7~11절과 60편 6~12절을 합한 것과 거의 같다는 점도 이를 암시한다.

(2) 그뿐만 아니라 '성전에 올라가는 노래'라는 이름 아래 15개의 시편을 120~134편에 한데 모아놓았다.

(3) 그 밖에도 표제에는 '기도'(17, 86, 90편), '성전낙성가'(30편), '기념하는 시'(38, 70편), '사랑의 노래'(45편), '찬송시'(92, 145편[168]), '감사의 시'(100편), '고난 당한 자가 마음이 상하여 그의 근심을 여호와 앞에 토로하는 기도'(102편)라는 식으로 그 시편이 어떤 종류의 시편인지 알려 주는 것도 있고, 다윗 생애의 일정한 사건을 언급하는 경우(3, 7, 18, 34, 51, 52, 54, 56, 57, 59, 60, 63, 142편)가 있다.

(4) 더 나아가서, 시편을 음악적으로 어떻게 다루어야 하는지를 밝혀 놓은 경우로 '인도자를 따라 부르는 노래'[169](11, 13, 14편 등), '영장 여두둔으로 한 노래'(39편), '인도자를 따라 여두둔 형식으로 부르는 노래'(62, 77편), '현악에

---

163 아삽은 대상 6:39; 16:5; 25:1,2,9; 대하 5:12에 언급되는 성전 음악가인데, 대하 29:30에서는 그를 가리켜 '선견자'라고까지 부른다.

164 고라가 창 36:5; 대상 1:35에서는 에서의 아들로 나온다면, 대상 2:43에서는 유다 지파에 속해 있으며, 출 6:16~21; 민 16:1; 대상 6:38에서는 레위의 증손자이다. '고라 자손'이 대상 9:19; 26:19에서는 성전 문지기로, 대하 20:19에서는 성전 찬양대원으로 등장하는데, 이 경우 '고라 자손'은 레위의 후손인 것으로 보인다.

165 헤만은 대상 6:33; 15:17,19; 16:41~42; 25:1, 4, 6; 대하 5:12에서 언급하는 성전 음악가인데, 대상 25:5에서는 그를 가리켜 심지어 "하나님의 말씀을 가진 왕의 선견자"라고 한다.

166 에단은 대상 6:44; 15:17,19에 나오는 성전 음악가이다.

167 대상 25:1; 대하 5:12에서 헤만과 아삽과 더불어 성전 음악가로 등장하는 여두둔의 이름은 아래 (4)에서 보듯이 어떤 음악 형식을 나타낼 때 시 39,62,77편에 나온다.

168 개역한글판의 92편에서는 '찬송'과 '시'를 띄어 써서 "찬송 시"라 쓰고, 145편에서는 "찬송시"라 붙여 쓴다. 그 히브리 표현은 각각 <미즈모르 쉬르>(מִזְמוֹר שִׁיר)와 <트힐라>(תְּהִלָּה)로 서로 다르다.

169 개역한글판에서는 '영장으로 한 노래'로 옮겼다.

맞춘 노래'(4, 54, 55, 61, 67편), '현악 여덟째 줄에 맞춘 노래'(6편),[170] '여덟째 줄에 맞춘 노래'(12편)[171], '관악에 맞춘 노래'(5편), '깃딧에 맞춘 노래'(8, 81, 84편), '소산님에 맞춘 노래'(45, 69, 80편), '알다스헷에 맞춘 노래'(57~59편), '뭇랍벤에 맞춘 노래'(9편), '야엘렛샤할에 맞춘 노래'(22편), '알라못에 맞춘 노래'(46편), '마할랏르안놋에 맞춘 노래'(88편), '요낫 엘렘 르호김에 맞춘 노래'(56편) 등도 있다.

(5) '마스길'(32, 44~45편 등), '믹담'(16, 60편 등)처럼 그 뜻을 정확히 알 수 없는 낱말들도 있다. 표제에 나오지는 않지만 시편 중간에 자주 쓰이는 '셀라'[172]도 마찬가지이다.

4. 시편집의 흐름

(1) 시편의 앞부분에는 주로 탄원(歎願)하는 내용의 시(3~7, 10~14, 16~17, 25~28, 38~43편 등)가 많고, 뒤로 갈수록 감사드리거나 찬양하는 내용의 시(103~107, 111~118, 135~136, 145~150편)가 많아지는 흐름을 알아볼 수 있다.

(2) 또 처음에는 주로 개인적인 내용의 시편이 나오다가 차차 공동체적인 내용의 시편이 더 많아지는 경향도 찾아볼 수 있다.[173]

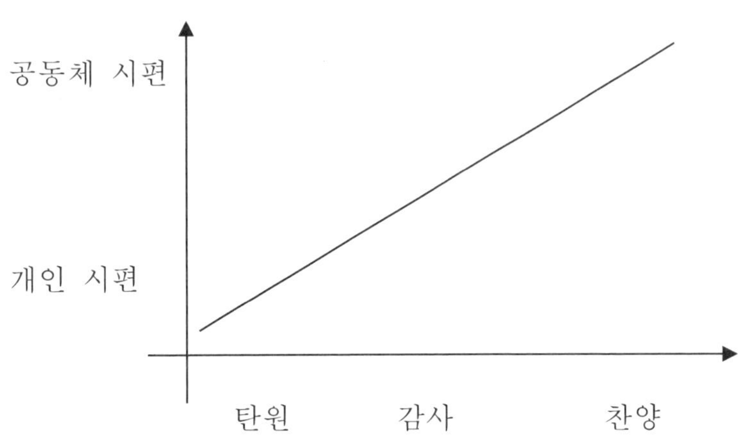

170 개역한글판에서는 '현악 스미닛에 맞춘 노래'로 옮겼다.
171 개역한글판에서는 '스미닛에 맞춘 노래'으로 옮겼다.
172 '목소리 높임'이나 '늘임'이나, '쉼'이나 '처음으로 돌아감'을 뜻한다고들 한다.
173 아래 5와 6과 8을 참고하라.

5. 탄원시

탄원시에서는 한 개인이 자신이 처한 어려운 상황을 아뢰거나 적들의 못된 짓을 고발하면서도 하나님에 대한 신뢰를 고백하고 하나님의 도우심을 구하며 하나님을 찬양하기로 서원하는 내용이 뒤섞여 있는 개인 탄원시(13, 22, 130편 등)와 민족적인 어려움 가운데서 지난날 하나님이 이스라엘에게 베푸신 구원의 일들을 기억하면서 하나님의 도우심을 구하는 민족 탄원시(74, 79, 80편 등)가 있다.

탄원시의 특별한 경우로는 고난 상황 가운데서 하나님에 대한 신뢰가 두드러지게 표현되는 신뢰시(23, 62편 등)과 복수와 저주의 시(69, 109, 137편)가 있다.

6. 감사시

지난날 어려울 때 하나님께 부르짖었다가 하나님이 응답하시고 도우셔서 살아난 것을 내용으로 하는 시가 감사시인데, 이에도 개인 감사시(30편 등)와 민족 감사시(114, 124, 129편)가 있다.

7. 찬양시

스스로 하나님을 찬양할 뜻을 밝히거나 남들에게 하나님을 찬양하자고 권유하는 말로 시작하여 그렇게 하나님을 찬양할 까닭이나 내용을 노래하는 찬양시 가운데는 특별히 창조와 관련된 시(8편, 19편1~6절, 104편 등)와 여호와께서 왕이심을 찬양하는 시(47, 93, 96~99편)와 시온을 찬양하는 시(46, 48, 76, 84, 87편 등)가 있다.

8. 제의(祭儀)시

예배 의식과 관련하여 쓰이는 제의시들 가운데서는 성전에 들어가거나 올라갈 때 부르는 노래(15,24,120~134편)와 예배 때 주고 받으면서 부르는 노래(136편 등)가 있다. 특히 120~134편은 ‘순례시’라고 부르기도 한다.

9. 지혜시

여호와의 율법을 주제로 하는 시편(1편, 19편 뒷부분, 119편)과 의인의 고난 문제를 다루는 시편(37, 73편)과 역사의 교훈을 노래하는 시편(78, 105편 등)은 지혜 전통과 관련이 있다.

10. 제왕시

2, 20, 21, 45, 72, 89편 등은 하나님과 왕의 관계에 대해 노래하는 제왕시로 따로 분류할 수 있다. 이런 시편들은 흔히 메시야 시편이라고 불린다.

34과
욥기의
짜임새와 흐름과
중심 내용

1. 전체 얼개

표 81. 욥기의 짜임새

구분	본문					
산문	1:1~2:10 **욥의 고난**					
	2:11~13 *세 친구의 등장*					
시문	3장 욥의 탄식					
	4~28장 욥과 세 친구의 논쟁	(욥)	(엘리바스)	(빌닷)	(소발)	
			4~5장			
		6~7장		8장		
		9~10장			11장	
		12~14장	15장			
		16~17장		18장		
		19장			20장	
		21장	22장			
		23~24장		25장		
		26장				
		27~28장				
		(28:지혜의 시)				
	29~31장 욥의 탄식, 하나님께 답변요구 (31:35)					
산문	32~37장 엘리후의 말	32:1~5	등장묘사			
시문		32:6~33	말(1)	34장	말(2)	
		35장	말(3)	36~37장	말(4)	
	38:1~42:6 하나님과 욥의대화	38:1~40:2	*하나님의 물으심*(1)			
		40:3~5	욥의 대답(1)			
		40:6~41:34	*하나님의 물으심*(2)			
		42:1~6	욥의 대답(2)			
산문	42:7~9 *세 친구의 결말*					
	42:10~17 **욥의 행복**					

(1) 순전히 형식적으로 보되 엘리후에 대해 소개하는 32장 1~5절을 빼놓고 본다면, 욥기는 가운데에 있는 시문(3:1~42:6)을 앞뒤로 산문(1~2장 42:7~17)이 둘러싸는 식으로 되어 있다[174].

(2) 산문 부분의 내용은 욥의 고난(1:1~2:10)과 회복(42:10~17)에 대한 단락을 바깥 틀로 하고, 세 친구의 등장에 대한 단락(2:11~13)과 결말에 대한 단락(42:7~9)이 각각 산문에서 시문으로 넘어가거나 시문에서 산문으로 넘어오는 다리 구실을 한다.

(3) 시문 부분은 욥의 탄식(3장 29~31장), 욥과 세 친구의 논쟁(4~28장), 엘리후의 말(32~37장), 하나님과 욥의 대화(38:1~42:6)의 네 부분으로 이루어져 있다. 두 번째 탄식의 끝에서 욥은 하나님께 답변을 요구하고(31:35), 그에 대해 하나님은 오히려 되물으시는 형식으로 두 번 욥에게 말씀하셔서(38:1~40:2; 40:6~41:34) 욥이 대답하는데(40:3~5; 42:1~6), 그 사이에 엘리후가 네 번에 걸쳐 하는 말(32:6~33; 34장; 35장; 36~37장)이 들어 있다.

(4) 욥과 세 친구의 논쟁은 세 친구가 엘리바스, 빌닷, 소발의 차례로 한번씩 말하면 그에 대해서 욥이 대답하는 식으로 이루어지는데, 엘리바스와 빌닷은 세 번씩 말했지만, 소발의 세 번째 말[175]은 없고, 그 대신 욥이 26~28장에게 길게 말한다. 그 마지막 28장은 지혜에 대한 시이다.

2. 앞 산문 부분(1~2장)

앞 산문 부분에서는 사람이 '까닭 없이'(1:9; 2:3), 곧, 아무런 보상 없이, 그저, 괜히 하나님을 잘 섬길 수 있는가 하는 문제를, 욥의 경우를 들어 다룬다. 뒤집어 말하면, 번영을 바라고 하나님을 믿는 것은 잘못된 것임을 암시한다. 이렇게 보면, 욥 1~2장에서는 의인의 고난을 문제삼는다기보다는 하나님과 사람의 관계가 본디 어떠해야 하는가를 다룬다고 할 수 있다. 아무튼 까닭 없이 겪는 고난 가운데서 욥은 아내의 비웃음도 아랑곳 않고 하나님을 찬양하며(1:21) 하나님께 모든 것을 맡긴다(2:10).

---

174 히브리어 성경과는 달리 개역에서는 시문과 산문을 제대로 구별해 번역하지 않았다.

175 공동번역에서는 24:18~24를 27:13~23 뒤에 두면서, 이 두 단락을 합한 것을 소발의 세 번째 말로 옮겨 놓았다.

3. 3~31장의 시문

(1) 욥을 위로하고자 찾아온 세 친구들이 욥에게 한 여러 가지 말의 핵심은 한마디로 사람은 죄 때문에 괴로움을 겪게 되므로 욥이 하나님을 원망하는 것은 옳지 않고 오히려 자기의 죄를 인정하고 하나님을 찾아 구하라는 것이다. 세 친구의 이러한 주장은 하나님께 순종하면 복받고 불순종하면 벌받는다는 정통보상론에 근거하고 있다.

(2) 앞뒤 산문 부분의 경우와는 달리, 시문 부분의 욥은 때로 홀로 탄식하고(3장 29~31장), 때로는 친구들과 논쟁을 벌이는데, 그들은 자신의 특수한 상황을 제대로 이해하지 못해 자신에게 괴로움을 더할 뿐이라 하면서(6:14~30; 12:2~5; 16:2; 19:2~3, 21~22; 21:33~34), 자신의 괴로움을 호소하기도 하고(6:8~10; 7:15; 10:18~19), 불의한 현실을 개탄하며(9:22~23; 10:14~17; 21:7~33) 이해할 수 없는 고난의 문제를 두고 하나님께 불평하기도 하고 자신의 결백을 주장하기도 한다(6:1~7:6; 9:1~24; 16:9~14; 17:5~16; 19:6~20; 23; 27:5~6)[176]. 그런 가운데서도 욥은 사람이 하나님 앞에 의롭다 주장할 수 없고(9:2), 하나님은 지혜로우시고(12장) 사람이 이해할 수 없는 분이시라(26장)고 말할 뿐만 아니라, "나의 증인이 하늘에 계신다"(16:19), "나의 대속자가 살아계신다"(19:25)는 확신을 고백하기도 한다.

(3) 욥의 항변은 29~31장에서 절정에 이르러 하나님의 은혜 가운데 행복했던 지난날을 돌이켜 보면서 지금의 괴로움에 대해 말하고 자신의 결백을 내세우며 하나님의 답변을 요구한다.

4. 엘리후의 말(32~37장)

(1) 욥의 세 친구와는 별도로 등장한 엘리후는 한편으로는 욥의 세 친구가 욥을 이기지 못했다고 비난하고(32:12), 다른 한편으로는 욥이 한 여러 가지 말을 인용하면서(33:9~11; 34:5~6, 9; 35:2~3) 그것을 논박한다.

(2) 엘리후의 말에 따르면, 고난은 사람에게 자기 죄를 깨닫게 하고, 교만하지 않게 경고하고 회개에 이르도록 하나님이 베푸시는 교육적인 처사라는 것이다(33:19~30; 36:8~10).

---

176 이것들은 시편의 탄원시에서 볼 수 있는 요소들이다.

5. 하나님과 욥의 대화(38:1~42:6)

(1) 38~41장에서 하나님은 하나님의 의로우신 다스림을 의심하는 욥에게 오히려 숱한 질문을 던지시면서, 세계를 창조하고 유지할 능력이 없는 사람의 한계성을 인정하게 하신 다음에 '베헤못'(<브헤못>[בְּהֵמוֹת][177], 40:15~24)와 '리워야단'(<리워야탄>[לִוְיָתָן][178], 41:1~34)까지 하나님이 맘대로 하심을 말씀하심으로써 놀라운 위엄과 사랑으로 만물을 보살피시는 전능하신 하나님께 욥이 대든 것을 꾸짖으신다.

(2) 이리하여 욥은 이제까지 의심하고 불평하고 자신의 결백함을 주장하던 것을 그만 두고 겸손히 하나님께 굴복하여 '티끌과 재 가운데서'(42:6. 또 2:8 참고) 회개한다.

6. 마지막 산문 부분(42:7~17)

마지막 산문 부분에서 욥의 세 친구는 고난 당하는 욥을 제대로 위로도 하지 못하고 깨우치지도 못한 사람들로서 오히려 욥의 기도를 필요로 하게 되고, 욥은 잃어버렸던 모든 것을 되찾을 뿐만 아니라 더 부유하게 된다. 이처럼 욥기는 의인이 고생하여 모순되어 보이는 현실 가운데서도 끝까지 창조와 역사의 주이신 하나님의 다스리심을 믿으면서 그 하나님께 모든 것을 맡기고 기다려야 함을 깨우쳐 준다.

---

177 개역한글판에서는 '하마'라고 옮겼는데, 개역개정판에서는 그 히브리어 발음을 한글로 적었다.
178 개역한글판에서는 '악어'라고 옮겼는데, 개역개정판에서는 그 히브리어 발음을 한글로 적었다.

35과 잠언의 짜임새와 흐름과 중심 내용

1. 여러 표제와 책의 짜임새

표 82. 여러 가지 표제에 따른 잠언의 짜임새

표제	범위
1:1 다윗의 아들 이스라엘 왕 **솔로몬의 잠언**이라	1:2~9:18의 표제(255절)
10:1 **솔로몬의 잠언**이라	10:2~22:16의 표제(374절)
22:17 너는 귀를 기울여 지혜 있는 자의 말씀[179]을 들으며…	22:18~24:22의 표제(78절)
24:23 이것도 지혜로운 자들[180]의 말씀이라	24:24~34의 표제(11절)
25:1 이것도 **솔로몬의 잠언**이요 유다 왕 히스기야의 신하들이 편집한 것이니라	25:2~29:27의 표제(137절)
30:1 이 말씀[181]은 야게의 아들 아굴의 잠언[182]이니 …	30:2~33의 표제(32절)
31:1 르무엘 왕이 말씀한 바[183] 곧 그의 어머니가 그를 훈계한 잠언[184]이라	31:2~31의 표제(30절)

179 히브리어 표현을 직역하면, "지혜자들의 말씀들"이 된다.

180 개역한글판에서는 '지혜로운 자'로 되어 있는 것이, 히브리어 표현을 직역하면, "지혜자들"이 된다.

181 히브리어 본문에서는 '말씀'이 복수로 나온다.

182 개역한글판 30:1에서 '잠언'으로 옮기고 난하주에 '경고'라고 표시한, 히브리 낱말 <맛사>(מַשָּׂא)를 더러 고유명사로 이해하기도 한다. 공동번역이 그런 입장을 취하고 있는데, 창 25:14에서 <맛사>는 이스마엘의 아들이다.

183 '말씀한 바'로 옮긴 히브리어 표현을 직역하면, '...의 말씀들'이 된다.

184 앞의 주 181을 보라.

(1) 시편과 마찬가지로 잠언[185]도 여러 개의 잠언 묶음이 한데 모아져서 생긴 책이라는 사실을 1장 1절, 10장 1절, 22장 17절, 24장 23절, 25장 1절, 30장 1절, 31장 1절에 나오는 표제[186]에서 알아차릴 수 있다. 이에 따르면, 잠언은 세 큰 묶음의 솔로몬 잠언(1~9장; 10:1~22:16; 25~29장)을 중심으로 하여, 두 작은 묶음의 지혜자 말씀(22:17~24:22; 24:23~34)과 마지막에 짧게 따로 붙은 두 장(30장과 31장)으로 이루어져 있다.[187] 그 분량을 살펴 보면, 솔로몬의 잠언이 766절, 지혜자들의 말씀이 80절, 나머지 말씀이 62절로, 모두 908절이다.

(2) 솔로몬의 잠언을 유다 왕 히스기야의 신하들이 편집했다[188]고 하는 25장 1절은 잠언서가 오랜 기간을 거쳐 생겨났다는 사실을 암시한다.

2. 기본 주제에 따른 내부 상응 관계

표 83. 기본 주제에 따른 내부 상응 관계

솔로몬 잠언 I	"여호와를 경외하는 것이 ..." (1:7) "... 여호와 경외하기를 ..." (1:29) "여호와 경외하기를 깨달으며 ..." (2:5) "... 여호와를 경외하며 ..." (3:7) "여호와를 경외하는 것은 ..." (8:13) "여호와를 경외하는 것이 ..." (9:10)	1:2~7 머리말 1:8~19 *지혜 스승의 말씀* 1:20~33 지혜의 말 2~7장 *지혜 스승의 말씀* 8:1~36 지혜의 말 9:1~12 지혜의 초대 9:13~18 어리석음의 초대
솔로몬 잠언 II	"여호와를 경외하면 장수하느니라 ..." (10:27) "정직하게 행하는 자는 여호와를 경외하여도..." (14:2) "여호와를 경외하는 자에게는 견고한 의뢰가 있나니 ..." (14:26) "여호와를 경외하는 것은 생명의 샘이니 ..." (14:27) "가산이 적어도 여호와를 경외하는 것이 ..." (15:16) "여호와를 경외하는 것은 지혜의 훈계라 ..." (15:33) "여호와를 경외하는 것은 사람으로 생명에 이르게 하는 것이라 ..." (19:23) "겸손과 여호와를 경외함의 보상은 재물과 영광과 생명이니라" (22:4)	
지혜자 말씀 I	"... 죄인의 형통을 부러워하지 말고 항상 여호와를 경외하라" (23:17) "내 아들아 여호와와 왕을 경외하고 반역자와 더불어 사귀지 말라" (24:21)	
르무엘 잠언	"누가 *현숙한 여인*을 찾아 얻겠느냐 ..." (31:10) "... 오직 *여호와를 경외하는 여자*는 칭찬을 받을 것이라" (31:30)	

"... 네가 *현숙한 여자*인 줄 나의 성읍 백성이 다 아느니라" (룻 3:11)

185 잠언(箴言)을 『우리말큰사전』에서는 '경계가 되는 짧은 말'이라고 풀이한다.

186 위 32과의 표 81, 또 이 과의 표 84를 참고하라.

187 이처럼 잠언서가 일곱 묶음의 잠언 모음으로 이루어져 있다는 사실을 더러는 잠언 9:1에서 지혜가 지은 집에 일곱 기둥이 있다는 점과 관련시켜보기도 한다.

188 공동번역에서는 "... 히즈키야가 사람들을 시켜 베낀 것이다"라고 옮겼다.

(1) '여호와 경외'가 이 일곱 개의 잠언 묶음 가운데서 적어도 넷을 하나로 묶는 기본 주제라 할 수 있다. 이 주제는 특히 솔로몬의 잠언의 첫 묶음의 맨 앞(1:7)과 맨 뒤(9:10) 단락뿐만 아니라 가운데 부분(1:29; 2:5; 3:7; 8:13)에서도 나타나고, 잠언서 끝(31:30)에서 현숙한 여인을 '여호와를 경외하는 여인'이라 함으로써 1~9장에서 말하는 지혜의 화신으로 이 여인을 이해할 근거를 마련해 준다. 이 여인을 가리켜 31장 10절에서 '현숙한 여인'이라고 한 것은, 히브리어 성경의 순서로 볼 때, 잠언 다음에 나오는 룻기의 3장 11절에서 룻을 가리켜 '현숙한 여자'라 한 것과 이어진다.

(2) 1장 2~4절에 따르면 잠언에서는 우선적으로 청소년 교육을 염두에 두고 있다.[189]

3. 여성 인격체 지혜

(1) 히브리어 본문으로 보면 더욱 더 분명히 나타나듯이, 1장 20~33절과 8장 1~36절에서 지혜는 한 여성 인격체로 등장하여 사람들에게 직접 말을 건넨다.[190] 특히 8장에서는 지혜가 창조 때에도 함께 하였다고 한다.

(2) 또 9장에서는 이 여성 인격체인 지혜(1~12절)[191]와 마찬가지로 여성 인격체인 어리석음(13~18절)의 말이 대조되어 나타난다.

4. 중심 내용

잠언의 내용은 여러 가지이다. 지혜 자체에 대한 것(1:20~2:22; 3:13~25; 4:5~9 등)뿐만 아니라, 사람이나(13:12; 14:10, 12~13; 15:13, 15; 17:22; 18:14; 20:14; 27:1~2, 8 등) 동식물이나(12:10 등) 창조 세계의 본질에 관한 것, 사람과 사람 사이 곧 가족 사이(15:17; 17:1, 6 등), 부부 사이(5:15~20; 12:4; 18:22; 19:13~14; 21:9, 19 등), 부모 자식 사이(15:20; 17:25; 19:26; 20:20; 23:22, 25 등), 친구 사이(17:17; 18:24; 19:4, 7; 27:6, 10, 17 등), 여성 일반(11:22; 14:1 등), 음녀

---

189 개역 4절에서 '어리석은 자'로 옮긴 히브리 낱말은 표준새번역에서는 '어수룩한 자'로 옮기고, 그에 대해 "'어수룩한 사람'으로 번역된 히브리어 '프타임'은 도덕적 방향감각이 없어서 악으로 기울어질 수 있는 단순한 사람을 일컬음(22, 32절 참조)"이라는 각주를 붙여 놓았다.

190 영어 성경 1:20~21; 8:1~3에서는 지혜를 가리키는 인칭대명사로 she와 her를 씀으로써 이 점을 똑똑히 드러낸다.

191 영어 성경 9:1~4에서도 지혜를 가리키는 인칭대명사로 she와 her를 쓴다.

(2:16; 5:24~27; 7:5~27; 23:27~28 등), 자녀 교육(14:24; 19:18; 22:6, 15; 23:13 등), 적(24:17~18; 25:21~22 등), 악인(1:10~19; 6:12~15 ; 24:1~2, 19~20 등), 이웃 특히 가난하고 힘이 없는 이웃(3:27~30; 14:21, 31; 19:17; 21:13; 22:16, 22~23; 23:10~11; 29:7 등), 통치자(14:28, 35; 16:10, 12~15; 20:26, 28; 21:1; 29:2, 4, 14 등)에 대한 것, 농업(12:11; 13:24; 28:19 등), 축산업(27:23 등), 올바른 상행위(11:1; 20:10,23 등)을 비롯한 경제 활동(20:21 등), 보증서는 일(6:1~2; 11:15; 17:18; 20:16; 23:26~27; 27:13 등)에 관한 것, 마음(4:23; 14:29~30; 25:28; 28:26 등), 언어 생활(4:24; 10:11, 19; 11:13; 12:6, 18, 25; 15:1,4,23; 16:24; 18:4,20; 21:23; 25:9~12, 15, 23; 29:20 등), 법률 생활(17:24; 18:5, 17; 19:5; 24:23, 28 등), 구제(11:24~25; 21:26 등), 게으름(6:6~11; 10:4; 12:24; 13:4; 19:15; 20:4; 21:25; 24:30; 26:13 등), 교만(11:2; 13:10; 16:18; 18:12; 21:24; 29:23 등), 술(20:1; 23:20~21, 29~35 등)에 관한 것, 지역사회(29:8 등)와 국가(11:14; 14:34; 28:2; 29:18 등)에 관한 것, 하나님과 사람의 관계(3:5~12; 5:21; 11:20; 15:8; 16:1~9, 33; 19:21; 20:24; 21:2~3 등)에 관한 것들이 뒤섞여 나온다. 또한 각 묶음별로 조금씩 그 주제가 다르다.[192]

5. 다양한 표현 형식

잠언의 표현 형식도 다양[193]하다. 현실의 어떤 사실을 파악하여, 이를테면 사람의 행동과 결과 사이에 일정한 관계가 있다(11:25; 13:21; 26:27; 28:10 등)는 점을 짧은 문장으로 진술하면서 슬기로운 사람과 어리석은 사람(10:1, 13~14, 23~25, 28~32; 12:15~16, 21, 26; 13:16, 20; 14:3, 8, 15~16, 18, 24; 15:2, 7 등), 불의와 공의(10:2 등), 의인과 악인(10:3, 6, 11, 16; 11:8~11, 23; 12:5~7, 10, 12~13; 13:5, 9; 15:6, 28~29 등), 부자와 가난한 자(10:15 등), 부지런함과 게으름(10:4, 8; 13:4 등), 미움과 사랑(10:12 등), 교만과 겸손(11:2 등) 등으로, 짝이 되는 두 가지를 나란히 내세워 말하는 경우가 있는가 하면, 무엇이 무엇보다 낫다(15:16~17; 16:8, 16, 19, 32; 17:1; 19:1; 25:24; 27:5, 10; 28:6 등)는 식으로 진술하기도 하고, 무엇을 다른 것에 견주어 말하되(15:19; 16:15; 17:14; 18:4, 10; 20:5; 21:3, 9, 19; 23:32, 34; 24:27; 25:3, 11~14, 18~20, 23, 25~26, 28; 26:1~2, 7~11, 14, 17,

---

192 이에 대해서는 『해설관주성경전서』(1997)구약 부분의 999, 1010, 1027, 1031을 참고하라.

193 다양한 표현양식에 대해서는 『굿뉴스스터디바이블』(2000) 구약 부분의 929를 참고하라.

22~23; 28:3,15 등) 몇 가지를 한데 모아 말하기도 한다. 때로는 "...하라"(4:1; 22:17 등) 또는 "..하지 말라"(1:10 등)고 하면서 충고 또는 경고하는 식의 문장을 쓰기도 하고, 때로는 교훈하듯이 여러 문장으로 길게 말하는 수도 있다(1:10~19; 2:1~22; 4:1~9 등). "...한 것이 서넛 있다"는 식으로 된, 이른바 숫자 잠언도 있다(6:16~19; 30:15~16, 18~20, 21~23, 24~28, 29~31).[194]

표현 형식도 각 묶음별로 조금씩 다르다. 짧은 잠언을 모아둔 솔로몬 잠언의 둘째 묶음과 셋째 묶음, 또 지혜자들 말씀의 둘째 묶음과는 달리, 솔로몬 잠언의 첫 묶음과 지혜자들 말씀의 첫 묶음과 르무엘 잠언에는 주로 긴 잠언이 나온다. 아굴 잠언에는 기도문(30:7~9)이 들어 있을 뿐만 아니라 그 뒷부분은 숫자 잠언으로 이루어져 있다.

194 이밖에도 시편의 경우처럼 각 줄의 첫 자음이 히브리 알파벳 순서로 되어 있는 특별한 형식의 잠언으로 31:10~31을 들 수 있다.

36과 룻기의 짜임새와 흐름과 중심 내용

1. 전체 얼개

사사 시대를 배경으로 하는 룻기의 주인공은 물론 모압 여인 룻이지만, 룻이 낳은 오벳이 다윗의 할아버지라는 점을 밝히는 마지막 4장 18~22절의 족보를 제쳐놓고 보면, 실제로 이야기의 처음과 마지막 자리는 나오미가 차지하고 있다. 그뿐만 아니라, 룻의 모든 움직임은 나오미와 긴밀히 상의한 결과로 묘사되어 있다.

이처럼 2장과 3장에서는 룻이 주인공으로 등장하고, 1장과 4장에서는 나오미가 주역을 맡는 식으로 룻기는 대칭 구조로 되어 있다.

2. 각 장의 중심 개념

(1) 룻기의 각 장에는 중심 개념이 하나씩 나옴으로써 각 장의 초점이 어디에 있는지를 알려준다. 1장에서는 '돌아오다'나 '돌아가다'나 '되돌아가다'나 '돌아오게 하다'[195](6, 7, 8, 10, 11, 12, 15, 15, 16, 21, 22절, 모두 11번), 2장에서

---

[195] 히브리 동사 <슙>을 개역개정판에서는 문맥에 따라 '돌아오다'(6, 7, 22절)나 '돌아가다'(8, 10, 11, 15, 15, 16절)나 '되돌아가다'(12절)로 번역했다. 21절에는 '돌아오게 하다'를 뜻하는 이 동사의 사역형이

는 '(이삭) 줍다'(2, 3, 7, 8, 15, 15, 16, 17, 17, 18, 19, 23, 모두 12번), 3장에서는 '눕다' (4, 4, 4, 7, 7, 8, 13, 14절, 모두 8번), 4장에서는 '(기업) 무르다'나 '(기업) 무를 자' (1, 3, 4, 4, 4, 4, 4, 6, 6, 6, 6, 6, 7, 8, 14, 모두 15번)가 그러하다.

(2) 그렇지만 '(기업) 무르다', '(기업) 무를 자'는 이미 2장에 1번(20절), 3장에 7번(9, 12, 12, 13, 13, 13, 13절) 나옴으로써 룻기 전체에서 가장 중요한 낱말로 쓰인다[196]. 또한 1장의 중심 낱말인 '돌아오다'가 2장과 4장에도 각각 한 번씩 나온다(2:6; 4:3).

표 84. 룻기의 대칭적인 짜임새[197]

	1장	2장	3장	4장
주인공	나오미가	**룻**이	**룻**이	나오미가
중심사건	베들레헴으로 돌아오다	보아스의 밭에 가서 일하고 오다	보아스의 타작 마당에 다녀오다	베들레헴에서 기업무를 자를 얻다
짜임새	1~5절 도입부(행동)	1~2절 도입부(대화)	1~5절 도입부(대화)	1~2절 도입부(행동)
	6절~19전반절 룻이 나오미를 따르기로 결심하고 실천하다	3~18절 룻이 밭에서 보아스를 만나다	6~15절 룻이 타작마당에서 보아스 곁에 눕다	3~12절 보아스가 나오미와 룻을 맞아들이기로 결심하고 실천하다
	19후반절~22절 나오미와 베들레헴 여인들의 대화	19~23절 상황을 설명하는 나오미와 룻의 대화	16~18절 상황을 설명하는 나오미와 룻의 대화	13~17절 오벳이 태어나자 베들레헴 여인들이 나오미를 축하하다
				18~22절 다윗의 족보
중심개념	**돌아오다**	**이삭 줍다**	**눕다**	**기업 무르다**

3:11 '현숙한 여자'

↓

잠 31:10~15

쓰인다.

196 아래 3을 참고하라.

197 Zenger 등, *Einleitung*([문헌]5.46의 책), 204와 견주어 보라.

3. 주제

(1) 룻기는 옛 이스라엘의 가부장제 사회에서 남편 잃은 여인들의 현실 문제와 아울러 자식 없이 죽은 친척의 기업을 무르는 문제를 다룬다. 곧, 1장 11~13절은 창세기 38장 6~11절[198]과 신명기 25장 5~10절을 생각나게 하는데, 이는 한편으로 남자의 가계를 이어가기 위한 것이기도 하지만, 다른 한편으로는 홀로 남은 여인의 삶을 보장하기 위한 것으로도 보인다. 다만 룻기 4장 5~8절에서는 이것이 형제를 넘어서서 가까운 친척에게까지 적용된 듯하다.

(2) '기업'(基業, <나할라>, נַחֲלָה)은 본디 가나안 땅에 들어온 이스라엘 백성이 지파별로 또 집안별로 나누어 받은 땅을 뜻하는데, 이는 영영히 팔 수 없다(레 25:23). 그리하여 누가 가난해서 자기의 '기업'을 팔았을 경우 가까운 피붙이나 본인이 이것을 되사야 하는데, 이를 가리켜 '기업을 무른다'고 한다(레 25:25). 또 그렇게 무를 책임을 지는 사람을 가리켜 '기업 무를 자'라고 부른다.

4. 교훈

룻기의 중요한 교훈으로는 우선 가족 구성원이나 친척에 대해 의리를 다하는 사람들에게 하나님이 그에 상당하게 보상하신다는 점을 들 수 있다. 이러한 교훈은 1장 8절에서 '선대하다'(직역하면 '<헤셋>[חֶסֶד]을 행하다')가 나오미와 두 며느리의 관계 및 하나님과 두 며느리의 관계에 나란히 쓰이고, 이 표현에 들어 있는 히브리 명사 <헤셋>('인애')[199]이 3장 10절에서 보아스가 룻에게 하는 말에도 나오는 데서 잘 알 수 있고, 또 2장 11~12절에 잘 표현되어 있다. 이와 아울러, 이스라엘 공동체가 하나님 백성에게로 넘어온 이방 사람을 너그럽게 받아들일 수 있다는 교훈도 룻기에서 찾아볼 수 있다. 이는 모압 사람은 여호와의 총회에 들어오지 못한다고 하는 신명기 23장 3절과는 사뭇 다른 내용이다.

아무튼 룻기에서는 이방 여인의 신실함과 아울러 그 이방 여인에 대한

---

198 흥미롭게도 룻 4:18~22의 계보에서 보아스의 육대조로서 계보 첫머리에 나오는 베레스는, 창 38:29에 따르면, 다말이 시아버지 유다와 관계하여 낳은 쌍둥이 가운데 작은 아들이다.

199 위 20과의 4를 참고하라.

나오미와 보아스의 신실함도 알아차릴 수 있다. 이러한 신실함은 결국 하나님의 신실하심을 전제로 한다.

5. 룻기와 잠언의 상응 관계

3장 11절에서 룻을 가리켜 '현숙한 여자'라 한 것은 잠언 31장 10절의 '현숙한 여인'을 떠올리게 한다.

37과
아가의
짜임새와 흐름과
중심 내용

1. 전체 얼개

(1) 아가(雅歌)[200]에는 서른 개 정도 되는 여러 종류의 사랑의 노래가 뚜렷한 원칙 없이 뒤섞여 있기 때문에, 책 전체의 짜임새를 알아내기란 쉽지 않다.

(2) 흔히 노래하는 사람이 여자인가 남자인가 아니면 또 다른 사람인가를 살펴서 단락을 구분하지만,[201] 노래하는 사람이 누구인지 확실히 알 수 없는 경우도 있다.

(3) 더러는 1장 1~6절과 8장 5~14절을 머리말과 맺음말로 떼 내어놓고, 그 가운데 있는 부분을 "예루살렘 여자들아, 내가 ... 부탁한다"(2:7; 3:5; 5:8; 8:4)라는 말을 일종의 종결형식으로 보아 네 부분(1:7~2:7; 2:8~3:5; 3:6~5:8; 5:9~8:4)으로 나누기도 한다.

---

200 아름다운 노래를 뜻하는 '아가'는 히브리 표현 <쉬르 핫쉬림>(שִׁיר הַשִּׁירִים)의 번역이다. 이를 직역하면 '노래들의 노래'가 되고, 이 표현이 실제로는 가장 아름다운 노래를 뜻한다.

201 이를테면 한글개역판으로만 보더라도 2:2의 '내 사랑'은 여자, 2:3의 '나의 사랑하는 자'는 남자이다. 히브리어에서는 이삼인칭대명사의 경우에 남성과 여성이 구별되므로 더 잘 구별된다. 그리하여 1:2의 '네'는 남자이고, 1:9의 '너'는 여자임이 드러난다. 공동번역에서는 히브리 본문에는 없는 '신랑', '신부', '합창단'이라는 표시를 넣어서 본문을 단락별로 옮기고, 표준새번역에서는 '남자', '여자', '친구들'로 나누어 옮긴다.

2. 여자의 노래와 남자의 노래

표 85. 말하는 이들을 기준[202]으로 살펴 본 아가의 짜임새

1:1	표제: "솔로몬의 아가라"				
여자의 노래		남자의 노래		다른 사람들의 노래	
1:2~4전	("처녀들이 너를 사랑"-3)				
1:5~6	("**예루살렘 여자들**아... 부탁한다")				
1:7	("내마음으로 사랑하는 자야")	1:8	("여인 중에 어여쁜자야")		
		1:9~11	("내 사랑아" 묘사)		
1:12~14	("나의 사랑하는 자" 묘사)	1:15	("내 사랑아" 묘사)		
1:16전	("나의 사랑하는 자야" 묘사)				
1:16후~17	("우리 집" 묘사)				
2:1	("나는 샤론의 수선화" 묘사)	2:2	("여자들 중에 내 사랑은" 묘사)		
2:3~4	("남자들 중에 나의 사랑하는 자는" 묘사)				
2:5	("너희는")				
2:6	("그가 왼팔로" 묘사)				
2:7	("**예루살렘 여자들**아")				
2:8~14	("나의 사랑하는 자" 묘사)	2:10후~14	("나의 어여쁜 자")		
		2:15	("우리를 위하여")		
3:1~4	("나의 밤에" 묘사)				
3:5	("**예루살렘 여자들**아... 부탁한다")			3:6~11	("시온의 딸들아"-11)
		4:1~7	("내 사랑 너는" 묘사)		
		4:8~15	("나의 신부야")		
4:16	("북풍아")	5:1전	("내 누이, 내 신부야")		
		5:1후	("나의 친구들아")		
5:2~7	("내가 잘지라도")	5:2후	("나의 누이,...야")		
5:8	("**예루살렘 여자들**아... 부탁한다")			5:9	("여자들 가운데에 어여쁜 자야")
5:10~16전	("내 사랑하는 자" 묘사)				
5:16후	("**예루살렘 여자들**아")				
				6:1	("여자들 가운데에서 어여쁜 자야")
6:2~3	("내 사랑하는 자가")	6:4~9	("내 사랑아" 묘사)	6:10	("... 여자가 누구인가")
		6:11~12	("내가")	6:13	("우리가너를보게하라")
		6:13	("너희가 어찌하여")		
		7:1~9	("귀한 자의 딸아" 묘사)		
7:10~13	("내 사랑하는 자야")				
8:1~3	("네가...오라비 같았더면")				
8:4	("**예루살렘 여자들**아... 부탁한다")			8:5전	("...여자가 누구인가")
8:5후~7	("내가 너를 깨웠노라")			8:8~9	("우리에게 있는")
8:10	("나는 성벽이요")	8:11	("솔로몬이")		
		8:12	("솔로몬")		
		8:13	("너 동산에 거주하는자야")		
8:14	("내 사랑하는 자야")				

202 단락에 따라서는 누가 말하는지를 제대로 알아내기 힘든 경우도 더러 있으므로, 아래의 분류가 보기에 따라서는 부분적으로 달라질 수 있다. 공동번역에서 '신랑', '합창단', '신부', '신부와 신랑'으로 나누어 표시해 둔 것과 표준새번역에서 '여자', '친구들', '남자'로 나누어 표시해 둔 것과 『해설관주성경전서 독일성서공회해설』의 아가 단락별 해설에서 '여자', '남자', '처녀들', '관중들 (?)', '부인들', '여자들과 처녀들(?)', '남자들(?)', '여자의 오라비들'로 나누어 표시해 둔 것을 서로 견주어보라.

(1) 전체를 통틀어 볼 때, 아가는 여자의 노래로 볼 수 있다. 첫 노래와 마지막 노래가 여자의 노래일 뿐만 아니라, 가운데 부분에서도 여자가 주도적인 역할을 하고 있기 때문이다. 이 여자는 자기가 '사랑하는 자'에게 직접 말을 걸기도 하고(1:7; 7:11~13; 8:1~3; 8:5후~7, 14), 그의 모습(5:10~16)이나 그와 자신의 관계나 그와 자신 사이에 벌어진 사건(1:12~14; 2:1, 3~4, 6, 8~17; 3:1~4; 5:2~7; 6:2~3; 7:10)에 대해서 노래하기도 한다. 또한 가끔씩 '예루살렘 여자들'에게 말하기도 한다.

(2) 남자도 이 여자의 아름다운 모습을 노래하거나(1:9~11; 4:1~7; 7:1~9), 직접 자기의 '사랑'에게 말을 걸지만(1:8; 5:1~2; 6:4~12; 8:13), 그 말이 두어 번 여자의 말 가운데 인용된다(2:10후~14; 5:2).

3. 의미

흔히 아가를 이스라엘과 여호와, 기독교회나 기독교인과 예수 그리스도의 관계를 노래하는 것으로 풀이하지만, 일차적으로 아가에 나오는 사랑의 노래들은 남녀의 사랑이 하나님의 창조 질서 안에서 정당한 자리를 차지한다는 점을 드러내는 것으로 볼 수 있다.

38과
전도서의
짜임새와 흐름과
중심 내용

1. 형식적 구분

표 86. '전도자' 라는 낱말을 중심으로 본 전도서의 형식적인 구분

1:1	표제	"다윗의 아들 예루살렘 왕 전도자의 말씀이라" (1:1)
1:2~11	남이 알려주는 전도자의 말	"전도자가 이르되 헛되고 헛되며 …" (1:2)
1:12~7:26	전도자 자신의 말	"나 전도자는 예루살렘에서 이스라엘 왕이 되어" (1:12)
7:27~12:8	남이 알려주는 전도자의 말	" 전도자가 이르되 보라 내가 낱낱이 살펴…" (7:27) "전도자가 이르되 헛되고 헛되도다 …" (12:8)
12:9~10	남이 전도자에 대해 하는 말	"전도자는 … 지식을 가르쳤고 …" (12:9) "전도자는 힘써 … 구하였나니 …" (12:10)
12:11~14	맺음말	

'전도자'[203]라는 낱말이 나오는 구절을 중심으로 보면, 전도서는 표제(1:1)에 뒤이어 제3자가 전도자의 말을 소개하는 부분인 1장 2~11절 및 7장 26절~12장 8절과 그 둘 사이에 전도자 스스로 자신의 깨달음에 대해 말하는 1장 12절~7장 26절과 제3자가 전도자에 대해서 말하는 12장 9~10절과 마무리 잠언 모음인 12장 11~14절로 이루어져 있다고 할 수 있다.[204]

---

203 그 히브리 낱말 <코헬렛>(קֹהֶלֶת)은 어떤 모임을 이끌어나가는 직책 또는 모임에서 연설하는 직책을 뜻하는 것으로 보인다. 표준새번역에서는 전도자에 대해 "설교자, 교사, 총회의 인도자"라는 각주를 붙여 놓았다. 공동번역에서는 아예 '설교자'로 번역하였다.

204 바로 위 표를 보라.

2. 내용에 따른 전체 얼개

(1) 내용을 함께 살펴보면, 표제(1:1)와 후기(12:9~14), 책의 표어('헛되다')를 내거는 머리말(1:2)과 이를 상기시키는 맺음말(12:8), "해 아래에는 새 것이 없다"는 전제(1:3~11)와 "청년의 때에 너의 창조주를 기억하라"는 결론(11:9~ 12:7)이 각각 대칭을 이루면서 바깥 틀이 된다. 본론(1:12~11:8)은 인생의 헛됨을 다루는 전반부(1:12~6:9)와 사람의 한정된 능력을 말하는 후반부(6:10~ 11:8)의 두 부분으로 크게 나눌 수 있다.

표 87. 전도서의 짜임새

		구절	내용
1:1			표제
1:2			머리말(표어: **'헛되다'**)
1:3~11			전제("*해 아래 새 것은 없다*")
헛된 인생	1:12~2:26 헛된 인생 (개인적으로)	1:12~18	헛된 지혜
		2:1~11	헛된 쾌락
		2:12~26	헛된 수고 (24~26절. 낙은 하나님께로부터)
		3:1~8	범사에 기한이 있다!
		3:9~15	헛된 수고 (10~14절. 낙은 하나님께로부터)
	3:16~4:16 헛된 인생 (사회적으로)	3:16~22	불의와 헛됨
		4:1~3	학대의 문제
		4:4~8	헛된 수고
		4:9~12	협력의 힘
		4:13~16	헛된 권력
		5:1~7	하나님께 알맞은 태도 권고 "...오직 너는 하나님을 경외할지니라" (7절)
	5:8~6:9 헛된 인생 (사회적으로)	5:8~9	학대의 문제
		5:10~20	헛된 부 (18~20절: 낙은 하나님께로부터)
		6:1~6	번영의 헛됨
		6:7~9	수고의 헛됨
사람의 한정된 지식	6:10~8:17 사람에게 무엇이 유익한지 아무도 모른다	6:10~12	사람의 한정된 능력
		7:1~8:1	지혜의 문제(하나님 경외-7:18)
		8:2~4	임금 앞의 처신 문제
		8:5~9	때에 대한, 사람의 한정된 지식
		8:10~17	헛된 세상 현실(하나님 경외-12,13)
	9:1~11:8 앞날은 아무도 모른다	9:1~6	사람의 헛된 운명
		9:7~10	기뻐하라
		9:11~12	앞날에 대한, 사람의 한정된 지식
		9:13~10:15	지혜와 어리석음의 문제
		10:16~17	화 있는 나라, 복 있는 나라
		10:18~20	다른 여러 잠언
		11:1~8	앞날에 대한, 사람의 한정된 지식
11:9~12:7			결론("*젊을 때 창조주를 기억하라*")
12:8			맺음말(표어: **"헛되다"**)
12:9~14			후기("...하나님을 경외하라..."-13절)

(2) '하나님 경외'라는 주제가 5장 7절과 7장 18절과 8장 12~13절과 12장 13절에 나와서 본론의 전반부와 후반부와 맺음말을 서로 이어준다.

3. 본론 전반부(1:12~6:9)

본론의 전반부는 온갖 수고와 쾌락과 지혜가 헛되다 하면서 개인적인 면에서 인생의 헛됨을 논하는 1장 12절~2장 26절과 불의와 억압이 여전한 모순된 세상 현실에 대해 말하면서 사회적인 면에서 인생의 헛됨을 논하는 3장 16절~6장 9절의 둘로 이루어지는데, 뒷부분의 한 가운데인 5장 1~7절에 하나님께 알맞은 태도를 취하라는 권고가 들어 있어서, 결론 11장 9절~12장 7절과 더불어 전도서가 겨냥하는 바가 어디에 있는지를 알려 준다. 이는 또한 헛된 인생 가운데서도 "낙(樂)은 하나님께로부터 비롯된다"는 것을 말하는 작은 단락과도 통한다(2:24~26; 3:10~14; 5:18~20).

4. 본론의 후반부(6:10~11:8)

본론의 후반부도 다시 사람은 자기에게 무엇이 유익한지를 알 수 없다는 점을 주로 말하는 앞부분(6:10~8:17)과 앞날을 알 수 없는 사람의 제한성을 말하는 뒷부분(9:1~11:8)의 둘로 나눌 수 있다. 여기서는 "사람은 알지(또는 깨닫지) 못한다"(7:14; 8:17; 9:1, 5, 12; 10:15; 11:2, 5, 6 등)는 말이 자주 나온다.

39과
예레미야애가의 짜임새와 흐름과 중심 내용

1. 책의 이름과 주제

예레미야애가 1장, 2장, 4장은 '슬프다'(<에카>, אֵיכָה)로 시작하고, 그것이 히브리어 성경에서 부르는 이 책의 이름이기도 하다. 이 말은 죽은 사람에 대한 애틋함과 안타까움을 나타낼 때 내뱉는 외마디 소리이다.

이 책은 예루살렘의 죽음, 곧 유다의 멸망을 슬피 노래하는 다섯 개의 애가(哀歌)로 이루어져 있다. 칠십인경 애가 첫머리[205]에서는 이를 예레미야의 저작으로 본다(대하 35:25 참고).

2. 각 장의 내용

1장에서는 시온의 옛 영광에 비겨 시온이 겪는 지금의 고난 상황을 슬피 노래하고, 2장에서는 하나님이 시온을 벌하셔서 시온이 수치를 겪고 있음을 노래한다. 4장에서는 시온에 갇힌 자들의 불쌍한 모습을 노래하고, 5장에서는 굴욕과 결핍과 무질서와 슬픔과 황폐함에 시달리는 하나님 백성의 모습을 노래한다.

이와는 달리 3장에서는 어떤 개인이 하나님이 내리신 고난 가운데서 하나님께 부르짖다가 하나님의 사랑과 자비를 기억하고 '우리' 하나님께로 돌아가자 하면서 다시 하나님께 기도한다.

---

205 "이스라엘이 사로잡혀가고 예루살렘이 황폐해진 뒤에 예레미야가 앉아서 통곡하며 예루살렘에 대해 이 슬픈 노래를 노래하여 이르기를."

3. 표현 형식과 주제

표 88. 표현 형식에 따른 예레미야애가의 짜임새

시인의 혼잣말	시인이 하나님 백성이나 남에게 하는 말	시인이 하나님께 아뢰는 말	시온이나 하나님 백성이 하나님께 아뢰는 말
1:1~9전		1:9후~11('나')	
	1:12~16 ('지나가는 자들'에게) 1:18~19 ('모든 백성들'에게)		
		1:20~22('나')	
2:1~12(11~12: '나')			
	2:13~22 (13:'처녀예루살렘'에게) 3:19~23[206]		2:20~22(22:'나')
3:1~24('나') 3:25~39			
	3:40~41('우리')		
			3:42~47('우리')
3:48~54('나')			
		3:55~66('나')	
4:1~16('나') 4:17~20('우리')			
	4:21(에돔에게) 4:22('처녀 시온'에게)		
			5:1~22('우리')

1, 2, 4, 5장은 각각 히브리 자모의 숫자인 22개의 절로 되어 있으며 각 절의 첫 자모는 대체적으로 히브리 자모 순서로 되어 있다. 3장은 한 자모에 석 절씩 모두 66절로 되어 있다. 예레미야애가 1, 2, 4, 5장에서는 시온이나 하나님 백성이 겪는 괴로움을 혼잣말로 늘어놓거나 하나님께 아뢰다가 고난을 굽어 살펴보시고 도와주시라는 말로 나아간다. 3장의 경우 한 사람이 자기 개인의 고난과 극복에 대해 노래하는 식으로 되어 있지만, 이 경우도 이 개인은 공동체를 대표하는 개인으로 볼 수 있다.

이리하여 다섯 노래 모두 근본적으로는 공동체 곧 하나님 백성 유다가 멸망 직후 겪고 있는 처참한 상황을 드러낸다. 그런 가운데 하나님 백성은 이러한 괴로움을 내리신 분이 하나님이시기에 앞으로 살아나는 것도 이 하

206 개역에서는 3:19~23을 시인이 여호와께 아뢰는 말씀으로 옮겨 놓았다. 그렇지만, 공동번역 에서는 3:18~21만을, 표준새번역에서는 3:23~24만을 그렇게 옮겼다.

나님께 달렸다고 생각하면서 지난날 자신들이 저지른 죄에 대해 고백(3:40~47; 4:6, 13; 5:7, 16)하기도 한다.

이처럼 예레미야애가는 시편의 민족 탄원시처럼, 더 이상 절망과 좌절에 빠진 사람들의 사라져가는 울부짖음이 아니라 극심한 괴로움 가운데서 자신을 돌아보고 하나님을 굳게 의지함으로써 다시 한번 새로운 구원을 바라는 하나님 백성의 노래라 할 수 있다.

40과
에스더의 짜임새와 흐름과 중심 내용

1. 전체 얼개

에스더는 도입부(1:1~2:23)와 중심부(3:1~9:19)과 종결부(9:20~10:3)의 세 부분으로 크게 나누어 볼 수 있다. 세 부분을 이어주는 요소로는 모르드개의 충성스런 행적이 바사(=페르시아) '궁중 일기'(2:23), '역대 일기'(6:1), '메대와 바사 왕들의 일기'(10:2) 에 기록되었다는 점을 들 수 있다. 이는 룻기의 나오미처럼 에스더와 아울러 모르드개가 이 책의 중요한 인물로 나타나고 있다는 점을 보여 준다.[207]

2. 도입부(1~2장)와 중심부(3:1~9:19)의 연결 주제

(1) 도입부와 중심부는 무엇보다도 '잔치'라는 주제로 이어진다.[208] 곧 아하수에로가 베푼 잔치(1:3, 5; 2:18, 18)와 와스디가 베푼 잔치(1:9)와 에스더가 베푼 잔치(5:4, 5, 6, 8, 12, 14; 6:14; 7:2, 7, 8)[209]와 유다인들의 자축 잔치(8:17; 9:17, 18, 19, 22)가 그것이다.

---

207 칠십인경에서는 군데 군데에 덧붙는 부분이 들어 있다. 1장 1절 앞에 17절('모르드개의 꿈'), 3장 13절과 14절 사이에 7절('유다인들을 모조리 죽이라는 아하수에로왕의 조서'), 4장 8절과 9절 사이에 1절('모르드개가 에스더에게 하는 말'), 4장 17절과 5장 1절 사이에 30절('모르드개의 기도'), 5장 2절과 3절 사이에 16절('기도하고 왕에게 나아가 말하다가 실신하는 에스더'), 8장 12절과 13절 사이에 24절('유다인들에게 복수를 허락하는 아하수에로왕의 조서'), 9장 18절과 20절 사이에 1절('아달월 십오일에 대한 기록'), 10장 3절 뒤에 11절('모르드개의 말과 책의 그리이스 번역본에 대한 후기')이 덧붙는다. 이 분량을 다 합하면 107절인데, 이는 히브리 본문 전체가 166절인 사실에 견주어 보면, 상당히 많다. 이 부분을 들어 있는 가톨릭 성경을 한 번 죽 읽어볼 만하다.

208 '잔치'를 뜻하는 히브리 명사 <미쉬테>(מִשְׁתֶּה)가 구약성경 전체에 46번 나오는데, 그 가운데 에스더에 20번으로 가장 많이 쓰인다.

209 히브리어 본문 7:1에는 "왕과 하만이 왕비 에스더와 함께 마시러 왔다"고만 되어 있지, '잔치'라는 낱말은 없으나, 뜻을 따라 개역에서는 "왕이 하만과 함께 또 왕후 에스더의 잔치에 나아가니라"로 옮겼다.

(2) 또한 '음모자 처형'이라는 주제도 두 부분의 연결 고리가 된다(2:23; 7:10; 9:14).

표 89. 에스더의 짜임새

구분	세부 구분	본문	내용
1:1~2:23 도입부		1:1~9	아하수에로 왕이 두 번(3, 5절), 왕비 와스디가 한 번(9절) '**잔치**'를 베품
		1:10~22	와스디가 쫓겨남
		2:1~18	에스더가 왕비가 되고 왕이 '**잔치**'(18절)를 베품
		2:19~23	모르드개가 암살음모를 고발, 암살자처형(23전), 궁중일기에 기록(23후)
3:1~9:19 중심부	3:1~7:10 유다인들의 대적인 하만은 망하고 모르드개는 높아짐	3:1~11	**높아진 하만이 유다인들을 진멸할 계획을 세움**
		3:12~15	*유다인을 진멸하라는 아하수에로왕의 조서가 내림* 15: 급히 나가는 역졸 15: **함께 앉아 마시는 왕과 하만** 15: 어지러운 수산 성
		4:1~3	*모르드개와 각 도 유다인들의 반응*
		4:4~17	에스더와 모르드개가 서로 연락함
		5:1~8	에스더가 베푼 첫 '**잔치**'(4절)
		5:9~14	하만의 착각
		6:1~13	높아진 모르드개와 하만의 반응 1~2: 역대 일기에 적힌 모르드개의 고발사건
		6:14~7:10	에스더가 베푼 두 번째 '**잔치**'(7:1)와 하만 처형
	8:1~9:19 대적들의 몰락과 모든 유다인들의 구원	8:1~8	**왕 앞의 모르드개, 에스더의 새 계획**
		8:9~17	*유다인들에게 복수를 허락하는 왕의 조서가 내림* 14: 준마를 타고 빨리 나가는 역졸 15: **왕 앞에 나온 모르드개** 15: 즐거이 부르며 기뻐하는 수산 성 16~17: *각 지방의 반응*
		9:1~15	유다인들의 대적들이 망함 14: 하만의 아들들을 처형함
		9:16~19	유다인들의 자축 '**잔치**'(17, 18, 22절)
9:20~10:3 종결부		9:20~28	부림절에 대해 모르드개가 써 보낸 글
		9:29~3	부림절에 대해 에스와 모르드개가 써 보낸 글
		10:1~3	존귀해진 모르드개 2: 열왕의 일기에 기록

3. 중심부(3:1~9:19)

(1) 중심부는 유다인들의 대적인 하만이 죽고 모르드개가 위기에서 벗어나는 내용을 말하는 3~7장과 이 틀이 확대되어 유다인들의 대적들이 몰락하고 유다인들이 구원받는 내용을 다루는 8장 1절~9장 19절의 둘로 다시 나눌 수 있다.

(2) 이 두 부분 사이에서는 계획(3:1~11; 8:1~8), 아하수에로왕의 조서(3:12~15; 8:9~13), 잔치(6:14~7:8; 9:16~19), 역졸들의 움직임(3:15; 8:14), 왕과 하만(또는 모르드개)(3:15; 8:15), 수산 성의 반응(3:15; 8:15), 각 지방의 반응(4:3; 8:16~17), 처형(7:10; 9:14)이 상응한다.

4. 주제

(1) 에스더는 에스더나 모르드개 개인의 출세기(出世記)라기보다는 이방 세계에서 미움받고 천대받던 '유다인들'(3:6, 10 등 44번이나 나옴)[210]이 공적으로 인정받을 뿐만 아니라 드러나게 활동하게 된 이야기이다.

(2) 모르드개는 그러한 유다인들의 모범으로 나타난다. 이에 걸맞게 처음에는 모르드개를 그냥 '한 유다인'(2:5)이라고 소개했지만, 나중에는 모르드개 스스로 자기가 유다인인 것을 밝혔다 하고(3:4), 그 뒤로는 '유다 사람 모르드개'(5:13; 6:10; 8:7; 9:29, 31; 10:3)라는 표현이 나온다.

(3) 유다 민족도 처음에는 '한 민족'(3:8)이라 하다가 나중에는 '자기(=에스더)의 민족'(2:10, 20), '내 민족'(7:4)이라 하고, 마침내는 '모르드개의 민족'(3:6, 6), '그(=모르드개)의 백성'(10:3)이라 불린다.

(4) 에스더에 하나님의 이름이 한 번도 나오지 않지만, 4장 14절의 '다른 데'가 하나님을 암시하고 있음은 틀림없다.

---

210 유다인을 뜻하는 히브리 고유명사 <여후디>(יְהוּדִי)가 구약성경에 모두 75번 나오는데, 에스더에 52번, 특히 에 8~10장에 39번 집중적으로 쓰인다.

41과
다니엘의 짜임새와 흐름과 중심 내용

1. 전체 얼개

표 90. 언어, 문학형식, 다니엘의 역할에 따른 다니엘의 짜임새

언어	히브리어(1:1~2:4전)	아람어(2:4후~7:28)		히브리어(8~12장)
문학형식	다니엘과 세 친구의 이야기(1~6장) 느부갓네살의 환상(2, 4장)		다니엘의 환상 보도(7~12장)	
다니엘의 역할	꿈의 뜻을 풀어주는 다니엘		꿈을 꾸거나 이상을 보는 다니엘 꿈, 환상의 뜻을 풀이해 주는 천사들	

(1) 다니엘은 한편으로는 히브리어로 씌어진 부분(1:1~2:4전; 8~12장)과 아람어로 씌어진 부분(2:4[211]후~7:28)의 둘로, 다른 한편으로는 다니엘과 그의 세 동무에 대한 이야기인 1~6장과 다니엘이 본 환상[212]이나 드린 기도에 대한 7~12장의 둘로 크게 나눌 수 있다.

(2) 다니엘의 역할도 앞뒷부분에서 달라진다. 1~6장에서는 이방 임금이 꾼 꿈의 뜻을 풀이해 주거나 벽에 쓰인 글씨의 뜻을 풀이해 주는 다니엘이 7~12장에서는 직접 꿈을 꾸거나 이상을 보고, 그 뜻은 천사들이 풀이해 준다.[213]

---

211 개역 2:4의 '왕이여'에 대한 각주에서 "2:4하반부터 7:28까지는 아람 방언으로 기록되었음"이라고 밝히고 있다.

212 개역한글판에서는 '이상(異像)'으로 옮겼다.

213 칠십인경에는 1장 앞에 64절 분량의 수산나 이야기가, 3장 23절과 24절 사이에는 27절 분량의

표 91. 다니엘의 짜임새

언어	문학 형식	장절	연대	주인공	중심 내용
히브리어 (1:1~2:4전)	이야기 형식 (1~6장)	1장	느부갓네살	다니엘과 세 동무	서문
		2장	(1:21:고레스) 느부갓네살 2년	꿈 풀이하는 다니엘 (부서진 큰 신상)	**네 강대국과 하나님 나라**
아람어 (2:4후 ~7:28)		3:1~4:3	느부갓네살	믿음의용사인 세 동무 (풀무불에서 살아남)	신앙인의 수난 송영(4:1~3)
		4:4~37	느부갓네살	꿈 풀이하는 다니엘 (베이고 찍힌 나무)	권력자의 교만 송영(4:35~36)
		5장	벨사살	벽에 쓰인 글씨를 풀이하는 다니엘	권력자의 교만
		6장	다리오 (28:고레스)	믿음의 용사 다니엘 (사자굴에서 살아남)	신앙인의 수난 송영(6:26~27)
	환상 보도 (7~12장)	7장	벨사살	네 큰 짐승의 이상을 본 다니엘	**네 강대국과 하나님 나라**
히브리어 (8~12장)		8장	벨사살	수양과 수염소의 이상을 본 다니엘	페르시아 왕국과 헬라 왕국
		9장	다리오 원년	회개하며 예언의 뜻을 알려고 기도하는 다니엘	**70년 동안의 황무함**
		10장	고레스 3년	천사들을 통해서 '마지막 날에 네 백성이 당할 일'(10:14)을 알게 된 다니엘	페르시아 왕국과 헬라 왕국
		11장			**남북의 왕들**
		12장			**마지막 때**

2. 1~7장의 내부 상응 관계

표 92. 다니엘 1~7장의 내부 상응 관계

1장 서문			
2장	네 강대국을 이기는 하나님 나라	7장	
3장	박해를 이겨내는 믿음의 용사	6장	
4장	교만한 권력자 심판	5장	

(1) 1장은 다니엘의 주역들을 소개하면서 전체의 머리말 노릇을 한다. 그렇지만, 3장에서는 다니엘의 세 동무만 나타나고, 나머지 장에서는 다니엘만 등장한다. 또한 느부갓네살은 2~4장에만 나오고, 5장과 7장과 8장에는 벨사살이, 6장과 9장에는 다리오가 10장에는 고레스가 등장한다.[214]

아사랴의 찬송과 40절 분량의 세 소년의 찬송이, 12장 뒤에는 42절 분량의 벨과 용의 이야기가 덧붙어 있다. 가톨릭 성경에서는 수산나 이야기를 13장으로, 벨과 용의 이야기를 14장으로 덧붙여 놓았다. 이 외경 부분은 모두 173절로 다니엘 성경 부분의 총 분량인 357절의 절반에 해당한다.

214 연대순서로 적어 보면, 느부갓네살이 주전 605/604~562년에 바벨론을 다스렸고, 바벨론의 마지막 왕

(2) 아람어로 된 2~7장 안에서는, 네 강대국을 무너뜨리고 들어설 하나님의 나라에 대한 2장('큰 신상')과 7장('네 큰 짐승'), 무고하게 겪는 고난을 믿음으로 이겨내는 용사들의 이야기인 3장('뜨거운 풀무불 가운데서 살아 남은 세 동무')과 6장('사자굴에서 살아 남은 다니엘'), 교만한 세상 권력자에 대한 심판을 말하는 4장(느부갓네살)과 5장(벨사살)이 대칭을 이룬다.

(3) 3장 1절~4장 3절과 4장 4~37절과 6장 26~27절에서는 이방 권력자가 이스라엘의 하나님을 인정하고 찬양하는 말이 각 단락의 끝(4:3, 34후~35; 6:26후~27)에 나온다.

3. 7~12장과 2장의 내부 상응 관계

표 1. 다니엘 **7~12**장과 **2**장의 상응 관계

	7장	8장	9장	11장	2장	해당 나라
첫째 왕국	4절	없음			32전, 38절	바벨론
둘째 왕국	5절	없음			32중, 39전	메대
셋째 왕국	6절	3~4절			32후, 39후	페르시아
넷째 왕국	7~8, 11, 19~27절	5~12, 21~25절	26~27절	2~45절	33~35, 40~45절	헬라

(1) 수양과 수염소의 환상에 대해 말하는 8장은 바사(=페르시아) 왕국과 헬라 왕국에 대한 이상을 다루는 10장과 이어지고, 11장에서는 헬라 왕국의 후예들에 대한 자세한 내용이 펼쳐진다. 이 모든 환상은, 2장과 7장에 나오는 네 왕국에 대해서 2장, 7장, 8장, 9장, 11장에 다루는 분량에 견주어 볼 때, 특별히 네 왕국 가운데 마지막 왕국인 헬라 왕국 시대에 하나님 백성이 겪는 운명과 관련됨을 알 수 있다.

(2) 9장은 다니엘이 70년 포로 생활에 대한 예언의 뜻을 알기 위해 기도하는 내용으로 시작하여 그에 대한 응답으로 나오는 풀이의 끝 부분이 결국 11장과 이어진다.

나보니드(주전 556~539년)의 아들 벨사살은 실제로 왕노릇한 적은 없이 그냥 아버지를 도와 일시적으로 나랏일을 본 듯하며, 페르시아에서 550~530년에 왕노릇했던 고레스가 539년에 바벨론을 멸망시켰으며, 다리오 일세는 522~486년에 페르시아를 다스렸다. 느부갓네살과 나보니드 사이에 바벨론의 왕이었던 사람은 느부갓네살의 아들 에윌므로닥(왕하 25:27~30) (562~560년)과 그의 인척인 네리글릿사르(렘 39:3, 13의 네르갈사레셀인 듯함, 560~556년)인데, 또 다른 집안 출신인 나보니드는 네리글릿사르의 아들을 몰아내고 왕이 되었다.

(3) 7장의 이상에 대한 풀이의 끝 부분도 11장 뒷부분 및 12장과 연결된다. 이리하여 7장은 1~6장과 8~12장을 잇는 다리 구실을 한다.

4. 중심 주제

다니엘을 통틀어 볼 때 가장 중요한 주제는 세계 통치와 하나님의 통치가 어떻게 관련되는가 하는 것이다. 이 땅의 정치 권력은 모두 하나님의 계획 아래 정해진 기간 만큼 유효한 것이고(8:19; 11:27, 29, 35, 36),[215] 마침내는 하나님이 다스리시는 나라가 설 것이다(2:44; 7:27). 이러한 내용은 믿음 때문에 엄청난 시련을 겪고 있는 사람들에게 큰 위로가 되고 끝까지 희망 가운데 믿음을 신실히 지키며 견디어 낼 힘을 준다.

5. 넷째 나라와 하나님의 나라

세상 나라의 대표적인 경우로 2장과 7장에서는 잇달아 생긴 네 나라에 대해 말하는데, 특히 하나님의 나라가 서기 전에 넷째 나라가 포악하고 잔인하며 하나님 백성을 괴롭힌다는 점을 자세히 밝히는데, 세상 나라에 대한 심판하실 하나님을 가리켜 '옛적부터 항상 계신 이'(7:9, 13, 22)라 하고, 이 하나님으로부터 '인자 같은 이'가 세상에 대한 영원한 통치권을 받는다(7:13). 이 하나님 나라의 주인공은 또한 '지극히 높으신 이의 성도들(또는 거룩한백성)'(7:18, 22, 27)이다.[216]

8장에서는 이 네 나라 가운데서 마지막 두 나라만, 11장에서는 마지막 나라만 다루는데, 그것도 마지막 나라의 마지막 시기에 대해 자세히 말한다)[217].

---

215 '정한 때'(8:19), '작정된 기한' (11:27, 35), '작정된 기한' (11:29), '작정된 일' (11:36).

216 아직 집단적인 성격을 띠고 있는, 이 다니엘의 '인자'는 신구약중간시대 문헌에 속하는 에녹1서 37~71장(이를 '에녹 비유서'라고 부르기도 한다)과 에스라 4서(에스드라 2서나 4서라 부르기도 한다) 11~13장을 거치면서 다윗의 후손 메시야라는 개인적인 인물로 이해되어 신약 복음서의 '인자'로 이어진다. 이에 대해서는 마틴 맥나마라 지음, 채은하 옮김,『신구약중간시대의 문헌 이해』(서울: 이화여자대학교 출판부, 1995), 75~78('11. 에녹의 비유서[에녹1서 37~71장] - 아마도 주후 1세기경')과 79~90('13.에스드라 2[4]서): 주후 100년경', 특히 85쪽)과 George E.W. Nickelsburg, "Son of Man", *Anchor Bible Dictionary* VI (1992) 137~150, 그 가운데서 특히 138~141을 참고하라.

217 앞 3을 보라.

6. 천사를 가리키는 표현들

'신들의 아들 같은 이'(3:25), '천사'(3:28), '한 순찰자'(4:13,23), '한 거룩한 자'(4:13, 23; 8:13), '사람 모양 같은 것'(8:15; 10:18), '인자와 같은 이'(10:16), '가브리엘'(8:16; 9:21), '미가엘'(10:13, 21; 12:1), '세마포 입은 자'(10:5; 12:6)는 직접적으로나 간접적으로 천사들을 가리키는 말들이다.

특히 '미가엘'은 10장 21절의 '너희의 군주[218] 미가엘'이라는 표현에서도 알 수 있듯이, 이스라엘 백성을 지켜주는 천사로 등장한다. 이에 상응하는 경우로 '바사 왕국의 군주'(10:13), '바사 군주'(10:20)과 '헬라의 군주'(10:20)이 있다.

7. 부활

12장 2절에서는 이스라엘 백성이라는 제한된 범위 안에서 죽은 자들의 부활에 대해 말한다.

8. 고레스

페르시아 임금 고레스는 다니엘(1:21; 6:28; 10:1)과 에스라 느헤미야(스1:1; 3:8)와 역대상하(대하 36:22~23)를, 다리오는 다니엘(6:1; 9:1)과 에스라 느헤미야(스 4:24; 6:15)를 이어준다.

9. 다니엘의 기능과 다니엘의 성격

다니엘은 예언자라기보다는 지혜자로 나타나고(1:17, 20; 2:14, 20~21, 30 등), 묵시문학서로 알려진 다니엘에도 지혜서의 요소(11:33, 35; 12:3 등)가 많이 들어 있다.

---

218 개역한글판에서는 '군(君)'으로, 공동번역과 그 개정판에서는 '수호신'으로, 표준새번역에서는 '수호신, 천사장'으로, 새번역에서는 '천사장'으로 번역했다.

42과
에스라 느헤미야의 짜임새와 흐름과 중심 내용

1. 히브리어 성경의 에스라 느헤미야

(1) 히브리어 성경에서는 에스라서와 느헤미야가 본디 한 권으로 묶여져 있었다. 이는 두 책의 내용이 서로 긴밀하게 이어져 있기 때문일 것이다.[219]

(2) 에스라서에서는 가운데 두 부분(4:8~6:18; 7:12~26)이 아람어로 씌어져 있다.

표 93. 에스라 느헤미야의 언어

히브리어	스 1:1~4:7		6:19~7:11		7:27~느 13:31
아람어		4:8~6:18		7:12~26	

2. 전체 얼개와 표현 형식

(1) 에스라 느헤미야는 예수아(=여호수아)와 스룹바벨과 학개와 스가랴를 중심으로 이루어진 성전 재건 공사에 대해 말하는 에스라 1~6장과 에스라의 신앙 개혁 활동과 느헤미야의 성벽 재건 및 사회 개혁 활동에 대해 번갈아 알려주는 에스라 7장~느헤미야 13장의 두 부분으로 크게 나눌 수 있다.

---

219 아래 2를 보라.

표 94. 에스라 느헤미야 전체 얼개

에스라		느헤미야
1~6장	7~10장	1~13장
예수아, 스룹바벨의 성전 재건	에스라의 개혁 활동과 느헤미야의 성벽 재건, 개혁 활동	
고레스 칙령~다리오 6년 (주전 538~515년)	아닥사스다 7년~32년 (주전 458~433년)	

(2) 뒷 부분은 다시 에스라의 귀환과 초기 활동을 알려주는 에스라 7~10장과 느헤미야의 귀환과 초기 활동을 알려주는 느헤미야 1~7장과 에스라의 후속 활동을 말하는 느헤미야 8~10장과 느헤미야의 후속 활동을 알려주는 느헤미야 11~13장의 네 부분으로 이루어진다. 그런데 글의 흐름으로 보면, 에스라와 느헤미야의 초기 활동에 힘입어 유대 공동체의 결속을 어느 정도 다졌을 뿐만 아니라 예루살렘 성벽을 다시 쌓는 일을 마친 뒤 백성의 요청에 따라 에스라와 레위 사람들이 율법을 읽어주고 해석해 주는 큰 모임을 열고 마침내는 초막절을 지키는 내용이 담긴 느헤미야 8장이 에스라 느헤미야의 절정을 이룬다고 할 수 있다.

표 95. 활동시기에 따라 살펴 본 에스라 느헤미야

에스라	느헤미야		
7~10장	1~7장	8~10장	11~13장
에스라의 귀환, 초기활동	느헤미야의 귀환, 초기활동	에스라의 후속 활동	느헤미야의 후속 활동

표 96. 에스라 느헤미야의 짜임새

언어	문학 형식	장절	연대	주인공↔반대자	중심 내용
히브리어 스1:1 ~4:7	3인칭이야기	스 1장	고레스원년[220](1)	고레스, 세스바살	**칙령, 귀향**
	명단	2장	7년(3:1)		*귀향자 이름과 수*
	3인칭이야기	3장	고레스 2년(8)	예수아, 스룹바벨	**성전 재건 시작**
아람어 4:8 ~6:18		4장	아하수에로 원년(6) 아닥사스다(7)	예수아, 스룹바벨 ↔ 르훔,심새	성읍 재건 고발
			다리오 2년(24)까지		**성전재건 공사 중지**
		5장		학개, 스가랴, 스룹바벨, 예수아 ↔닷드내,스달보스내	성전재건공사 재개[221] 항의, 문의 편지
히브리어 6:19 ~7:11		6장	다리오 6년12월3일(15) 7년(?) 1월14일(19)		답서, **성전 완공 유월절 지킴**
아람어 7:12~26		7:1~26	아닥사스다 7년(7) 7년 5월1일(8~9) 7년 1월 1일(9)	에스라	**귀환 명령** 예루살렘 도착 바벨론 출발
	1인칭이야기	7:27~28			에스라의 찬송
히브리어 스 7:28~ 느 13:31	명단	8:1~14			*귀향자 이름과 수*
	1인칭이야기	8:15~36			귀향 준비, 도착
	1인칭이야기	9:1~15	7년 1월 12일(31)		기도
	3인칭이야기	10장	9월 20일(9) 10월1일~1월1일(16~17)		***개혁(이방혼인 금지)***
	1인칭이야기	느 1장	아닥사스다 20년9월(1)	느헤미야 ↔ 산발랏, 도비야	기도
		2장	아닥사스다 20년1월(1)		귀향, **성벽 조사**
	명단	3장			성벽중수자 명단
	1인칭이야기	4장			**방해 극복**
		5장	아닥사스다 32년(14)	느헤미야	사회 개혁(이자금지)
		6장			**성벽완공**
	명단	7장			*귀향자 이름과 수*
	3인칭이야기	8장	7월(1)	에스라, 느헤미야	**율법 낭독,초막절**
		9장	7월24일(1)	백성, 레위인들	회개 기도
	명단	10장		백성	언약 날인자,언약 내용
		11:1~12:26		느헤미야	예루살렘 거주자
	1인칭이야기	12:27~13:31	아닥사스다 32년(13:6)		**성벽 봉헌,** ***개혁(성전정화, 이방혼인 금지 등)***

220 에스라에 나오는 고레스 왕의 연대는 고레스가 바벨론을 점령하고 난 때부터 계산한 것이다.
221 학 1:15에서는 성전재건 공사 재개일이 다리오왕 제2년 6월 24일이라고 밝힌다.

(3) 표현 형식으로 보면 느헤미야 관련 본문(느 1~7장; 11~13장)은 한결같이 느헤미야가 자신이 겪은 바에 대해 말하는 형식(이른바 일인칭 보도문)으로 되어 있는 반면, 에스라 관련 본문에서는 에스라가 일인칭으로 나오기도 하고(스 7:27~28; 8:15~9:15) 삼인칭으로 나오기도 한다(스 7:1~26; 10:1~43; 느 8장). 또 곳곳에 여러 종류의 명단이 자주 나온다(스 2장; 8장; 느3장; 7장; 10장; 11장).

표 97. 에스라 느헤미야의 표현양식

삼인칭 이야기	명단	일인칭 이야기
스 1장 (칙령, 귀환) 3~6장(성전 재건)	스 2장(귀환자 1)≒느 7장	
스 7:1~26(에스라 귀환조서) 스 10장 (에스라개혁)	스 8:1~14(귀환자 2)	스 7:27~28(에스라 찬송) 8:15~9:15(귀환, 기도)
	느 3장(성벽중수자) 느 7장(귀환자 1)≒스2장	느 1~2장(느헤미야 귀환) 4~6장(성벽 중수, 개혁)
느 8~9장(에스라 집회, 회개와 언약의 기도)	느 10장(언약에 인친 자) 느 11:1~12:26(이주자)	느 12:27~13:31(느헤미야 개혁)

3. 시대 배경

시기적으로 성전을 다시 다 지은 때인 다리오 6년(주전 515년)은 에스라와 느헤미야가 활동한 아닥사스다 왕 7~32년(주전 458~433년?)[222]보다 두 세대 정도 앞서 있다. 그런데도, 이 두 시기를 앞뒤로 나란히, 또 부분적으로 뒤섞어서(스 4~6장) 다룬 것은 에스라 느헤미야의 활동으로 재정비된 포로기 이후 유다 공동체의 출발점을 성전 재건으로 보려는 의도에서 비롯된 것으로 보인다.

---

222 에스라 느헤미야에 나오는 페르시아 임금을 연대순으로 적어 보면, 고레스(주전 550~530년), 다리오 1세(522~486년), 아하수에로(=크세르크세스, 486~465년), 아닥사스다 1세(465~424년)이 된다. 에스라 느헤미야에 나오는 중요 사건의 연대를 살펴 보면, 고레스 칙령을 따라 예루살렘 성전 재건 공사가 시작된 해는 주전 538년이고, 고레스 왕 때 중단된 이 공사가 다시 시작된 해는 주전 520년(다리오 2년)이고, 그 공사가 끝난 때는 주전 515년(다리오 6년)이다. 학 1:15과 스 6:15을 나란히 두고 보면, 성전 재건 공사를 다시 계속해서 끝낼 때까지 걸린 시간은 삼 년 반 정도이다. 성벽 중수하는 데는 52일이 걸렸다고 느 6:15에서 밝혀 놓았다. 에스라가 예루살렘에 온 때는 주전 458년(아닥사스다 7년), 느헤미야가 총독으로 예루살렘에서 활동했던 때는 주전 445~433년(아닥사스다 20~32년)인 것으로 보인다. 이 페르시아 시대 연대는 학자에 따라 조금씩 달라진다. 이를테면, 『해설관주 성경전서 독일성서공회해설』(서울: 대한성서공회, 1997) 부록 연대표 70~71쪽에서는 다리오 1세와 아닥사스다의 즉위 연도를 각각 주전 521년과 464년으로 제시하고 있다

4. 성전 재건과 성벽 재건의 공통점

(1) 성전 재건에 관한 부분과 성벽 재건에 관한 부분 사이에는 이방 임금의 귀환 명령 또는 허락(스 1장; 7장; 느 2장), 귀향자 이름과 수(스 2장; 8장; 느 7장), 방해 극복(스 4~6장; 느 4장) 같이 몇 가지 공통된 요소가 들어 있다.

(2) 또한 에스라와 느헤미야의 활동 가운데도 기도(스 9장; 느 9장)나 개혁 활동(스 10장; 느 13장)이 상응한다. 에스라 9장에는 에스라의 기도가 나오지만, 느헤미야 9장에는 백성이 금식하고 회개하는 가운데 레위인들이 한 기도가 들어 있다.

5. 느헤미야와 에스라

분량으로 보면 느헤미야 관련 본문이 에스라 관련 본문보다 더 많지만, 내용상으로 보면 에스라가 더 중요한 인물로 드러난다고 할 수 있다. 무너진 예루살렘 성벽을 쌓는 일을 적들의 방해를 물리치면서 믿음과 슬기와 끈기로 백성을 잘 이끌고 가면서 해낸 사람이 느헤미야라면, 에스라는 이를 넘어서서 율법의 가르침을 중심으로 포로기 이후 유다 공동체를 깨끗이 하면서 신앙적이고 정신적인 기초를 놓은 사람이기 때문이다.

6. 하나님 이해

에스라 느헤미야에서는 이스라엘의 하나님이 이제는 온 누리의 역사를 움직여 가시는 분으로서 이방 임금들의 마음을 움직여(스 1:1; 6:22; 7:6, 27~28; 느 2:8) 하나님 백성의 일을 이루실 뿐만 아니라 그들의 적들을 물리쳐 주시는 하나님으로 나타난다.

43과
역대상하의
짜임새와 흐름과
중심 내용

1. 전체 얼개

(1) 히브리어 성경에서 본디 한 권의 책으로 되어 있는 역대상하는 아담에서 사울에 이르는 여러 가지 족보와 지명 목록과 짤막한 역사기록이 담긴 역대상 1~9장과 남북 분열 이전의 다윗 왕국의 역사를 다루는 역대상 10장~역대하 9장과 남북 분열 이후 남왕국의 역사를 고레스 칙령까지 늘여서 쓴 역대하 10장~36장의 세 부분으로 크게 나눌 수 있다.[223]

---

[223] 이스라엘 왕정기 기록 가운데에는 역대상하에만 있는 것, 사무엘상하와 열왕기상하에만 있는 것, 두 쪽에 다 있지만 그 내용에 차이가 있는 것의 세 종류가 있다. 이에 대해서는 아래 표 98과 본문 (2)와 4.~6.을 참고하라. 왕정기에 대한 역대상하의 기록과 삼상하와 왕상하의 기록 사이에 상응하는 바를 대략 표로 만들어 보면 아래와 같다.

대상 10장	사울의 죽음	삼상 31장
대상 11~29장	다윗	삼하 4:6~8:18; 12:26~31; 21:15~22; 23:8~24:25
대하 1~9장	솔로몬	왕상 1~11장
대하 10~20장	르호보암	왕상 12장; 14:1~28
	아비야	왕상 15:1~8
	아사	왕상 15:9~24
	여호사밧	왕상 22장
대하 21~36장	여호람, 아하시야	왕하 8:16~29; 9:21~28
	아달랴와 요아스	왕하 11~12장
	아마샤	왕하 14:1~22
	아사랴(=웃시야)	왕하 15:1~7
	요담과 아하스	왕하 15:32~16:20
	히스기야	왕하 18장; 20:1~11, 16~21
	므낫세, 아몬, 요시야, 여호아하스, 여호야김, 여호야긴, 시드기야	왕하 21~25장

표 98. 역대상하의 짜임새[224]

구분		장절	내용
대상 1~9장 아담에서 사울에 이르는 여러 족보 (전역사, 前歷史)		*1:1~27	아담부터 아브라함까지(//창 5; 10; 11:10~26)
		*1:28~2:2	아브라함의 아들들부터 에서와 야곱의아들들까지 (//창25:12~16; 36)
		*2:3~17	유다 자손부터 다윗과 그 자매들까지(//룻 4:18~22)
		*2:18~55	유다의 다른 갈래 자손들
		3장	다윗왕조, 다윗부터 스룹바벨 자손들까지(//삼하 3:1~5; 5:13~16)
		*4~8장	지파들의 족보 *4 유다, 시므온 *5 르우벤, 갓, 므낫세반지파 *6 레위, 거주지 (//민 3:17~39; 수 21) *7 잇사갈, 베냐민, 납달리, 므낫세, 에브라임, 아셀 *8 베냐민(33~40: 사울)
		*9:1~34	돌아온 예루살렘 사람들(//느 11; 스 2)
		*9:35~44	사울 집안 사람들(=8:29~38)
대상 10장 ~대하 9장 다윗 왕국 (건국의 역사)	대상 10~29장: 다윗	10장	사울의 죽음(//삼상 31:1~13)
		11~16장	다윗 통치의 시작 11헤브론,예루살렘임금다윗(//삼하5:1~10),용사들(//삼하 23:8~39) *12 다윗을 도운 다른 지파 용사들 13 법궤를 오벳에돔의 집으로 옮김(//삼하 6:1~11) 14 블레셋을 무찌름(//삼하 5:1~25) *15:1~24 법궤 옮길 레위인 조직 15:25~16: 6 법궤를 예루살렘으로 옮김(//삼하 6:12~22) *16:7~36 다윗의 감사찬송(//시 105:1~15+96+106:47~48) *16:37~43 언약궤 앞과 기브온 성소의 음악가
		17~20장	성전 건축 준비 17 나단 언약, 다윗의 감사기도(//삼하 7: 1~27) 18 주변국가 정복, 관리들(//삼하 8: 1~18) 19~20 주변국가 정복(//삼하 10; 12: 26~31; 21:15~22)
		21장	인구조사(//삼하 24:1~25)
		22~26장	성전 건축 준비 *22 솔로몬에게 성전 건축일 맡김, 건축 자재 준비 *23~24 레위인들과 제사장에게 일거리 나누어 맡김 *25 성전음악가들 *26 성전문지기들, 성전 곳간 맡은 이들
		27~29장	여러 가지 마지막 지시 *27 족장, 천부장, 백부장, 유사 등 관리들 *28 성전 건축에 대한 마지막 지시 *29 성전건축 예물, 다윗의 기도, 솔로몬 즉위, 다윗의 치적
	대하 1~9장: 솔로몬	1장 2장	지혜를 받음, 솔로몬의 부(//왕상 3:1~15;10:26~29) 두로 임금 후람과 교류(//왕상 5)
		3~4장 5~6장 *7:1~3 7:4~11	성전 건축(//왕상 6;7:15~51) 성전 봉헌 (*5:11~14 찬양)(//왕상 8:1~9,12~53) 성전에 가득찬 여호와의 영광 봉헌 (//왕상 8:62~66)
		7:12~22 8장 9장	솔로몬에게 나타나신 하나님(//왕상 9:1~9) 솔로몬의 건축 사업, 성전 일꾼들(//왕상 9:10~28) 스바 여왕 방문, 솔로몬의 부귀 영화와 치적 (//왕상 10:1~25; 11:41~43)

224 *표한 부분은 사무엘서와 열왕기에 나오지 않고 역대기에만 있는 것을, **표한 부분은 대체적으로 그러한 것을 가리킨다.

대하 10~36장 유다 왕들과 새로운 시작 (보존의역사)	10~12장: 르호보암	10장 즉위, 왕국분열(//왕상 12:1~20) 11:1~4 스마야 예언(//왕상 12:21~24) *11:5~23 다른 사건들 12장 애굽왕 시삭의 침입(//왕상 14:25~28)
	13장	아비야 (//왕상 15:1~8)
	14~16장: 아사 (//왕상 15:9~24)	*14:9~15 구스를 기도로 물리침 *15:1~15 오뎃의 예언 15:16~19 개혁(//왕상 15:11~13) 16:1~6 아람 임금 벤하닷과 동맹(//왕상 15:17~22) *16:7~10 예언자 하나니 16:11~14 아사의 병과 죽음(//왕상 15:23~24)
	**17~20장: 여호사밧	17장 평화 시대, 여호와만 섬김, 순회 율법 교육, 장수들 **18장 예언자 미가야, 아합의 죽음(//왕상 22:1~35) *19장 선견자 예후, 여호사밧의 사법 제도 정비 *20:1~30 적을 기도와 찬송으로 물리침,31~37치적(//왕상 22:41~49)
	21장	여호람 (//왕상 22:50; 왕하 8:17~24)
	22:1~9	아하시야 (//왕하 8:25~29; 9:21~28)
	22:10~23:21	아달랴의 섭정과 요아스 즉위(//왕하 11)
	24장	요아스 1~16절 성전수리 (//왕하 12:1~16) *17~25절 예언자 스가랴, *아람의 예루살렘노략
	25장	아마샤 (//왕하 14:2~20)
	26장	웃시야(아사랴)(//왕하14:21~22;15:1~7) 26:1~15 웃시야 *26:16~23 벌 받음
	27장	요담 (//왕하 15:32~38)
	28장	아하스 28:1~8 치적, 전쟁 (//왕하 16:1~5) *28:9~15 유다 포로 석방 요구한 예언자 오뎃 28:16~21 앗수르에 도움 청한 아하스 (//왕하 16:7~9)
	29~32장	히스기야 (//왕하 18:~20:) 29장 예배개혁 30장 유월절 31장 레위인 32장 산헤립 물리침
	33:1~20	므낫세 (//왕하 21:1~9) *33:10~17 바벨론에 사로잡혀 갔다 풀려남
	33:17~26	아몬 (//왕하 21:17~26)
	34~35장	요시야 (//왕하 22:1~23:30)
	36:1~21	여호아하스,여호야김,여호야긴,시드기야(//왕하23:~25: 렘52)
	*36:22~23	고레스 칙령 (//스 1:1~4)

(2) 이처럼 역대상하는 남왕국 유다로 이어지는 다윗 왕국의 역사에 초점을 두고 있다. 그리하여, 이스라엘 왕정 성립 과정과 첫 왕 사울이 등장하여 활동한 내용(삼상 1~30장)뿐만 아니라 다윗이 등장하여 사울에게 쫓기는 과정(삼상 16~30장), 더 나아가 사울이 죽은 뒤에도 다윗이 헤브론에서 왕이

되기까지 겪은 여러 사건(삼하 2~4장)은 다루지 않는다. 역대상 10장에서 사울의 죽음을 다루고 곧바로 11장에서 다윗이 헤브론에서 왕이 된 사건을 알려준다.

2. 첫 부분: 계보(대상 1~9장)

(1) 첫 부분에서는 유다 지파(대상 2~3장)와 레위 지파(6장)의 계보가 두드러지게 나타난다. 이는 이미 존재하고 있던 구약의 역사 기록을 바탕으로 이스라엘의 역사를 새로 쓴 역대기 저자(들)의 의도를 암시한다. 곧 한편으로는 다윗 왕조의, 다른 한편으로는 레위인들의 중요성을 강조하려 한 것으로 보인다. 이밖에 베냐민 지파의 계보(7:6~12; 8장)와 사울 집안 계보(9:35~44)도 상당히 중요하게 다루는데, 이는 한편으로 10장에서 다루는 사울의 죽음으로 넘어가는 다리 노릇을 하고, 다른 한편으로는 나중 유다 왕국에서 베냐민 사람들이 예루살렘에 많이 거주하면서 다윗을 적극적으로 지원한 것(12:1~7, 16~18; 대하 11:1; 15:2, 8, 9 등)과 관련이 있어 보인다.

(2) 3장에 나오는 다윗 왕가의 계보 범위는 남왕국이 망한 이후 시대까지 미치고(17~24절), 6장에 나오는 레위 집안의 계보 범위도 마찬가지이다(14~15절). 더 나아가, 9장 1~34절에서는 아예 바벨론 포로 생활에서 예루살렘으로 돌아온 백성과 제사장들과 레위 사람들의 명단까지 다룬다. 특히 다윗 왕가의 계보가 성전 재건에서 중요한 역할을 한 스룹바벨 이후 6~10세대[225]까지 이르는 것으로 보아, 역대상하는 포로기 이후 늦은 시대, 빨라도 주전 사세기 후반 이후[226]에 생긴 것으로 짐작할 수 있다.

3. 둘째 부분: 다윗과 솔로몬 왕국(대상 10장~대하 9장)

(1) 둘째 부분은 다시 다윗에 관한 역대상 10~29장과 솔로몬에 대한 역대하 1~9장의 두 부분으로 이루어져 있다.

(2) 다윗 관련 부분에서 우선 눈에 띄는 것은 다윗이 밧세바를 우리야에게

---

[225] 칠십인경 대상 3장 21절은 "하나냐의 아들들은 블라댜와 여사야요, 그의 아들은 르바야요, 그의 아들은 아르난이요, 그의 아들은 오바댜요, 그의 아들은 스가냐요"로 옮길 수 있다.

[226] 성전 재건이 주전 520-515년에 이루어진 일이고 보면, 한 세대를 30년으로 잡을 때, 다윗 왕가의 족보는 거의 주전 340년대, 심지어 220년대까지 이른다. 열왕기의 경우에는 왕하 25:27에서 말하는 연대를 주전 561년이라고 할 때, 사무엘 열왕기는 빨라도 주전 6세기 후반에 생겨난 것으로 짐작할 수 있다.

서 빼앗는 사건과 뒤이어 일어난 일련의 사건들, 곧 예언자 나단의 책망, 압살롬의 반란 등(삼하 11~19장) 다윗에 대해 부정적인 내용은 빠져 있다는 사실이다.

다른 한편으로 사무엘하에서 찾아볼 수 없었던 내용으로 성전 음악가들을 비롯한 레위인들의 활동에 대한 기록이 역대상 15~16장, 23~26장에 집중적으로 나온다. 그리하여, 다윗은 법궤를 다윗성으로 들여오는 일부터 레위인들에게 시켰고 시편 찬송을 부르게 하였을(15~16장) 뿐만 아니라, 성전 건축을 위해서도 철저하게 준비를 한 사람으로 나타난다(22~29장).

또한 사무엘하 5장에서는 글의 흐름으로 볼 때, 다윗이 우선 그동안 사울을 지지하던 북쪽 지파 사람들에게 헤브론에서 왕으로 추대받고 나중에 예루살렘에서 전체 이스라엘의 왕으로 인정받은 것처럼 보이는데, 그와는 달리 역대상에서는 벌써 헤브론에서부터 '온 이스라엘'(대상 11:1; 12:38; 13:6)[227]의 추대를 받아 임금이 되었다고 한다.

(3) 솔로몬 관련 본문은 다윗이 준비한 성전 건축을 솔로몬이 훌륭히 잘 해 내었다는 데에 촛점을 맞추고 있다. 그리하여, 열왕기상 1~2장에서 솔로몬이 우여곡절 끝에 왕위에 오르는 과정을 자세히 묘사하고 있는 것과는 달리, 역대상에서는 이를 당연한 사실로 여기고 그저 간단히 언급한다(대상 23:1; 29: 22~25). 그뿐만 아니라, 다윗의 경우와 마찬가지로 솔로몬에 대해 부정적인 내용, 곧 솔로몬의 이방 결혼과 배신과 대적들(왕상 3:1; 11장)은 전혀 언급하지 않는다. 이리하여 솔로몬과 하나님의 특별한 관계, 또 그의 지혜와 부와 명성이 열왕기에서보다 더 두드러지게 나타난다.

4. 셋째 부분: 분열왕국 이후 역사(대하 10~36장)

(1) 마지막 셋째 부분인 남북 분열 이후 역사 기록에서는 북왕국 이스라엘의 임금들을 제대로 다루지 않고[228] 유다의 적대자나 동맹 상대자로만 언급

---

227 또 대상 13:2의 '이스라엘의 온 회중'과 13:8의 '이스라엘의 온 무리'도 참고하라.

228 열왕기에 나오는 북왕국 관련 본문은 아래와 같다.

왕상 11:26~39; 12:1~20; 12:25~13:10; 14:1~20	여로보암
왕상 15:25~21:29	나답, 바아사, 엘라, 시므리, 오므리, 아합
왕하 1장; 3장; 5~8장	아하시야, 여호람
왕하 9~10장	예후, 요람, 아하시야
왕하 13장	여호아하스, 요아스
왕하 14:23~29	여로보암 이세

한다. 이렇게 언급되는 북왕국 임금으로는 여로보암(대하 10:1~15), 바아사(16:1~6), 아합(18장), 요람(22:1~9), 요아스(25:17~28), 베가(28: 6)을 들 수 있다.

(2) 분열왕국 시대 기록 가운데에는 열왕기에서 간단히 다룬 부분을 역대기에서 때때로 자세히 다룬다. 르호보암 왕 때 애굽 왕 시삭이 쳐들어 온 사건에 대해서도 역대상 12장에서는 열왕기상 14장 25~28절보다 훨씬 더 자세히 다룬다. 무엇보다도 르호보암 왕이 선지자 스마야의 말을 듣고 하나님께 겸손한 태도를 보이고, 그에 따라 하나님이 노를 돌이키셨다고 한다. 남왕국 왕 아비얌(=아비야)와 북왕국 왕 여로보암의 전쟁을 왕상 15장 7절에서는 간단히 언급하지만, 대하 13장 2~20절에서는 자세히 서술한다. 특히 14~15절에서 유다 사람들이 여호와께 부르짖고 제사장이 나팔을 불 때 하나님이 유다를 도우셨다는 점이 중요하게 나타난다.

(3) 열왕기상하에 나오지 않고 역대기에만 들어 있는 특별한 내용으로는 남왕국 임금들이 벌인 건축 사업(대하 11:5~10; 12:5~12; 14:7; 17:12; 27:3~4 등)과 국방(대하 17:2, 13~19; 26:11~15 등)과 전쟁(대하 13:2~20; 14:9~15; 20:1~30; 25:6; 27:5 등)에 관한 기록을 들 수 있다. 그 가운데서도 아사가 기도로 구스 사람들을 물리친 기록(대하 14:9~15)과 여호사밧이 모압 암몬 마온 연합군을 찬송과 기도로 물리친 기록(20장)은 아주 인상적이다. 이와 아울러 종교 의식에 대한 개혁적인 조치(30장; 35장 등)나 국민 교육 사업, 행정 조직 정비에 관한 내용이 덧붙어 있다(17장; 19장 등).

(4) 유다 임금들의 치적은 정통 보상 원리에 따라 개별적으로 평가한다. 그리하여 웃시야는 제사장의 권리를 침해했기 때문에 병들게 되었고(26:16~23), 므낫세는 바벨론에 사로잡혀 갔다가 겸손히 기도하자 풀려 예루살렘으로 돌아와 모범적인 임금이 되었다(33:10~17)고 한다. 긍정적인 평가를 받고 있는 아사(14~16장), 여호사밧(17~20장), 히스기야(29~32장), 요시야(34~35장)에 대해서는 상당히 길게 기록하고 있다. 특히 히스기야와 요시야의 경우에는 성전 예배를 정화한 공을 중요하게 다룬다.

왕하 15:8~31	스가랴, 살룸, 므나헴, 브가히야, 베가
왕하 17:1~6	호세아
왕하 17:7~23	북왕국 멸망에 대한 신학적 평가
왕하 17:24~41	멸망 뒤 북왕국 땅의 상황 묘사

(5) 어떤 왕에 대한 기록이 부분적으로 열왕기의 기록과 다른 경우도 있다. 요시야의 경우 왕상 22장에서는 성전에서 율법책이 발견된 뒤에 개혁을 한 것으로 되어 있는데, 대하 34장에는 이미 그 전에 개혁을 시작한 것으로 나온다. 또 여호야김이 열왕기하 24장 6절에서는 그냥 유다 땅에서 죽은 것으로 보이는데, 역대하 36장 6절에서는 바벨론으로 사로잡혀 갔다고 한다.

5. 예언자들과 레위인들

(1) 역대기에서는 한편으로 북왕국에서 활동했던 예언자인 엘리야(왕상 17~19장, 21장; 왕하 1~2장)에 대해서는 단 한 번 역대하 21장 12절에서 언급하고, 엘리사와 엘리사의 제자들(왕상 19장; 왕하 2~9장)에 대해서는 침묵한다. 다른 한편으로는 열왕기가 언급하지 않았던 예언자들, 이를테면 아사랴(대하 15:1~15), 하나니(16:7~10), 예후(19:1~3), 오뎃(28:9~15)의 활동도 소개하면서, 지난날과 지금과 앞날에 대해 하나님의 뜻을 전해 주는 예언 전통을 새롭게 이해하려 했던 것으로 보인다. 아마샤 시대에 활동한 '하나님의 사람'(대하 25:7~9)과 또 다른 '한 선지자'(25:15)와 웃시야 시대의 스가랴(대하 26:5)도 이런 예언자들 가운데 들어간다. 이 스가랴와는 다른 스가랴, 곧 왕자 요아스를 아달랴의 손에서 건져내어 나중에 왕위에 오르게 한 제사장 여호야다의 아들 스가랴가 유다 백성을 꾸짖다가 성전 뜰에서 돌에 맞아 죽었다는 내용(24:20~22)도 열왕기에는 찾아볼 수 없다. 특히 열왕기에서 전혀 언급하지 않았던 예레미야를 역대기 끝부분에서는 여러 번(대하 35:35; 36:12, 21, 22) 언급한다.

(2) 이뿐만 아니라 성소에서 일하던 제사장들과 레위인 찬양대들과 다른 종류의 일꾼들에 대한 내용이 곳곳에 들어 있다(특히 대상 15~16장과 23~26장). 이 가운데서 헤만(대상 25:5)과 아삽(대하 29:30)과 야하시엘(대하 20:14)는 예언자의 반열에까지 오른 음악가로 등장한다.[229] 이는 포로기 이후 나라를 잃은 유대인들이 종교 의식을 중심으로 뭉칠 수밖에 없었던 상황을 반영하는 것으로 보인다.

---

[229] 개역개정판 난외주에서 밝히고 있듯이, 대상 25:2~3에서 '신령한 노래를 하다'로 옮긴 히브리 동사는 본디는 '예언하다'를 뜻한다는 사실도 이와 관련이 있어 보인다.

6. 역사 자료

역대기에서는 사무엘상하 및 열왕기상하말고도 여러 다른 자료를 썼다는 점을 곳곳에서 스스로 밝히고 있다. '유다와 이스라엘의 열왕기'(대하 16:11 등), '이스라엘과 유다 열왕기'(27:7 등), '이스라엘 열왕기'(20:34), '열왕기 주석'(24:27), '이스라엘 왕들의 행장' (33:18), '호새의 사기'(33:19), '선견자 사무엘의 글과 선지자 나단의 글과 선견자 갓의 글'(대상 29:29), '선지자 나단의 글과 실로 사람 아히야의 예언과 선견자 잇도의 묵시 책'(대하9:29), '선지자 스마야와 선견자 잇도의 족보책'(12:15), '예후의 글'(20:34), '선지자 이사야의 묵시책'(32:32), '선지자 잇도의 주석 책'(대하 13:22) 등이 그것이다.

7. 역대상하의 흐름

(1) 역대상하에서는 인류 역사의 시작인 아담에서부터 이스라엘 역사의 새로운 시작인 고레스 칙령까지 이르는 역사를 다룸으로써 포로기 이후 유다 공동체는 자신들의 역사가 인류의 역사에 뿌리박고 있으며 또한 인류의 역사가 참된 하나님 백성의 공동체를 통해 새로운 방향으로 나아가고 있다는 점을 말하려 한 듯하다.

(2) 이런 큰 흐름 가운데서 역대상하는 무엇보다도 다윗 왕권의 역사를 새롭게 풀이하는 한편 예루살렘 중심의 종교 생활을 강조한다. 이리하여 역대기는 이스라엘 역사를, 예루살렘 성전을 중심으로 하나님이 다스리는 나라의 역사라는 관점에서 쓴 것으로 보이는데, 이에 따르면 대상 1~9장은 그 전(前) 역사이고, 대상 10장~대하 9장은 그 건국의 역사요, 대하 10장~36장은 그 보존의 역사라 할 만하다.

8. 역대상하와 에스라 느헤미야

역대상하 마지막에 나오는 고레스 칙령에 대한 내용이 에스라 느헤미야 첫머리에 다시 나옴으로써 역대상하와 에스라 느헤미야가 이어진다. 특히 오늘 우리 개신교 구약성경에서는 칠십인경의 전통을 따라 에스라 느헤미야를 역대상하 다음에 둠으로써 에스라 느헤미야를 역대상하의 속편으로 읽을 수 있게 한다.

구약성경개관(개정증보2판)

초판발행	2003년 2월 28일
개정증보발행	2005년 3월 2일
개정증보2판 발행	2016년 12월 5일
개정증보2판 2쇄	2018년 3월 8일
개정증보2판 3쇄	2024년 11월 12일
지은이	박 동 현
발행인	김 운 용

발행처	장로회신학대학교출판부
주 소	서울시 광진구 광장로5길 25-1 (우) 04965
전화	전화 02-450-0795 팩스 02-450-0797
등 록	제1979-2호

값 21,000원

ISBN 978-89-7369-401-3 93230

이 도서의 국립중앙도서관 출판예정도서목록(CIP)은
서지정보유통지원시스템 홈페이지(http://seoji.nl.go.kr)와
국가자료공동목록시스템(http://www.nl.go.kr/kolisnet)에서 이용하실 수 있습니다.
(CIP제어번호 : CIP2016028917)